AF106761

Kursbuch Religion

Berufliche Schulen

Kursbuch
Religion
Berufliche Schulen

Lehrwerk für den Unterricht
in Evangelischer Religion

calwer
westermann

Kursbuch Religion Berufliche Schulen wird herausgegeben von Wolfram Eilerts

Genderhinweis: Wo in Einzelfällen nur eine Geschlechtsform genannt wird, ist die andere mitgemeint.

© Calwer Verlag GmbH Bücher und Medien, Stuttgart und
© Bildungshaus Schulbuchverlage
Westermann Schroedel Diesterweg Schöningh Winklers GmbH, Braunschweig
www.calwer.com / www.westermann.de

Das Werk und seine Teile sind urheberrechtlich geschützt. Jede Nutzung in anderen als den gesetzlich zugelassenen Fällen bedarf der vorherigen schriftlichen Einwilligung eines der Verlage. Hinweis zu § 52a UrhG: Weder das Werk noch seine Teile dürfen ohne eine solche Einwilligung gescannt und in ein Netzwerk eingestellt werden. Dies gilt auch für Intranets von Schulen und sonstigen Bildungseinrichtungen.

1. Auflage, 2013
Druck 4, Herstellungsjahr 2017

Redaktion: Hans-Jörg Gabler
Herstellung: Corinna Herrmann, Frankfurt am Main
Layout-Konzept: Uve Mehr, Braunschweig
Umschlaggestaltung, Satz, Seitengestaltung und Grafik: thom bahr GRAFIK, Mainz
Illustrationen: thom bahr, Mainz; Rainer E. Rühl, Alsheim
Druck und Bindung: westermann druck GmbH, Braunschweig

ISBN 978-3-7668-**4115**-5 (Calwer)
ISBN 978-3-14-**230780**-0 (Westermann)

Inhaltsverzeichnis

Vorwort

„Kursbuch Religion Berufliche Schulen“ heißt Ihr neues Religionsbuch. Als „Kursbuch“ wird auch die Zusammenstellung aller Fahrpläne der Deutschen Bahn bezeichnet. Wer so ein Kursbuch hat, kann sich informieren und kann andern Auskunft geben.

Ihr neues Religionsbuch ist auch ein Kursbuch. Denn es informiert Sie über alles, was Sie im Fach Religion wissen müssen. Doch das „Kursbuch Religion Berufliche Schulen“ ist kein Paukbuch. Viele Erfahrungen anderer junger Erwachsener kommen darin vor: aus ihrem Berufsalltag, ihren Freizeitaktivitäten, ihren Überzeugungen, Problemen und Wünschen. An vielen Stellen sind Sie persönlich herausgefordert, sich zu entscheiden, eine Meinung zu bilden, Position zu beziehen, neu gewonnene Fähigkeiten und Erkenntnisse in Ihrem eigenen Berufs- und Lebensalltag umzusetzen.

„Kursbuch Religion Berufliche Schulen“ ist also am Erwerb von Kompetenzen orientiert. Neben der Vermittlung von fachspezifischem Wissen (Basics) geht es vor allem darum, übergreifende Kompetenzen zu vermitteln. Sie können den Erwerb selbst anhand der folgenden Beschreibungen überprüfen.

- **Personale Kompetenz** meint die Fähigkeit und Bereitschaft, sich weiterzuentwickeln und das eigene Leben selbstständig und verantwortlich im jeweiligen sozialen, kulturellen bzw. beruflichen Kontext zu gestalten (siehe besonders Kapitel 1, 2, 4, 6, 8, 9, 11, 12).

- **Soziale Kompetenz** befähigt Sie, mit anderen rücksichtsvoll und verantwortungsvoll umzugehen, für andere, insbesondere für Schwache, einzutreten und Konfliktlösungen zu suchen (siehe besonders Kapitel 1, 4, 6, 7, 10, 13, 18).

- **Handlungskompetenz** umfasst die Fähigkeit und Bereitschaft, Kenntnisse, Fertigkeiten, Einstellungen und Werte sowie persönliche, soziale und methodische Fähigkeiten in Arbeits- oder Lernsituationen für die berufliche und persönliche Entwicklung nachhaltig zu nutzen (siehe besonders Kapitel 2, 4, 6, 8, 9, 12).

- **Ethische Kompetenz** meint, dass Sie ethische Probleme identifizieren, analysieren, Handlungsalternativen aufzeigen, Lösungsvorschläge beurteilen sowie ein eigenes Urteil begründen können (siehe besonders Kapitel 2, 7, 10, 12, 13).

- **Sachkompetenz** ist die Fähigkeit, über religiöse Sachverhalte, Kernstücke der biblisch-christlichen Tradition und des christlichen Lebens Auskunft zu geben und deren Bedeutung für unsere Kultur zu benennen (siehe besonders Kapitel 2, 3, 5, 8, 10, 16, 17, 18).

- **Religiöse Kompetenz** ist die Fähigkeit, die Vielgestaltigkeit von Wirklichkeit wahrzunehmen und theologisch zu reflektieren, christliche Deutungen mit anderen zu vergleichen und eine eigene Position zu vertreten (siehe besonders Kapitel 1, 3, 5, 9, 11, 14, 15, 18).

Diese übergreifenden Kompetenzen eignen Sie sich mit den jeweiligen fach- und themenspezifischen Kompetenzen an. Sie können zu Beginn der Arbeit an einem Kapitel im „Kompetenz-Check“ im Anhang nachsehen, welche Kompetenzen Sie erwerben, und nach der Erarbeitung prüfen, ob Sie über die jeweilige Kompetenz verfügen.

Im Layout werden Sie immer wieder auf grafische Elemente stoßen, die Ihnen weiterhelfen:

Fallbeispiel

Die *Fallbeispiele* geben Einblick in das Leben anderer Menschen, ihre Erfahrungen, Entscheidungen und Handlungen. Dabei wird ein bestimmtes Thema, eine Frage oder ein Problem konkret nachvollziehbar. Egal ob Sie eine im Fallbeispiel dargestellte Position teilen oder eine andere Position vertreten: Die Informationen auf der jeweiligen Seite versetzen Sie in die Lage, Ihre Haltung zu überprüfen, dann begründet zu vertreten und schließlich in Ihrem eigenen Leben anzuwenden.

Aufgaben

Die *Aufgaben* helfen Ihnen zunächst, Texte und Bilder zu erschließen. Weitere Aufgaben fordern jedoch eine Diskussion und eine Stellungnahme heraus. Dabei können Sie unterschiedliche Methoden kennen lernen und anwenden.

Zur Diskussion

Dieses Symbol steht bei Aufgaben, die besonders zu einer offenen *Diskussion* in der Gruppe bzw. Klasse herausfordern.

Definition

■ Wichtige Fachbegriffe und Fremdwörter werden in einer *Definition* erklärt. So können Sie die Begriffe nicht nur verstehen und anwenden, sondern ihre Bedeutung wiedergeben.

↗ Thematische Verweise

Thematische Verweise: In der Randspalte finden Sie Hinweise auf verwandte thematische Aspekte. So können Sie eigenständig Zusammenhänge zwischen verschiedenen Kapiteln herstellen, ein Thema vertiefen und in Ihrer Klasse gemeinsam eigene Themen- und Kompetenzschwerpunkte setzen.

Kernbegriff

Begriffe in der Randspalte: Wichtige Inhalte werden in der Randspalte als Kernbegriff wiederholt oder knapp zusammengefasst. So können Sie einzelne Themen leichter auffinden, behalten beim Lernen den Überblick und können Gelerntes besser wiederholen.

Basics

Basics: Die Basics am Ende jedes Kapitels fassen den Inhalt in knapper Form zusammen. So können Sie selbständig Sachinhalte wiederholen und während der Arbeit an einem Thema den eigenen Lernfortschritt überprüfen.

Viel Spaß und interessante neue Entdeckungen wünscht Ihnen

Ihr Kursbuch-Team

Kapitel 1

Was ist der Mensch?

In Nächten wie diesen frage ich mich: Wer bin ich? Wann ist jetzt? Wo ist hier?
Du heißt Berta Meyer und bist meine Tochter. So was vergisst man doch nicht.

Der Mensch ist ...

von Natur aus gut

eine Tiergattung mit der Fähigkeit, abstrakt zu denken

was er isst

die Krone der Schöpfung

das einzige Wesen, das zwischen Gut und Böse unterscheiden kann

das Ebenbild Gottes

das einzige Tier, das sich an seine Großeltern erinnern kann

das einzige Wesen, das weiß, dass es sterben muss

von Gott geschaffen

ein Mängelwesen, das erzogen werden muss

Aufgaben

1. a) Das Tochter-Schwein stellt „große Fragen". Versuchen Sie die Besonderheit solcher Fragen zu beschreiben.
   b) Sammeln Sie ähnliche Fragen.
   c) Das Mutter-Schwein beantwortet die Fragen. Warum kann man durch solche Antworten diesen großen Fragen nicht gerecht werden?
   d) Das Tochter-Schwein fragt: Wer bin ich? Versuchen Sie eine Antwort auf die Frage „Was ist der Mensch?" zu geben.
2. Was unterscheidet den Menschen von einem Tier?
3. Was halten Sie von den Äußerungen oben rechts? Welchen könnten Sie eher zustimmen, welchen eher nicht?

Menschenbilder

„Ein entsprechendes Menschenbild"?

Das **Diakoniekrankenhaus** in Mannheim stellt zum **01. Juli**

eine/n Gesundheits- und Krankenpfleger/in ein.

Ein entsprechendes Menschenbild wird vorausgesetzt. Bezahlung nach Tarif. Bewerbungen an …

Yannik (20 Jahre, gelernter Krankenpfleger) hat sich auf diese Stelle beworben und wird zu einem Vorstellungsgespräch eingeladen.

In der Vorbereitung auf dieses Gespräch merkt er, dass er mit der Bemerkung „Ein entsprechendes Menschenbild wird vorausgesetzt" wenig anfangen kann. Da er befürchtet, in dem Gespräch darauf angesprochen zu werden, schlägt er in seinem alten Berufsschulbuch nach und findet Folgendes:

Definition

■ Menschenbild

Unter einem Menschenbild versteht man die Vorstellung von dem, was den Menschen als einen Menschen ausweist und ihn von Steinen, Pflanzen und Tieren unterscheidet. Dieses Menschenbild beeinflusst maßgeblich den zwischenmenschlichen Umgang – das Miteinander.

Menschenbilder als Grundlage des Handelns

↗ Werte und Normen, S. 128

■ Individuelles Menschenbild

Jeder Mensch entwickelt, ohne darüber nachzudenken, ein Bild davon, was der Mensch ist. Das individuelle Menschenbild ist von Mensch zu Mensch verschieden, weil jeder durch seine persönliche Entwicklung, durch Werte und Normen sowie vielfältige Einflüsse unterschiedlich geprägt ist. Nicht der Mensch im Allgemeinen, sondern der konkrete Mensch oder eine bestimmte Personengruppe wird aufgrund eigener Erfahrungen, Wertmaßstäbe und Beobachtungen eingeschätzt und bewertet.

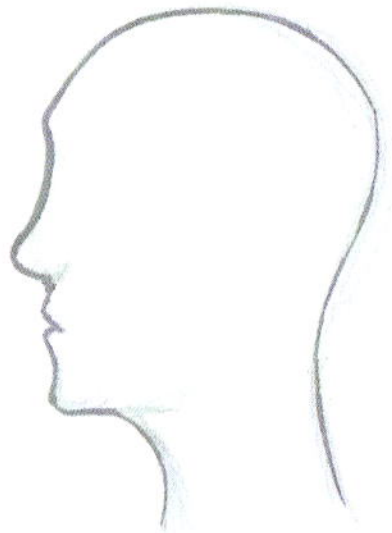

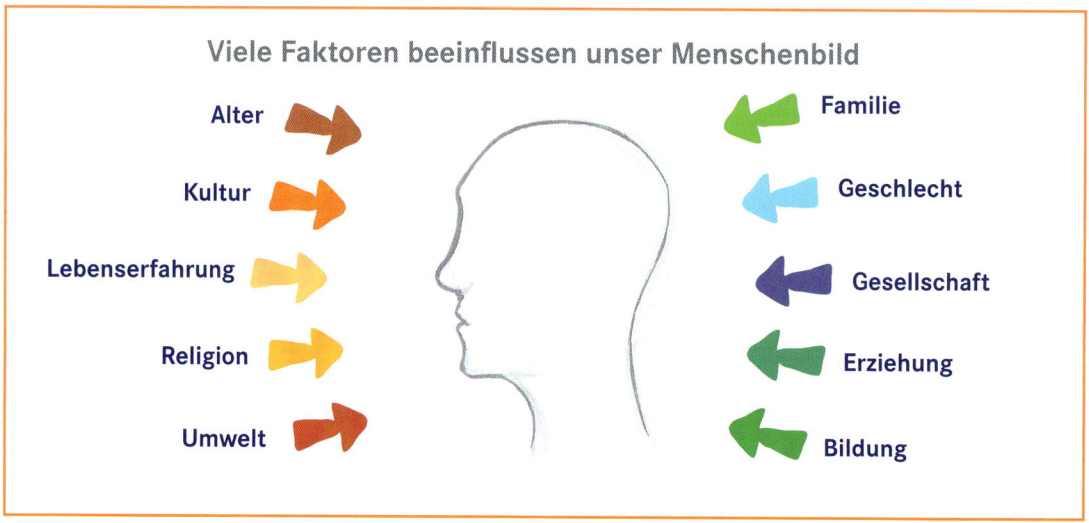

Viele Faktoren beeinflussen unser Menschenbild

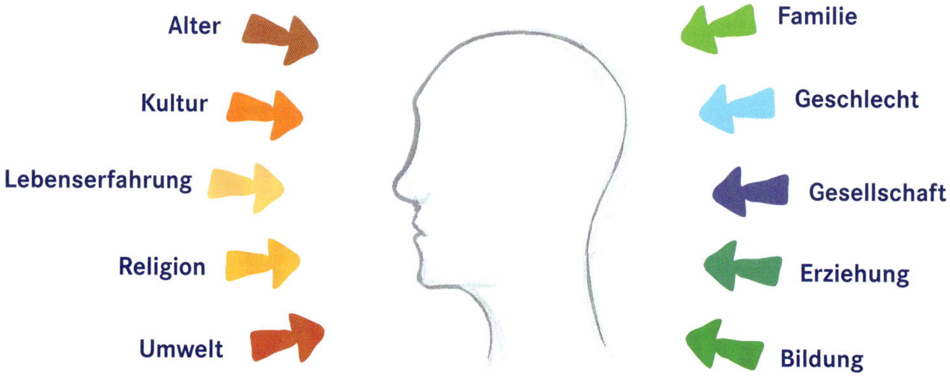
Alter
Kultur
Lebenserfahrung
Religion
Umwelt
Familie
Geschlecht
Gesellschaft
Erziehung
Bildung

Naturwissenschaftliches Menschenbild

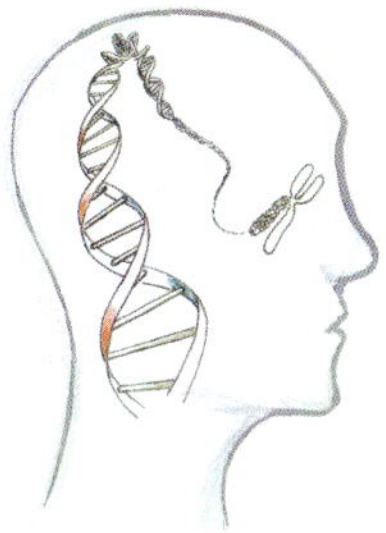

Im naturwissenschaftlichen Menschenbild wird der Mensch auf das Schema „Ursache und Wirkung" reduziert. Sowohl der menschliche Körper als auch seine Handlungen werden hierdurch erklärbar und gegebenenfalls beeinflussbar:
Die naturwissenschaftliche Medizin führt Krankheiten auf bestimmte Ursachen, z.B. Gen- bzw. Zelldefekte zurück. Die Psychologie erklärt menschliches Verhalten durch psychologische Gesetzmäßigkeiten und entwickelt danach Behandlungsverfahren. Gesund zu sein heißt hier, funktionstüchtig zu sein.

Der Mensch als Maschine

Sozialwissenschaftliches Menschenbild

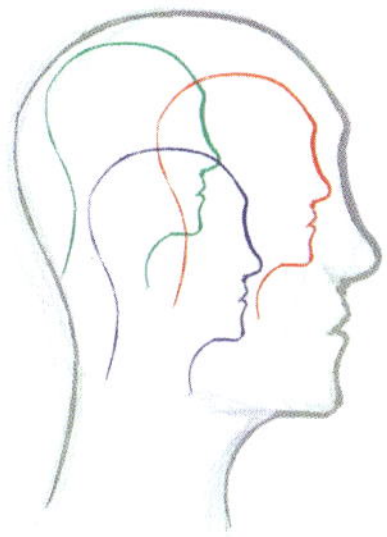

Der Mensch als ein soziales Wesen kann nur in Gemeinschaft mit anderen Menschen leben und überleben.
Das sozialwissenschaftliche Menschenbild basiert auf der Annahme, dass der Mensch unterschiedliche Rollen einnimmt (Tochter, Schwester, Freundin, Geliebte, Angestellte) und mithilfe der Kommunikation die Umwelt wahrnimmt und gestaltet. Aus der sozialwissenschaftlichen Perspektive betrachtet ist der Mensch keine Maschine, sondern Teil eines sozialen Miteinanders, an das er sich einerseits anpassen muss, das er andererseits aber auch mitgestalten kann.

Der Mensch als von Sprache und Regeln abhängiges Wesen

Christliches Menschenbild

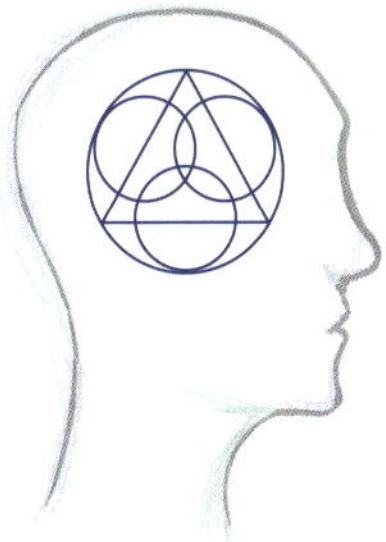

Nach christlichem Verständnis ist der Mensch sowohl Ebenbild als auch Teil der Schöpfung Gottes. D.h., der Mensch als Geschöpf Gottes ist nicht unabhängig von seinem Schöpfer zu denken. Das gibt dem Menschen einerseits eine große Freiheit, weil er sich für seine Existenz und seine individuellen Besonderheiten vor nichts und niemandem zu legitimieren braucht. Das Lebewesen „Mensch" ist – biblisch gesprochen – von Gott gewollt. Menschen müssen und können nicht ihre Existenz rechtfertigen. Wert und Würde eines Menschen kommen nicht aus ihm selbst, sind nicht von besonderen Leistungen oder Fähigkeiten abhängig. Sie sind im Willen Gottes begründet, dem Menschen das Leben zu schenken. Als Geschöpf Gottes erhält der Mensch dadurch andererseits aber eine große Verantwortung Gott und der Mitschöpfung gegenüber – der Mensch ist nicht das „Maß aller Dinge".

Der Mensch als Ebenbild und Geschöpf Gottes

↗ Der Turmbau zu Babel, S. 96f.

Aufgaben

1. a) Beschreiben Sie die wichtigsten Merkmale der einzelnen Menschenbilder. Wo sehen Sie Gemeinsamkeiten, wo liegen die Hauptunterschiede?
   b) Welchem der genannten Menschenbilder könnten Sie eher zustimmen, welchem eher nicht? Begründen Sie Ihre Meinung.
2. a) Formulieren Sie Ihr individuelles Menschenbild.
   b) Ihr individuelles Menschenbild wurde von vielen Faktoren beeinflusst (s. Grafik linke Seite). Versuchen Sie, solche Faktoren bei sich selbst zu benennen und den jeweiligen Einfluss auf Ihr Menschenbild zu beschreiben.
   c) Inwieweit hat Ihr Menschenbild Ihre Berufswahl beeinflusst?

Mensch und Tier

Aufgaben

1. Worin sehen Sie Gemeinsamkeiten und die Hauptunterschiede zwischen Mensch und Tier?

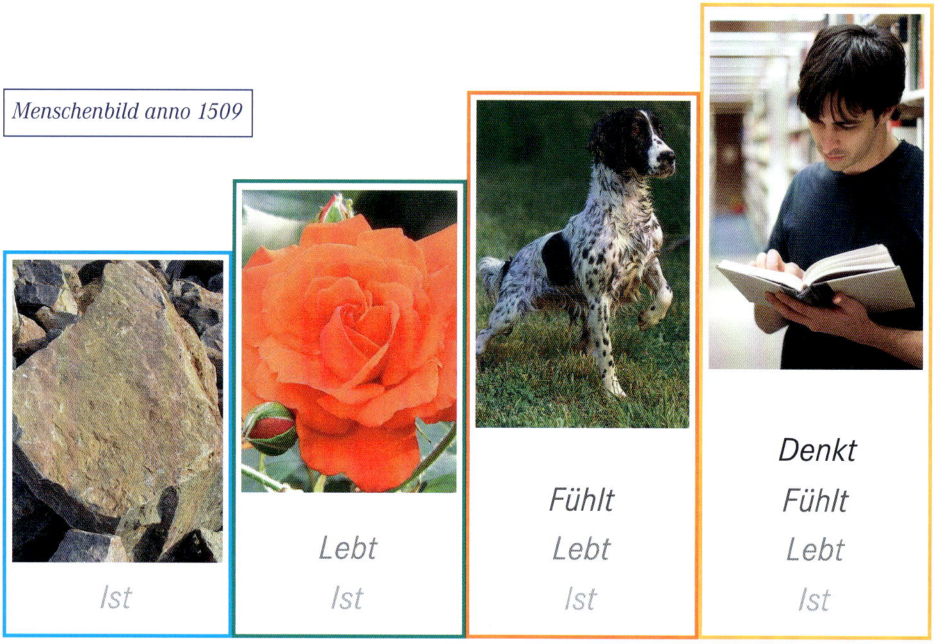

Menschenbild anno 1509
Ist
Lebt
Ist
Fühlt
Lebt
Ist
Denkt
Fühlt
Lebt
Ist

Aufgaben

2. Interpretieren Sie dieses Schaubild und beschreiben Sie das zugrunde liegende Menschenbild.

Zur Diskussion

3. Diskutieren Sie die folgenden Aussagen:
   a) „Der Mensch, bestimmt durch seinen Geist, kann frei entscheiden, in welcher Seinsform er leben will."
   b) „In dem dargestellten Menschenbild wird als höchste Lebensform der denkende Mensch beschrieben. Zu kurz kommen dadurch die Leiblichkeit des Menschen sowie die aktive und handelnde Seite seiner Lebensform."

Der Mensch lebt nicht vom Brot allein

Wenn dem Tier ein schattiges Plätzchen, viel gutes Essen und Wasser sowie die Möglichkeit, seine sexuellen Bedürfnisse zu erfüllen, gegeben sind, wird es ein zufriedenes Leben genießen. Der Mensch, so zeigen Verhaltensforscher, wird unter den genannten Lebensumständen melancholisch und depressiv. Er sehnt sich nach Höherem, fragt nach dem Sinn seines Lebens und strebt nach Selbstverwirklichung. Im Unterschied zum Tier gehen die menschlichen Bedürfnisse weit über die Grundbedürfnisse hinaus.

↗ Kap. Glück

↗ Kap. Wofür es sich zu leben lohnt

Aufgaben

1. Sammeln Sie Beispiele für menschliche Bedürfnisse, die über die beschriebenen tierischen Bedürfnisse hinausgehen.

Die Bedürfnispyramide nach Abraham Maslow

Maslow: Rangordnung menschlicher Bedürfnisse

Der amerikanische Arzt Abraham Maslow (1908 – 1970) erforschte die Bedürfnisse von Menschen. Dabei entdeckte er, dass man die menschlichen Bedürfnisse nach einer bestimmten Rangordnung einteilen kann. Alle Bedürfnisse zusammen kann man sich als Schichten einer Pyramide vorstellen.

Geborgenheit, Schönheit,
Unabhängigkeit, Ernährung,
Liebe, Schlaf, Religion,
Anerkennung, Sexualität,
Ruhe, Selbstverwirklichung,
Lob, Wohnung, Schutz,
Gerechtigkeit, Kleidung,
Selbstentfaltung,
materielle und
berufliche Sicherheit,
Bedürfnis nach Selbstverwirklichung
Soziale Bedürfnisse
Bedürfnis nach Sicherheit
Grundbedürfnisse
Kommunikation,
Macht und Einfluss,
Lebenssicherheit,
Gruppenzugehörigkeit,
Lebenssinn, Vorsorge,
Ästhetik, sinnvolle berufliche Tätigkeit, Vermeidung von Gefahren,
Unabhängigkeit, Mitgefühl, Entfaltung der eigenen Talente

Aufgaben

2. Ordnen Sie die neben der Pyramide stehenden Bedürfnisse den einzelnen Stufen zu.

3. Diskutieren Sie folgende Aussage von A. Maslow: Erst wenn die Bedürfnisse einer Stufe befriedigt sind, wendet sich der Mensch „höheren“ Bedürfnissen zu.

Zur Diskussion

Kritik an Maslow

Die streng hierarchische Anordnung der Bedürfnisse ist heute umstritten, z.B. ist religiös motiviertes Fasten ein bewusster Verzicht, das Bedürfnis nach Nahrung (Basis) zu befriedigen, um dadurch besser über die Fragen der Sinnfindung (Spitze) nachzudenken. Die Beschäftigung mit religiösen Fragen oder Fragen nach dem Sinn des Lebens kann dem Menschen in allen Entwicklungsphasen ein Bedürfnis sein. Maslow hingegen stellt fest, der Mensch könne sich nur dann „höheren“ Bedürfnissen zuwenden, wenn die Basisbedürfnisse befriedigt sind.

Nähe und Distanz

Fallbeispiel

Interessante Arbeit oder nette Kollegen?

Anna, 18 J., macht seit einem Jahr eine Ausbildung als Friseurin. Der Beruf macht ihr viel Spaß, allerdings findet sie kaum Kontakt zu ihren Arbeitskolleginnen. Die meisten sind älter als sie und kennen sich schon lange. Die Gespräche drehen sich fast immer um Kinder und Krankheiten, womit Anna wenig anfangen kann. So kommt es, dass Anna die Pausen meistens allein verbringt und sich immer mehr als Außenseiterin fühlt. Die Situation belastet sie immer mehr, sodass sie häufig nachts nicht schlafen kann und oft mit Magenschmerzen ins Geschäft geht. Sie überlegt sich, die Ausbildung abzubrechen. Ihr Freund findet dies nicht gut. Er meint, es ist wichtiger, dass einem die Tätigkeit, die man macht, gefällt. Das Arbeitsklima ist seiner Ansicht nach nicht so wichtig. Anna sieht das nicht so. Ihr ist es, vor allem auch aufgrund ihrer Erfahrungen, wichtiger, dass sie sich mit ihren Arbeitskollegen gut versteht, auch wenn die Tätigkeit nicht so spannend ist.

Aufgaben

1. Inwieweit können Sie Annas Erfahrungen nachvollziehen?
2. Anna leidet sehr unter ihrer beruflichen Situation und fragt Sie um Rat. Was raten Sie ihr?

Zur Diskussion

3. Sie haben die Wahl zwischen
   a) einer interessanten Tätigkeit, die Ihnen Spaß macht, allerdings ist das Betriebsklima dort sehr schlecht und der Chef sehr launig,
   b) einer langweiligen Tätigkeit, jedoch mit lauter sympathischen Arbeitskollegen und einem sehr netten Chef. Die Bezahlung ist die gleiche.

   Wofür entscheiden Sie sich? Begründen Sie Ihre Entscheidung.

Zwischen Distanz und Nähe

Die Fabel von den frierenden Stachelschweinen

Eine Herde Stachelschweine drängt sich an kalten Wintertagen recht nahe zusammen, um sich durch die gegenseitige Wärme vor dem Erfrieren zu schützen. Je näher sie sich kommen, umso wärmer wird ihnen, umso mehr stechen sich die Stachelschweine aber auch gegenseitig mit ihren Stacheln. Das schmerzt und hat zur Folge, dass sie sich wieder von einander trennen. Nun beginnen sie allerdings wieder zu frieren und drängen wieder zu einander. Ihre Nähe, die ihnen einerseits Sicherheit und Wärme gewährt, erzwingt andererseits immer wieder Abstand. *(Nach Arthur Schopenhauer)*

Aufgaben

4. Beschreiben Sie, was Schopenhauer mit dieser Fabel sagen will.
5. Um welche zwei wichtigen Wesensmerkmale des Menschen geht es hier? Belegen Sie diese durch eigene Erfahrungen (in der Familie, in Zweierbeziehungen, in der Clique, im Berufsleben oder in anderen sozialen Zusammenhängen).
6. Das menschliche Zusammenleben wäre einfacher, wenn die „Stacheln“ kleiner wären. Nennen Sie Beispiele, wie man seine eigenen „Stacheln“ verkleinern könnte.

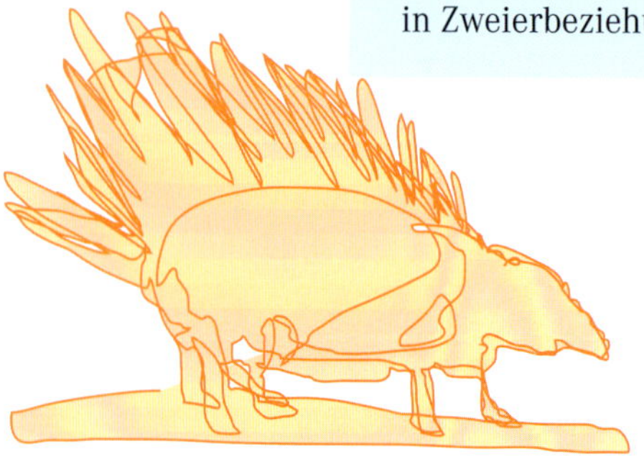

Vier Stufen des zwischenmenschlichen Abstands

Menschen, die sich frei bewegen können, halten Abstand. Wie nah Menschen z.B. einen Partner an sich heranlassen, hängt von der Beziehung zwischen beiden ab. Man unterscheidet vier Stufen zwischenmenschlichen Abstands:

1. **Intim.** Direkter Kontakt bis etwa 50 cm bedeutet die engste Stufe zwischenmenschlichen Abstands, z.B. beim Kind oder Partner. — **Kind/Partner**
2. **Persönlich.** 50–75 cm: So nah lässt man einen guten Freund an sich herankommen. — **Gute Freunde**
3. **Gesellschaftlich.** 1–3,5 m: Dies ist der „übliche Abstand", z.B. auf Partys, in Büros oder Sitzungen. — **Normalabstand**
4. **Öffentlich.** Mindestens 3,5 m: Diesen Abstand versucht man in der Regel in Straßen, öffentlichen Verkehrsmitteln oder Kaufhäusern einzuhalten, weil die vielen Menschen als bedrückend empfunden werden. — **Abstand zu Fremden**

Aufgaben

1. Sammeln Sie weitere Beispielsituationen für die einzelnen Stufen.
2. Beschreiben Sie, wie Menschen reagieren, wenn diese Distanzzonen verletzt werden.
3. In welchen beruflichen Situationen könnte es besonders wichtig sein, diese Distanzzonen einzuhalten?

Zwischenmenschlicher Abstand

dargestellt im Kalt-warm-Kontrast der Farben

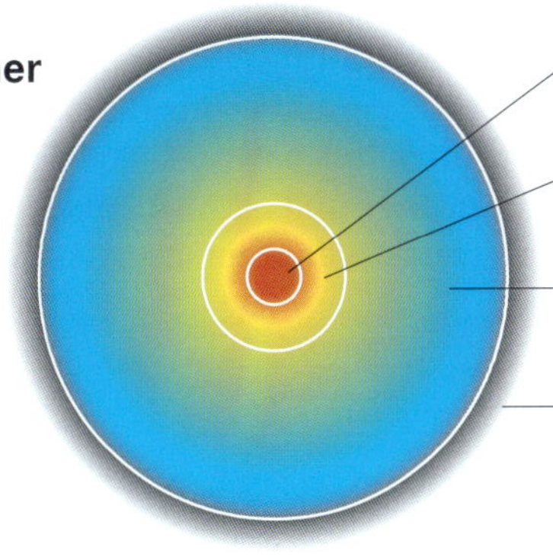
intim – bis 0,5 m
persönlich – 0,5-0,75 m
gesellschaftlich – 1-3,5 m
öffentlich – mindestens 3,5 m

Auch der Glaube entwickelt sich

Fallbeispiel

„Dann kann ich ja gehen!“

Anna ist aufgrund ihrer Ausbildung zur Hotelfachfrau nur noch selten zu Hause. Nun besucht sie seit langer Zeit wieder einmal ihre Oma. Früher hatten sie sich immer gut verstanden, doch diesmal ist es anders. Annas Oma ist sehr religiös und spricht gerne und oft über ihren Glauben. Und was für Anna früher immer okay war, nervt sie diesmal. „Ach Oma“, sagt sie, „ich kann es manchmal nicht mehr hören. Das kann man doch alles gar nicht so glauben.“ Oma ist überrascht: „Was? Was soll man denn nicht glauben können?“ „Das mit den Wundern, oder der Schöpfung oder der Auferstehung. Das kann doch gar nicht so gewesen sein.“ „Doch, Anna, ich bin mir sicher, dass das alles genauso war, wie es in der Bibel steht, und wie es auch immer der Pfarrer erzählt.“ „Der Religionslehrer in meiner Berufsschule ist auch Pfarrer und der hat gesagt, man kann die Bibel ernst nehmen oder wörtlich. Und dass Gott die Welt in sieben Tagen erschaffen hat, kann doch kein Mensch, nicht einmal du, ernsthaft glauben.“ „Aber es steht doch so in der Bibel“, entgegnet Oma ganz aufgeregt, „und früher hast du diese Geschichten doch auch immer gern gehört. Ich war immer dagegen, dass du deine Ausbildung so weit weg gemacht hast. Man sieht jetzt ja, was dabei herausgekommen ist: Du bist gottlos geworden!“ „Nein, Oma, das stimmt nicht, auch wenn ich manche Sachen nicht mehr so glaube, wie sie in der Bibel stehen. Zum Beispiel das mit der Schöpfung in sieben Tagen. Aber das ist doch auch gar nicht so wichtig. Wichtig an dem Schöpfungsbericht ist doch, dass alles nicht zufällig entstanden ist, sondern dass es irgendwie ein Prinzip dahinter gibt, einen Sinn, einen guten Plan, den man vielleicht erst viel später erkennt.“ Oma winkt ab: „Anna, ich will nicht, dass du so redest!“ Anna ist genervt. „Gut, dann kann ich ja gehen.“ Sie steht auf, packt ihre Sachen und geht.

Aufgaben

1. Beschreiben Sie die dargestellte Konfliktsituation.
2. Stellen Sie die unterschiedlichen Positionen von Anna und ihrer Oma dar.
3. Interpretieren Sie den Satz „Man kann die Bibel ernst nehmen oder wörtlich.“
4. Formulieren Sie Ihre eigene Position.

Sechs Stufen des Glaubens

↗ Stufen des religiösen Urteils, S. 150f.

Im Laufe eines Lebens entwickelt sich die Religiosität und der Glaube.
Der amerikanische Theologe James W. Fowler entwarf eine Theorie der Glaubensentwicklung mit sechs Stufen.

intuitiv

Stufe 1: Intuitiver Glaube

Etwa vom 3. bis zum 7. Lebensjahr entwickelt das Kind Vorstellungen und Fantasien, die auch seine Glaubensvorstellungen prägen. Diese werden durch ihm nahestehende Personen, insbesondere durch die Eltern stark und nachhaltig beeinflusst. Das Kind überträgt Wünsche und Gefühle auf magische Symbolgestalten.

Stufe 2: Mythisch-wörtlicher Glaube

Das Kind kann nun auch seinen Glauben beschreiben. Das geschieht vor allem bildhaft. Gott wird mit menschlichen Zügen versehen, z.B als alter Mann mit Bart, Händen und Füßen. Moralische Regeln und Verhaltensweisen, aber auch Symbole, Gleichnisse, Bilder werden wortwörtlich übernommen.

mythisch-wörtlich

Stufe 3: Konventioneller Glaube

Diese Stufe beginnt sich im Alter zwischen 11 und 12 Jahren auszubilden, aber auch viele Erwachsene kommen nie über diese Stufe hinaus. Man orientiert sich an den Glaubensvorstellungen der Menschen in seinem jeweiligen sozialen Umfeld und wählt für sich die passenden Elemente aus.

konventionell

Stufe 4: Individueller Glaube

Von seiner neu erreichten Individualität aus betrachtet der Heranwachsende kritisch den früheren Glauben und tritt aus den Traditionen heraus. Er entwickelt eine eigene Glaubensposition, auch entgegen seinem Umfeld.

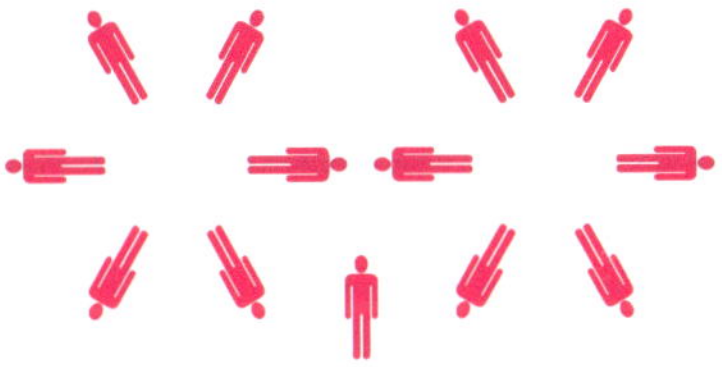

individuell

Stufe 5: Verbindender Glaube

Man wird offen für die Grenzen der eigenen Weltanschauung und erkennt die Relativität des eigenen Glaubens. Der Glaube gewinnt eine gewisse Weite, jedoch wird die eigene Position und der eigene Glaube nicht aufgegeben. Man versteht, was die Religionen im Kern verbindet.

verbindend

Stufe 6: Universeller Glaube

Nur sehr wenige Menschen wie Mahatma Gandhi oder Mutter Teresa haben diese Stufe erreicht. Die Person lebt konsequent in ihrem Glauben, d.h. in dem Versuch, das Reich Gottes auf Erden zu realisieren.

universell

Aufgaben

1. Beschreiben Sie die Unterschiede zwischen den einzelnen Stufen.
2. Formulieren Sie Aussagen, die Menschen auf den verschiedenen Entwicklungsstufen ihres Glaubens treffen könnten.
3. a) Diskutieren Sie das Fallbeispiel „Dann kann ich ja gehen" vor dem Hintergrund der Stufentheorie von Fowler.
   b) Inwieweit könnte die Kenntnis dieses Stufenmodells bei einer Konfliktlösung hilfreich sein?

Zur Diskussion

Basics

Menschenbilder

Ein Menschenbild beschreibt die Vorstellung von dem, was den Menschen als einen Menschen ausweist und ihn von Steinen, Pflanzen und Tieren unterscheidet.

■ **Individuelles Menschenbild**
Jeder Mensch entwickelt, ohne darüber nachzudenken, ein Bild davon, was der Mensch ist. Das individuelle Menschenbild ist von Mensch zu Mensch verschieden.

■ **Naturwissenschaftliches Menschenbild**
Im naturwissenschaftlichen Menschenbild wird der Mensch auf das Schema „Ursache und Wirkung" reduziert. Der Mensch ist vergleichbar mit einer gut oder weniger gut funktionierenden Maschine.

■ **Sozialwissenschaftliches Menschenbild**
Der Mensch lebt als Teil der Gesellschaft immer wieder in verschiedenen Rollen. Mithilfe der Kommunikation nimmt er seine Umwelt wahr und gestaltet diese.

■ **Christliches Menschenbild**
Der Mensch ist sowohl Geschöpf Gottes als auch Gottes Ebenbild. Dies verleiht ihm zum einen eine große Freiheit, da er seine Existenz vor niemandem zu legitimieren braucht, aber auch ein hohes Maß an Verantwortung gegenüber Gott.

Unterschied zwischen Mensch und Tier

Der Mensch ist in Vielem dem Tier sehr ähnlich, allerdings gehen viele menschliche Bedürfnisse weit über die eines Tieres hinaus, z.B. das Bedürfnis nach Selbstverwirklichung, nach individuellem Lebenssinn, nach Anerkennung, nach Liebe, nach Sicherheit, usw. Der Mensch ist das einzige Wesen, das weiß, dass es sterben wird und sein Leben im Bewusstsein seiner Endlichkeit vollzieht. Nur der Mensch kann zwischen Gut und Böse unterscheiden, er ist das einzige religiöse und moralische Wesen.

Der Einzelne und die Gemeinschaft

Der Mensch ist von Natur aus auf Gemeinschaft hin ausgelegt. Auch als gemeinschaftliches Wesen bleibt er jedoch immer ein Individuum und strebt nach Eigenständigkeit, Unverwechselbarkeit und individueller Freiheit. Dieses Spannungsfeld zwischen dem Wunsch nach Gemeinschaft und dem Streben nach Individualität kennzeichnet das menschliche Zusammenleben.
Man unterscheidet vier Stufen menschlichen Zusammenlebens:

1. **Intim**, bis 50 cm Abstand: Kind, Partner.
2. **Persönlich**, bis 75 cm: Gute Freunde.
3. **Gesellschaftlich**, bis 3,5 m: Normaler Abstand.
4. **Öffentlich**, ab 3,5 m: Abstand zu Fremden.

Stufen des Glaubens

■ **Stufe 1 Intuitiver Glaube:**
Kein bewusster, sondern ein intuitiver Glaube.

■ **Stufe 2 Mythisch-wörtlicher Glaube:** Alles wird wortwörtlich verstanden, Gott hat menschliche Züge.

■ **Stufe 3 Konventioneller Glaube:**
Man orientiert sich in seinem Glauben an den Glaubensvorstellungen seiner Umgebung.

■ **Stufe 4 Individueller Glaube:**
Man entwickelt eine eigene Glaubensposition, auch gegen seine Umwelt.

■ **Stufe 5 Verbindender Glaube:**
Man gelangt zu einer toleranten Position und sieht das Verbindende zwischen den verschiedenen Glaubenspositionen.

■ **Stufe 6 Universeller Glaube:**
Man lebt konsequent in seinem Glauben.

Kapitel 2

Gewissen

Marc wechselt Reifen bei einem roten Sportwagen.
Als er am letzten Rad arbeitet, ruft der Meister:
Bist du immer noch nicht fertig? Los! Da drüben muss Öl nachgefüllt werden!
Ja, sofort!
Als er damit fertig war, fuhr der Wagen gerade weg.
Hatte ich die letzten Schrauben jetzt eigentlich fest angezogen?
VROOOOOOM!
Du warst doch fertig bei dem Schlitten, oder? Alle Radmuttern festgedreht?
Na logisch!
Aber weil er sich nicht wirklich sicher war, ob er die Radmuttern am vierten Rad angezogen hatte, ging es ihm schlecht.
Geh' zum Meister und sag es ihm! Wenn etwas passiert, wirst du gefeuert!
Quatsch! Sag' bloß nichts! Die Firma ist versichert! Dir passiert nichts!

Aufgaben

1. Marc geht es schlecht, auch körperlich. Was sind die Ursachen?
2. Marc weiß plötzlich, wie er sich zu verhalten hat. Was hat ihm dazu verholfen?
3. Gab es in Ihrem Leben, privat oder beruflich, vergleichbare Situationen?
4. Diskutieren Sie die folgenden Fragen:

a) Ist Gewissen angeboren oder erworben?
b) Würde ein Mensch ohne jegliche Erziehung einen Sinn für Gut und Böse entwickeln?
c) Was bedeutet es, eine Arbeit gewissenhaft zu erledigen?
d) Welche Gewissensentscheidungen mussten Sie bisher treffen?
e) Kann sich das Gewissen irren?

Zur Diskussion

Wie entwickelt sich das Gewissen?

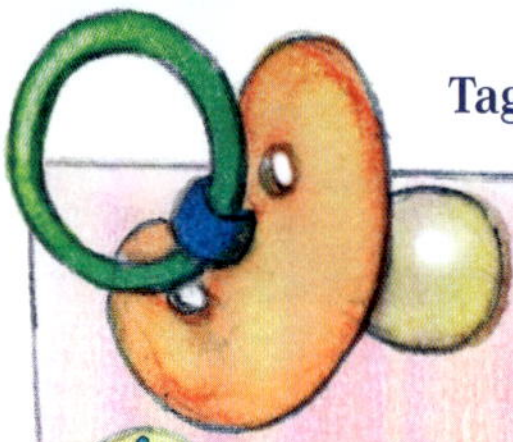

Tagebuch von Mäxchen (2 Jahre)

Rotstifte gefunden. Tapete bemalt. Sieht schön aus. Mama arg geschimpft. Tapete bemalen – verboten!

In Papas Arbeitszimmer gewesen. Bücher aus dem Regal gezogen und Blätter herausgerissen. Knistert schön. Papa getobt. Bücher zerreißen – verboten!

Mamas Parfumflasche auf mich geleert. Riecht gut! Mama traurig. Nicht schön, wenn Mama traurig ist. Kein Parfum mehr ausleeren!

Farbstifte von Bruder bekommen. Tapete bemalt. Oje, oje, vergessen, dass das verboten ist. Mama wird schimpfen! – Mama hat ganz doll geschimpft, Aufs Händchen geschlagen. Unbedingt merken: Tapete bemalen – verboten!

Von Oma Schokolade gekriegt. Danke gesagt. Mutti freut sich, sagt: „Fein, Mäxchen". Schön, wenn Mama sich freut und „Fein, Mäxchen" sagt. Danke sagen – immer gut!

Von Schokolade allen gegeben. Alle freuen sich und sagen: „Danke, Mäxchen". Schön, wenn sich alle freuen. Abgeben – gut!

Dicke Eddings gefunden. Achtung: Nicht Tapete bemalen!

Auf Töpfchen gewesen. Mama lobt Mäxchen. Gut! Händchen ins Töpfchen gesteckt. Mama schreit: „Pfui!" und schimpft. Händchen ins Töpfchen – strengstens verboten!

Genug gelernt für heute Morgen. Gehe jetzt ins Bett und mache einen Mittagsschlaf.

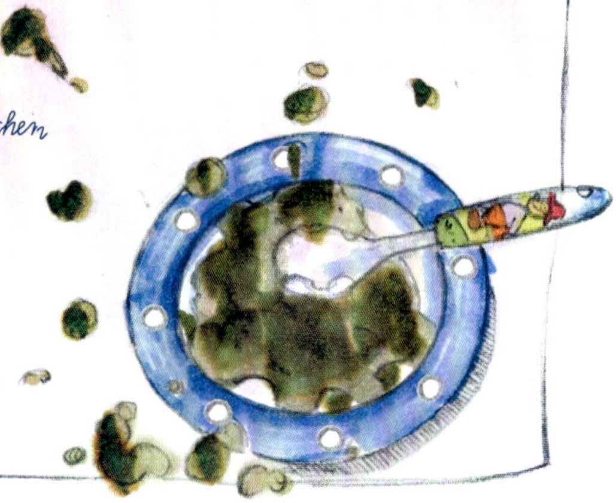

Aufgaben

1. Mäxchen hat an diesem Vormittag viel gelernt, auch was seine Gewissensbildung angeht. Belegen Sie Mäxchens Gewissensbildung durch Beispiele.

Zur Diskussion

2. Nicht nur Lob und Strafe sind wirksame Lernprinzipien, die die Gewissensbildung begleiten, sondern vor allem das Lernen am Verhaltensvorbild. Diskutieren Sie die folgende Aussage: *Die Kinder übernehmen nicht das, was die Eltern sagen, sondern das, was sie tun.*
3. Gewissen kann durch Erziehung und andere Einflüsse bei den einzelnen Menschen ganz unterschiedlich ausgebildet werden. Belegen Sie diese Aussage durch Beispiele.

Definition

■ **Gewissen** Gewissen ist die „innere Stimme“, die einem sagt, ob man richtig oder falsch gehandelt hat, ob etwas gut oder böse war oder ist.

Einflüsse auf die Entwicklung des Gewissens

Gewissensentwicklung

Gewissen entwickelt sich aufgrund unterschiedlicher Einflüsse: Erziehung durch die Eltern, die Umwelt, kirchliche und staatliche Organisationen sowie durch die inzwischen stark gewordenen Einflüsse von Medien. Da seine Ausprägung zum größten Teil in früher und frühester Jugend erfolgt, ist das Gewissen in den tiefsten Schichten unseres Unterbewusstseins verankert.

↗ Erziehungsstile, S. 47

Wer oder was hat Ihre Erziehung geprägt?

Bei uns ...
Wenn du noch mal ...
Merke dir ein für alle Mal ...
Es ist doch normal, dass ...
Wie oft habe ich dir schon gesagt, dass ...
Kannst du nicht einmal ...
Pass auf, dass du ...
...
Solange ...

Aufgaben

1. Wer hat Ihre Gewissensbildung beeinflusst?
2. Welche Gebote und Werte haben Ihre Erziehung geprägt? Schreiben Sie typische „Erziehungssätze“ Ihrer Erziehungsberechtigten auf und überlegen Sie sich, welches Ziel Ihre Eltern jeweils dabei gehabt haben könnten.
3. Nennen Sie fünf wichtige Verhaltensweisen, die Sie Ihren eigenen Kindern anerziehen möchten, und begründen Sie diese.

Soziale Funktion des Gewissens

Gewissen zur Aufrechterhaltung der Gesellschaft

Kein Gewissen zu haben, wäre schlecht für die Gesellschaft, denn dann würden wir ohne zu zögern z.B. das Eigentum eines anderen missachten und uns aneignen. Wir hätten keine Hemmungen, die Partnerin eines Freundes oder den Partner einer Freundin anzumachen. Ohne Gewissen wären wir sehr nahe am Tierreich und nur der Stärkste hätte alle Rechte. Das Gewissen dient also zur Aufrechterhaltung einer geordneten Gesellschaft.

Aufgaben

4. Diskutieren Sie, wie sich das Vorhandensein bzw. das Fehlen des Gewissens auf die Gesellschaft auswirken könnte.

Zur Diskussion

Stufen der moralischen Entwicklung

Fallbeispiel

Die Anselm-Geschichte (Dilemmageschichte)

↗ Sara hat ein Problem, S. 150

Anselm S. lebt zusammen mit seiner Frau und den beiden Kindern in einem neuen Haus am Stadtrand, das sie erst vor zwei Jahren bezogen haben. Er ist Chemiker in leitender Position bei einer Lebensmittelfirma, die ihre Zentrale direkt vor Ort hat. Anselms Frau kümmert sich um Haus und Garten und versorgt ihre Mutter, die an leichter Altersdemenz erkrankt ist. Selbst wenn sie arbeiten wollte (sie ist gelernte Biologielaborantin), würde es vermutlich schwierig sein, eine Anstellung zu finden, da sie schon seit zwanzig Jahren nicht mehr berufstätig ist. Die ältere Tochter hat gerade ihr Abitur bestanden und freut sich auf den einjährigen Studienaufenthalt in den USA, den ihr ihre Eltern versprochen haben.

In seiner Freizeit ist Anselm engagierter Mitarbeiter im örtlichen Tierschutzverein, den er vor etlichen Jahren mitbegründet hat, und der sich gerade wegen der von ihm mitinitiierten Aktionen gegen Tierversuche, die in einer nahegelegenen Kosmetikfirma durchgeführt werden, zu einer in der Stadt anerkannten Institution entwickelt hat. Dadurch ist Anselm S. über die Grenzen der Stadt hinaus zu einer bekannten Persönlichkeit geworden. Auch im privaten Bereich hat Anselm S. mit den Mitgliedern der Tierschutzgruppe sehr viel zu tun. Sie und ihre Familien stellen den größten Teil seines Bekanntenkreises dar. Er ist bei allen sehr beliebt. Der jüngere Sohn, 14 Jahre alt, ist wie sein Vater ein großer Tierfreund und widmet den größten Teil seiner Freizeit der Arbeit im Tierschutzverein. Sein Vater ist für ihn das große Vorbild.

Doch nun droht alles, was Anselm sich mühsam aufgebaut hat, zusammenzustürzen. Seine Firma wurde verkauft und der damit verbundene Stellenabbau betrifft auch seine Abteilung. Als langjähriger Mitarbeiter wird er zwar nicht direkt entlassen, soll aber, zunächst für ein halbes Jahr, in einer Filiale in der 250 km entfernten Landeshauptstadt eingesetzt werden. Innerhalb dieses Zeitraumes muss er sich dann um eine neue Stelle bemühen. Für einen Mann Anfang Fünfzig keine einfache Sache.

Zufällig trifft Anselm in einem kleinen Lokal in der Altstadt seinen ehemaligen Schul- und Studienkameraden Benno F. Benno ist Chemiker und mittlerweile im Vorstand der großen Kosmetikfirma am Ort, gegen deren Tierversuche sich die Protestaktionen von Anselms Tierschutzverein so vehement richten.

Benno hat von den Schwierigkeiten in Anselms Firma gehört und deutet an, dass bei seiner Firma demnächst eine Stelle neu zu besetzen sei, für die jemand mit Anselms Fähigkeiten sehr geeignet wäre. Er lässt durchblicken, dass Anselm sich auf Dauer sogar finanziell besser stellen würde. Wenn Anselm sich mit dem Gedanken anfreunden könne, er würde sich gerne für ihn stark machen. Da er Vorstandsmitglied sei, wäre dies auch sicher erfolgreich.

Anselm spricht Benno auf die Versuche in den Labors seines Unternehmens an, worauf dieser entgegnet, dass zum einen die meisten Produkte nicht auf derartigen Versuchen basieren, sie vertrieben ja auch zahlreiche Naturprodukte, und dass zum anderen die Versuche nur einen ganz kleinen Teil von Anselms zukünftigem Arbeitsbereich darstellen. Allerdings stehe die Neubesetzung der Stelle schon bald an und Anselm müsse deshalb innerhalb der nächsten zwei Wochen zu einer Entscheidung kommen.

Aufgaben

Zur Diskussion

1. Analysieren Sie Anselms Situation.
2. Überlegen Sie, welchen Rat die einzelnen Familienmitglieder Anselm wohl geben würden.
3. Soll sich Anselm S. für die Stelle in Bennos Firma entscheiden oder soll er ablehnen? Beantworten Sie diese Frage schriftlich in Einzelarbeit und begründen Sie Ihre Meinung ebenfalls schriftlich.
4. Diskutieren Sie die verschiedenen Antworten.

Entwicklung des moralischen Urteils nach Lawrence Kohlberg

Der Psychologe Lawrence Kohlberg hat zahlreichen Versuchspersonen moralische Konfliktsituationen wie die Anselm-Geschichte vorgelegt und die Begründungen ihrer Antworten untersucht. Dabei hat er festgestellt, das sich bei der Entwicklung des moralischen Urteils sechs Stufen unterscheiden lassen.

↗ Definition Moral, S. 106

↗ Bonhoeffer, S. 112f.

1	**Orientierung an Strafe und Gehorsam** [Ich]	Richtig ist der blinde Gehorsam gegenüber Vorschriften und Autoritäten.
2	**Streben nach Lob** [Ich und der andere]	Richtig ist es, im Sinne des konkreten Austauschs fair miteinander umzugehen.
3	**Streben nach sozialer Anerkennung** [Ich und du und unsere Gruppe]	Richtig ist es, sich Partnern gegenüber loyal und zuverlässig zu verhalten und bereit zu sein, gegenseitigen Erwartungen zu entsprechen.
4	**Orientierung an der Aufrechterhaltung der sozialen Ordnung** [Ich und du und unsere Gruppe im sozialen Verband]	Richtig ist es, seine Pflicht in der Gesellschaft zu erfüllen und zur Erhaltung des sozialen Systems beizutragen.
5	**Orientierung an sozialen Verträgen und Menschenrechten** [Wir alle, auch ich]	Richtig ist es, grundsätzliche Rechte und Pflichten anzuerkennen, die dem Wohl des einzelnen Individuums und der Allgemeinheit dienen.
6	**Orientierung an den Grundsätzen des eigenen Gewissens und allgemeingültiger ethischer Prinzipien** [Universelle und solidarische Sichtweise]	Richtig ist es, nur nach ethischen Prinzipien zu handeln, die ohne Einschränkungen verallgemeinert werden können.

Aufgaben

1. Im Folgenden finden Sie typische Denkmuster für die einzelnen Stufen. Ordnen Sie diese jeweils der passenden Stufe zu.

A Ich habe diese Pflicht übernommen, dann muss ich sie auch so gut wie möglich erfüllen.
B Meine Überzeugungen, die sowohl religiös als auch auf Vernunft begründet sind, gebieten mir hier, so zu handeln, auch wenn die gesetzlichen Regelungen dem entgegenstehen.
C Wenn ich das tue, werde ich besser angesehen.
D Ich habe Lust, das zu tun, also darf ich es auch machen.
E Was „normal“ ist, ist damit noch lange nicht richtig.
F Ich sollte das nicht tun, denn sonst wird meine Mutter/ mein Vater traurig und dann fühle ich mich nicht wohl.
G Es ist wichtig für ihn, dann darf er es auch machen.
H Das legale Verfahren missachtet in diesem Fall ein Menschenrecht. Rechtsbruch ist hier legitim und geboten.
I Wenn das alle täten, würde unser Gemeinwesen nicht funktionieren.
J Jeder sollte sich um seine eigenen Angelegenheiten kümmern.
K Man muss auch sehen, aus welchen Motiven jemand gehandelt hat. Wenn er es gut gemeint hat, darf man ihn nicht verurteilen.

Aufgaben

2. Ordnen Sie Ihre eigene Antwort zur Anselm-Geschichte diesen Phasen zu.

Gewissenskonflikt

Fallbeispiel

Aussteigen oder weiterfahren?

Herr Ehrlicher war mit sich sehr zufrieden. Schon kurze Zeit, nachdem er arbeitslos geworden war, hatte er wieder etwas Neues gefunden. Erst zwei Monate arbeitete er nun bei dieser Versicherung und hatte schon so viele Neuabschlüsse geschafft, dass sein Chef ihm eine Gehaltserhöhung in Aussicht gestellt hatte. Mit der neuen Stelle hatten sich auch die Probleme in seiner Familie wieder gelegt. Die Eigentumswohnung konnte weiter abbezahlt werden, und seine Frau und seine Kinder mussten sich wegen seiner Arbeitslosigkeit nicht mehr schämen.

Heute hatte er seinen Einstand gefeiert, deshalb war es etwas später geworden. Hatte er drei oder vier Gläser getrunken? „Ach, egal", dachte er, als er sich beschwingt ans Steuer setzte. „Die paar Kilometer nach Hause schaffe ich noch locker, und auf meinem Geheimweg durch den Wald kontrolliert die Polizei sowieso nie." Sein Tacho zeigte 100, frohgemut überholte er einen Rollerfahrer. Kurz darauf nahm er plötzlich einen Schatten von rechts wahr. Ein Radfahrer! Im gleichen Moment spürt er einen dumpfen Schlag gegen den Wagen. Er will bremsen und anhalten, da schießen ihm plötzlich eine Menge Gedanken durch den Kopf.

Aufgaben

1. Analysieren Sie die Entscheidungssituation, in der Herr Ehrlicher steht.
2. Stellen Sie – entsprechend dem Bild oben – grafisch dar, welche Gedanken in diesem Moment auf ihn einstürzen könnten.
3. Herr Ehrlicher steht in einem Gewissenskonflikt und muss sich entscheiden. Nach welchen allgemeinen Kriterien kann ein Mensch in einer solchen Situation seine Entscheidung treffen?

Definition

■ **Gewissenskonflikt** Unter einem Gewissenskonflikt versteht man den Widerstreit zwischen gleichberechtigten Forderungen, von der die eine sich nur auf Kosten der anderen realisieren lässt. Insbesondere in einer solchen Situation brauchen wir Orientierung und Maßstäbe für unsere Entscheidung.

Fallbeispiele

A. Ein schwer kranker Patient fragt seinen Arzt, wie es um ihn steht, und betont, dass er eine ehrliche Antwort will. Der Zustand des Patienten hat sich in den letzten Tagen bedrohlich verschlechtert. Für die weitere Entwicklung ist es allerdings wichtig, dass der Patient nicht alle Hoffnung verliert.

B. Soldaten, die an ihren Fahneneid gebunden sind, erhalten den Befehl, ein feindliches Dorf zu zerstören, weil dort ein schlimmer Attentäter vermutet wird. Allerdings leben in diesem Dorf auch wehrlose Frauen und Kinder.

C. Ein Unternehmen stellt den Antrag zum Bau einer neuen Fabrikanlage. Dadurch werden viele dringend benötigte Arbeitsplätze für die Region geschaffen. Allerdings ist dieser Bau mit erheblichen Umweltschäden verbunden.

D. Abraham erhält von Gott den Auftrag, auf einen Berg zu ziehen und dort seinen einzigen Sohn als Opfer für ihn zu töten. Abraham liebt seinen Sohn und möchte ihn unter keinen Umständen verlieren. Allerdings war er Gott bisher immer gehorsam, und sein Vertrauen hatte sich schon oft ausgezahlt.

↗ Kap. Bibel

Aufgaben

1. In den oben genannten Situationen geht es jeweils um einen Gewissenskonflikt. Analysieren Sie die einzelnen Situationen und stellen Sie die kontroversen Argumente grafisch wie auf S. 24 dar.

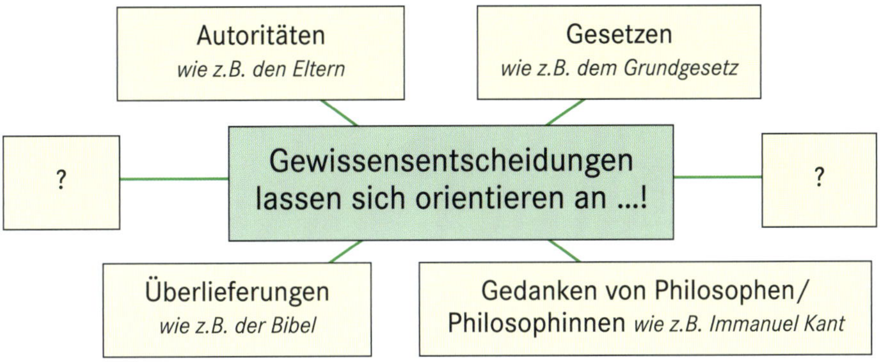
Autoritäten
wie z.B. den Eltern
Gesetzen
wie z.B. dem Grundgesetz
?
Gewissensentscheidungen lassen sich orientieren an ...!
?
Überlieferungen
wie z.B. der Bibel
Gedanken von Philosophen/ Philosophinnen wie z.B. Immanuel Kant

↗ Werte und Normen, S. 128f.

Aufgaben

2. Je nachdem, an welchen Instanzen man sich bei seiner Gewissensentscheidung orientiert (vgl. Grafik oben), kann dies zu unterschiedlichen Handlungen führen. Zeigen Sie dies an den Fallbeispielen auf der Doppelseite.
3. Prüfen Sie, an welchen Instanzen Sie sich bei Ihren Gewissensentscheidungen orientieren.

Um Gottes Willen: Was soll ich tun?

Zehn Gebote

1. Gebot: Ich bin der Herr, dein Gott. Du sollst keine anderen Götter neben mir haben.
2. Gebot: Du sollst den Namen des Herrn, deines Gottes, nicht missbrauchen.
3. Gebot: Du sollst den Feiertag heiligen.

4. Gebot: Du sollst deinen Vater und deine Mutter ehren.
5. Gebot: Du sollst nicht töten.
6. Gebot: Du sollst nicht ehebrechen.
7. Gebot: Du sollst nicht stehlen.
8. Gebot: Du sollst kein falsches Zeugnis reden wider deinen Nächsten.
9./10. Gebot: Du sollst nicht begehren deines Nächsten Haus. Du sollst nicht begehren deines Nächsten Frau, Knecht, Magd, Rind, Esel, noch alles, was dein Nächster hat.

2. Mose 20,1-17

Aufgaben

1. Ordnen Sie die Karikaturen den einzelnen Geboten zu.

↗ Christliche Normen, S. 129

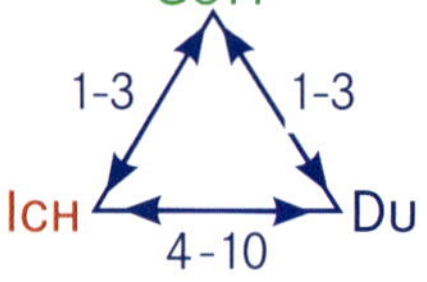
GOTT
1-3
1-3
ICH
DU
4-10

Die Zehn Gebote

Beim Zusammenleben der Menschen kommt es immer wieder zu Konflikten, sobald einer die Freiheit des anderen verletzt. Gäbe es keine Gebote oder Gesetze, würde der Schwächere seine Freiheit immer mehr verlieren und der Stärkere immer mehr bekommen. Deshalb sind Gesetze und Gebote notwendig zum Schutz des anderen und zum Schutz der eigenen Person.
Die Zehn Gebote wollen ein Leben in Freiheit schützen. Sie sind Richtschnur für das Verhältnis zwischen Gott und Menschen (Gebote 1-3) und der Menschen untereinander (Gebote 4-10).

Doppelgebot der Liebe

↗ S. 32f.

Das Doppelgebot der Liebe

Jesus wurde einmal gefragt, welches das wichtigste Gebote sei. Jesus überlegte einen Moment und antwortete dann: „Es gibt zwei Gebote, die sind die allerwichtigsten. Das erste ist: Liebe den Herrn, deinen Gott, von ganzem Herzen, von ganzer Seele und mit deinem ganzen Verstand. Und das zweite, das ist genauso wichtig: Liebe deinen Nächsten wie dich selbst“ (nach Markus 12,28-31).

Die goldene Regel

Als goldene Regel bezeichnet man einen alten und weit verbreiteten Grundsatz, mit dem das Zusammenleben in einer Gemeinschaft ermöglicht, bewahrt und gefördert werden kann.

Formen der goldenen Regel:

Goldene Regel im Christentum

- So wie ihr von den Menschen behandelt werden möchtet, so behandelt sie auch. (nach Matthäus 7,12 – Christentum)
- Was du nicht willst, dass man dir tu, das füg auch keinem anderen zu. (Sprichwort)
- Was dir weh tut, tu auch keinem anderen an. (Judentum)
- Wünsche den Menschen, was du dir selbst wünschst. (Islam)
- Füge deinem Nächsten nicht den Schmerz zu, der dich schmerzt. (Buddhismus)
- Handle nur nach der Maxime, die auch zum allgemeinen Gesetz gemacht werden kann. (Kategorischer Imperativ nach dem Philosophen Immanuel Kant)

Aufgaben

1. Können diese Richtlinien auch heute noch für das eigene Verhalten maßgeblich sein?
2. Versuchen Sie, die Zehn Gebote der goldenen Regel und dem Doppelgebot der Liebe zuzuordnen.
3. Vergleichen Sie die christliche Form der goldenen Regel mit den anderen Fassungen. Worin sehen Sie ihre Besonderheit?
4. Auf den Seiten 24-25 sind verschiedene Dilemmasituationen geschildert. Diskutieren Sie, welche Lösungsmöglichkeiten sich jeweils aufgrund der biblischen Orientierungshilfen ergeben.

Zur Diskussion

Fallbeispiel

Rabbi Joshua

Zu Rabbi Joshua flieht ein unschuldig Verfolgter aus dem Nachbarstaat und bittet um Asyl. Joshua versteckt ihn in seinem Haus. Kurz danach kommen die verfolgenden Soldaten. Sie wüssten, so sagen sie, dass sich der Flüchtling in der Stadt versteckt halte, und sie fordern seine Herausgabe bis zum nächsten Sonnenaufgang. Andernfalls würden sie die Stadt zerstören. – Joshua verbringt die Nacht bleich und ratlos. Schließlich entdeckt er in seinem Gesetzbuch (Mischna) einen Paragrafen: Wenn das Leben vieler in Gefahr ist, darf der Flüchtige ausgeliefert werden."

Schwersten Herzens übergibt er den Flüchtling an die Soldaten. – In der nächsten Nacht träumt er, dass der Prophet Elia ihn anklage: „Du hättest nicht auf das geschriebene Gesetz, sondern auf das Gesetz deines Herzens hören sollen."

Aufgaben

5. Interpretiern Sie, was könnte Elia mit dem „Gesetz des Herzens" gemeint haben könnte. Denken Sie auch an das Doppelgebot der Liebe.

Gewissen aus christlicher Sicht

Gewissen als Stimme Gottes

Aus christlicher Sicht ist das Gewissen die Stimme Gottes im Menschen, die jeden Einzelnen an seine besondere Würde als Geschöpf und Ebenbild Gottes und an die damit verbundene Verantwortung erinnert. Dabei handelt es sich keinesfalls um die Aufhebung der menschlichen Freiheit, sondern um die bleibende Aufgabe, sich dieser Entscheidungsfreiheit des Menschen in der konkreten Lebenspraxis jederzeit bewusst zu sein und ihr gerecht zu werden.

↗ Christliches Menschenbild, S. 11

Basics

Gewissen	Gewissen ist das Gefühl, das einem sagt, ob man richtig oder falsch gehandelt hat, ob etwas gut oder böse war oder ist. Aus christlicher Sicht ist das Gewissen die Stimme Gottes im Menschen, die jeden Einzelnen an seine besondere Würde als Geschöpf und Ebenbild Gottes und an die damit verbundene Verantwortung erinnert.
Gewissensbildung	Gewissen entwickelt sich aufgrund unterschiedlicher Einflüsse: Erziehung durch die Eltern, die Umwelt, kirchliche und staatliche Organisationen sowie durch die inzwischen stark gewordenen Einflüsse von Medien.
Gewissenskonflikt	Unter einem Gewissenskonflikt versteht man den Widerstreit zwischen gleichberechtigten Forderungen, deren eine sich nur auf Kosten der anderen realisieren lässt.
Stufen des moralischen Urteils	(1) Orientierung an Strafe und Gehorsam [Ich] (2) Streben nach Lob [Ich und der andere] (3) Streben nach sozialer Anerkennung [Ich und du und unsere Gruppe] (4) Orientierung an der Aufrechterhaltung der sozialen Ordnung [Ich und du und unsere Gruppe im sozialen Verband] (5) Orientierung an sozialen Verträgen und Menschenrechten [Wir alle, auch ich] (6) Orientierung an den Grundsätzen des eigenen autonomen Gewissens und allgemeingültiger ethischer Prinzipien [universelle und solidarische Sichtweise]
Die Zehn Gebote (2. Mose 20)	1. Gebot: Ich bin der Herr, dein Gott. Du sollst keine anderen Götter neben mir haben. 2. Gebot: Du sollst den Namen des Herrn, deines Gottes, nicht missbrauchen. 3. Gebot: Du sollst den Feiertag heiligen. 4. Gebot: Du sollst deinen Vater und deine Mutter ehren. 5. Gebot: Du sollst nicht töten. 6. Gebot: Du sollst nicht ehebrechen. 7. Gebot: Du sollst nicht stehlen. 8. Gebot: Du sollst kein falsches Zeugnis reden wider deinen Nächsten. 9./10. Gebot: Du sollst nicht begehren deines Nächsten Haus. Du sollst nicht begehren deines Nächsten Frau, Knecht, Magd, Rind, Esel, noch alles, was dein Nächster hat.
Die goldene Regel (Matthäus 7,12)	So wie ihr von den Menschen behandelt werden möchtet, so behandelt sie auch.
Das Doppelgebot der Liebe (Markus 12,28-31)	■ Liebe den Herrn, deinen Gott, von ganzem Herzen, von ganzer Seele und mit deinem ganzen Verstand. ■ Liebe deinen Nächsten wie dich selbst.

Kapitel 3

Liebe und Sexualität

DAS REICH DER LIEBE
Berg „Großes Arschloch“
Lügenburg
Eifersuchtswald
Fremdgehweg
Freiheitsberg
Aussicht zur neuen Chance
Hochzeitskirche
Berg der Entscheidung
Meer der Möglichkeit wechselnder Partner
Ex-Hausen
Wüste der Verzweiflung
Betrogenheim
Tal der Aussprache
Land des Liebeskummers
Kanal der verlorenen Liebe
Burg „Treue“
Langweilshausen
Rücksichts-see
Neu-Anfangshausen
Hass-Stadt
Scheidungsenge
Lebensabschnitts-partnerwald
Ebene der Verantwortung
Single-Land
Verzeihungsbach
Unterdrückungshausen
Land der festen Partnerschaft
Sumpf der Gewohnheit
Grosser Wald der Freunde
Zum ersten Mal
Flirtstadt
Erziehungswiese
Niemand-Rechenschafts-Tal
Bucht zum ersten Kuss
Entdeckungspfad
Babywald
Stadt der gleichgeschlechtlichen Liebe
Berg „Zeit für mich“
Seufzerwald
Schmetterlings-heim
Storchbach
Kinder-Sorgen-See
Wüste der Einsamkeit
Burg „One-Night-Stand“
Meer der Träume
Land der Verliebtheit
Familienheim
Nervburg
Hoffnungsbach
Hals-über-Kopf-Tal
Karriereheim
Keine-Verpflichtung-Gebirge
Erwartungsburg
Kap der Ängste
Insel der Unabhängigkeit

Aufgaben

Zur Diskussion

1. Begründen Sie die Auswahl der Länder im Reich der Liebe, sowie die jeweiligen Zuordnungen. Was hätten Sie anders oder zusätzlich angelegt?
2. a) Gestalten Sie eine Landkarte für ein Reich der Liebe mit Begriffen, die Ihnen in Ihrer jetzigen Lebenssituation sehr wichtig sind.
   b) Diskutieren Sie, ob sich das individuelle Reich der Liebe in den verschiedenen Lebensphasen ändert.

Liebe: Was ist das?

Aufgaben

1. Heidrun und Marvin sind seit zwei Jahren ein (Liebes-)Paar. Sie verbringen einen dreiwöchigen Strandurlaub. Finden Sie anhand des Fotos mögliche Beziehungsprobleme heraus.
2. „Ich liebe Steaks, meinen Hund, meinen Beruf und meine Freiheit, meine Frau, meine beiden Kinder und Gott!" – Was ist Liebe? Versuchen Sie, den Begriff Liebe zu definieren.

Definition

■ **Liebe**

1. Liebe (von mhd. *liebe* „Gutes, Angenehmes, Wertes") ist die Bezeichnung für das stärkste Gefühl positiver, inniger und tiefer Zuneigung, die ein Mensch für einen anderen Menschen, zu anderen Lebewesen, Dingen, Tätigkeiten oder Ideen zu empfinden fähig ist.
2. Ausgehend von dieser Bedeutung wird der Begriff „Liebe" schon immer auch im übertragenen Sinne verwendet und steht dann allgemein für die stärkste Form der Hinwendung – Liebe also als Metapher für den Ausdruck tiefer Wertschätzung.

Verschiedene Arten der Liebe

Arten der Liebe werden meist nach der Art der Liebesobjekte sowie der Art des Verhältnisses zu diesen Objekten bestimmt.

Aufgaben

3. Erklären Sie unter diesem Aspekt die folgenden Begriffe und finden Sie weitere Beispiele:

- Selbstliebe
- Partnerliebe
- Nächstenliebe
- Feindesliebe
- Vaterlandsliebe
- Freiheitsliebe
- Tierliebe
- Naturliebe
- Gottesliebe
- sinnliche Liebe
- platonische Liebe
- selbstsüchtige Liebe
- selbstlose Liebe
- ...

Vier Bedeutungen des Begriffs Liebe

Definition

↗ Bergpredigt, S. 81

Agape

Agape ist die schenkende, göttliche Liebe. Agape ist eine bedingungslose, einseitige und auf andere zentrierte Liebe. Man kann Agape mit der Liebe einer Mutter zu ihren Kindern vergleichen.

Storge

Storge bedeutet mehr emotionale Zuneigung. Es ist eine Form der Liebe, wie sie unter Familienangehörigen oft üblich ist oder unter Personen, mit denen man häufiger zusammen ist. Storge ist eine starke Kameradschaft mit gemeinsamen Werten und wenig körperlicher Intimität.

Philia

Philia ist die Liebe unter echten Freunden bzw. Freundinnen. Es ist eine Form der Liebe, die sich um ein tiefes gemeinsames Interesse gruppiert und auf Gleichheit und Gegenseitigkeit beruht. Man will das Gute für den Anderen und um des Anderen willen und bringt dafür auch Opfer. Philia ist mehr als Kameradschaft.

Eros

Eros ist die romantische, erotische und sexuelle Liebe. Im Vordergrund steht das sinnliche Empfinden. Es ist eine Form der Liebe mit leidenschaftlicher Intensität, körperlicher Sehnsucht und tiefer Intimität.

Aufgaben

1. Ordnen Sie die folgenden Begriffe den vier Bedeutungen zu und finden Sie jeweils noch zwei eigene Beispiele:

- *starke Kameradschaft*
- *Geschwisterliebe*
- *Erotik*
- *tiefe Freundschaft*
- *Geilheit*
- *Clique*
- *nicht-sexuelle Liebe zwischen Ehegatten*
- *Begehren*
- *wenig körperliche Intimität*
- *Verantwortung*
- *Mutterliebe*
- *Zärtlichkeit*
- *Treue*
- *Sexualität*
- *tiefe gemeinsame Interessen*
- *Rücksicht*
- *Nächstenliebe*
- *körperliche Intimität*
- *Gottesliebe*
- *hält die Familie emotional zusammen*

Liebe muss sich verändern können

Liebe ist ein sehr differenziertes Gefühl, das sich zudem häufig einem Bedeutungswandel unterzieht. Die Stabilität einer Liebesbeziehung beruht gerade auf der Wandlungsfähigkeit der Liebesgefühle.
Da die Verliebtheit, mit ihrer oftmals starken erotischen Anziehung, vergänglich ist, müssen an ihre Stelle im Laufe einer Liebesbeziehung andere Schwerpunkte wie gemeinsame Zielsetzungen, Interessengemeinschaften oder geistige Gemeinsamkeiten treten. Eine langfristige Liebesbeziehung ist deshalb auch eine ständige Aufgabe und ein Prozess, in dem sich beide Partner immer wieder neu über ihre Ausrichtung verständigen sollten.

Aufgaben

2. „Liebe muss sich verändern können" – Diskutieren Sie diese Aussage und belegen Sie Ihre Position mit Beispielen.

Zur Diskussion

Liebe in der Bibel

Im Alten Testament

Gott liebt und straft

Gott liebt sein Volk Israel und fordert dafür die Einhaltung seiner Gebote
Gott hat Israel erwählt, nicht weil es ein besonders großes und starkes Volk gewesen wäre, sondern weil er es liebt. Das ist schon im Alten Testament die Grundlage des Bundes zwischen Gott und seinem Volk.
Liebe ist das ständige Grundmotiv, nach dem Gott seinem Volk begegnet. Im Alten Testament straft Gott den Treuebruch und den Verstoß gegen seine Gebote hart, verzeiht danach aber auch wieder liebevoll.

Marc Chagall (1887–1985), Detail

Im Neuen Testament

Gott schenkt seine Liebe bedingungslos

↗ Kap. Jesus Christus

↗ Gerechtigkeit bei Gott, S. 138f.

Gottes Liebe ist ein bedingungsloses Geschenk an die Menschen
Im Mittelpunkt des Neuen Testaments steht die erbarmende und vergebende Liebe Gottes. Sie wird den Menschen in seinem Sohn Jesus Christus geschenkt.
Die Liebe Gottes im Neuen Testaments ist bedingungslos und nicht gebunden an die Einhaltung von Geboten. Sie zeigt sich in Jesus Christus, der sie vergleicht mit der fürsorglichen Liebe eines Hirten zu seinen Schafen oder der verzeihenden Liebe des Vaters, der seinen schuldig gewordenen, aber wieder heimkehrenden Sohn mit offenen Armen aufnimmt.

Liebe zu Gott und zum Nächsten als Antwort auf die Liebe Gottes

↗ Doppelgebot der Liebe, S. 26

Die Liebe der Menschen als Antwort auf das Geschenk der Gottesliebe
Dieser Liebe Gottes zum Menschen entspricht als Antwort die Liebe des Menschen zu Gott und zu seinen Mitmenschen. Gottes- und Nächstenliebe gelten im Neuen Testament als oberstes Ziel. Die Liebe zu Gott und zum Nächsten hat als Voraussetzung die Selbstliebe. Von dieser Liebe ist auch der Feind nicht ausgeschlossen.
Die Liebe soll das Erkennungszeichen der Christen sein. Sie ist stärker als der Tod, erträgt alles, hält allem stand und hört niemals auf.

Rembrandt (1606–1669)

Liebe ist immer bereit zu verzeihen, stets vertraut sie, sie verliert nie die Hoffnung und hält durch bis zum Ende. Was bleibt, sind Glaube, Hoffnung und Liebe. Die Liebe aber ist das Größte. *(1. Kor 13,7.13)*

Ich aber sage euch: Liebt eure Feinde und betet für die, die euch verfolgen! *(Mt 5,44)*

↗ Kap. Bibel

Als Israel jung war, begann ich es zu lieben. *(Hos 11,1)*

Was meint ihr: Wenn ein Mann 100 Schafe hat und eins läuft ihm davon, was wird er tun? Lässt er nicht die 99 zurück, um das verirrte Schaf zu suchen? Und ich versichere euch: Ebenso will mein Vater nicht, dass auch nur einer, und sei es der Geringste, verloren geht. *(Mt 18,12-14)*

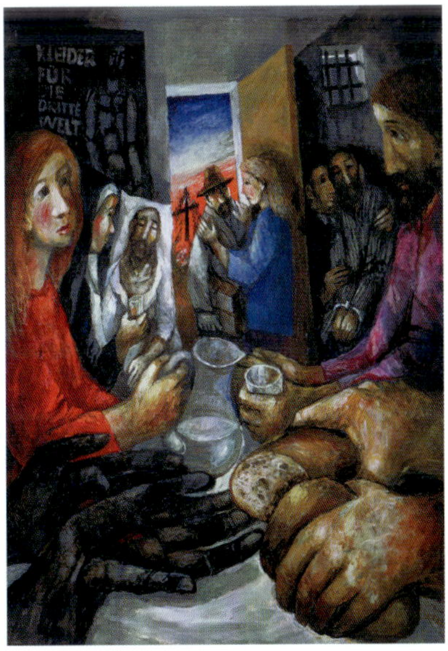
KLEIDER
FÜR
DIE
DRITTE
WELT

Sieger Köder (geb. 1925)

Denn ihr seid ein heiliges Volk – ihr gehört ganz dem Herrn, eurem Gott. Unter allen Völkern der Welt hat er euch als sein Volk ausgewählt. Aus Liebe hat er euch ausgewählt. *(5. Mose 7,6-8)*

Mein Volk ist mir untreu, und davon lässt es sich nicht abbringen. Sie rufen zu ihren Götzen, doch die können ihnen nicht helfen. Soll ich dich vernichten wie die Städte Adma und Zebojim? Nein, es bricht mir das Herz, ich kann es nicht, ich habe Mitleid mit dir. Mein Zorn soll dich nicht wieder treffen. Ich will dich nicht noch einmal vernichten. *(Hos 11,7-9)*

„Lehrer, welches ist das wichtigste Gebot im Gesetz Gottes?" Jesus antwortete ihm: „‚Du sollst den Herrn, deinen Gott lieben von ganzem Herzen, mit ganzer Hingabe und mit deinem ganzen Verstand!' Das ist das erste und wichtigste Gebot. Ebenso wichtig ist aber das zweite: ‚Liebe deinen Mitmenschen wie dich selbst!' Alle anderen Gebote und alle Forderungen der Propheten sind in diesen Geboten enthalten." *(Mt 22,36-40)*

Wer aber nicht liebt, der weiß nichts von Gott, denn Gott ist Liebe. Gottes Liebe zu uns ist für alle sichtbar geworden, als er seinen einzigen Sohn in die Welt sandte, damit wir durch ihn leben können. Das Einzigartige an dieser Liebe ist: Nicht wir haben Gott geliebt, sondern er hat uns zuerst seine Liebe geschenkt und seinen Sohn als Sühne für unsere Sünden zu uns gesandt. *(1. Joh 4,8-10)*

Ich habe euch lieb, spricht der Herr. *(Mal 1,2)*

Denn Gott hat die Menschen so sehr geliebt, dass er seinen einzigen Sohn für sie hergab. Jeder, der an ihn glaubt, wird nicht zugrunde gehen, sondern das ewige Leben haben. *(Joh 3,16)*

Aufgaben

1. Erklären Sie jeweils den Begriff der Gottesliebe im Alten und im Neuen Testament und beschreiben Sie die inhaltliche Weiterentwicklung.
2. Beschreiben Sie die drei Bilder. Zeigen Sie jeweils den Zusammenhang mit dem Begriff der Gottesliebe auf.
3. Lesen Sie die angegebenen Bibelstellen genau durch.
   a) Ordnen Sie die einzelnen Aussagen dem AT oder dem NT zu.
   b) Ordnen Sie die obigen Bibelstellen den drei Formen der Gottesliebe auf S. 32 zu.

Menschen lieben verschieden

Christopher Street Day

Bistum Limburg

Auch in diesem Sommer feiern viele Menschen in unseren Städten wieder diesen besonderen Tag. Bei Infoständen, Podiumsdiskussionen, Musik und Demonstrationen geht es immer um dieselbe Botschaft: Kein Mensch darf wegen seiner sexuellen Orientierung benachteiligt werden. Deshalb gibt es den Christopher Street Day, kurz CSD. Ein fröhliches Fest, bunt und schrill – ein bisschen wie Karneval im Sommer. Dabei hat dies alles einen ernsten Hintergrund: 1969 in der Christopher-Street in New York sind Polizisten mit Schlagstöcken und Tränengas gegen friedlich feiernde Menschen in einem bekannten Szenelokal vorgegangen. Tagelange Straßenschlachten waren die Folge. Und ein Jahr später gab es zur Erinnerung an diese Vorfälle die ersten großen Demonstrationen für mehr Gleichberechtigung und Toleranz gegenüber Minderheiten.
Schnell breitete sich diese Bewegung auch in Europa und auf anderen Kontinenten aus. Und seitdem hat sich viel bewegt und verändert. Homosexuelle können bei uns inzwischen Bürgermeister oder Außenminister werden. Und sie können Kinder haben und in eingetragenen Lebenspartnerschaften Verantwortung füreinander übernehmen. Das Symbol der CSD-Bewegung ist die Regenbogenfahne. Bunt wie der Regenbogen soll unsere Gesellschaft sein. Und niemand darf wegen seiner Herkunft, seines Glaubens oder wegen seiner sexuellen Orientierung ausgeschlossen oder verfolgt werden.

Sven Dieser

Aufgaben

1. Fassen Sie das Hauptanliegen des CSD in eigenen Worten zusammen.
2. Beim CSD engagieren sich auch Christinnen und Christen mit ihren Kirchengemeinden. Sammeln Sie Argumente für dieses Engagement.
3. Der Regenbogen ist ein altes biblisches Symbol. Erklären Sie dessen grundsätzliche Bedeutung anhand der Bibelstelle 1. Mose 9, 8-17, sowie dessen Funktion bei dem CSD.

Definition

■ **Sexuelle Orientierung** Unter sexueller Orientierung versteht man, zu welchem Geschlecht sich jemand mit seinem Fühlen und Begehren sexuell hingezogen fühlt.

Sexuelle Orientierungen

Ihre sexuelle Orientierung können sich Menschen nicht so ohne Weiteres selbst aussuchen und auch nur schwer mit ihrem Willen unterdrücken. Bei der Unterscheidung zwischen mehreren Grundorientierungen handelt es sich faktisch um eine grobe Vereinfachung, die nicht allen sexuellen Verhaltensweisen von Frauen und Männer gerecht wird. Vor allem reduziert sich dadurch menschliche Begegnung und Anziehung auf den Aspekt des Sexuellen im engen Sinne.

Heterosexualität

Sie meint eine Sexualität, die auf das andere Geschlecht gerichtet ist (*hetero* wörtlich: der andere, entgegengesetzt), und gilt im herkömmlichen gesellschaftlichen Selbstverständnis als normal und natürlich.

Definition

anders-geschlechtlich

Homosexualität

Der Begriff steht für die gleichgeschlechtliche Liebe und sexuelle Orientierung von Frauen oder Männern. Lesbisch bezeichnet eine Beziehung zwischen Frauen, schwul eine Beziehung zwischen Männern. Zur Häufigkeit homosexueller Identität oder homosexuellen Verhaltens bestehen nur Schätzungen. Sexualforscher gehen davon aus, dass 5 - 10 % der Männer und etwas weniger Frauen sich als homosexuell identifizieren. Weit mehr verhalten sich durchgehend oder gelegentlich homosexuell.

gleich-geschlechtlich

Bisexualität

Unter Bisexualität wird eine sexuelle Orientierung verstanden, bei der Menschen sowohl homosexuell als auch heterosexuell leben und lieben können. Diese Fähigkeit ist bei vielen Menschen grundsätzlich, wenn auch in unterschiedlichem Ausmaß, vorhanden. Das bisexuelle Interesse kann dauerhaft sein oder nur zeitweise zum Ausdruck kommen. Vermutlich sind 10 - 20 % der Bevölkerung in ihrem Verhalten bisexuell ausgerichtet, nur wenige identifizieren sich als bisexuell; viele sind verheiratet und haben Kinder.

„sowohl als auch“

Transgender

Damit werden Menschen bezeichnet, die sich mit ihrer Geschlechterrolle, die ihnen bei der Geburt zugewiesen wurde, und ihren primären und sekundären Geschlechtsmerkmalen nicht oder nicht vollständig identifizieren können. Die bekanntesten damit verbundenen Bezeichnungen sind für grundsätzlich unterschiedliche Zusammenhänge stehende Begriffe Transsexualität und Transvestitismus.

Infragestellen der angeborenen Geschlechterrolle

Aufgaben

1. Beschreiben Sie die genannten sexuellen Orientierungen jeweils mit eigenen Worten.
2. Versuchen Sie in Partnerarbeit die folgenden Begriffe kurz zu definieren: *Transsexualität, Transvestitismus, Intersexualität, Metrosexualität, Asexualität.*
3. Markus gilt in seiner Berufsschulklasse als großer Witzereißer. Am liebsten erzählt er Aids-, Schwulen- und Lesbenwitze, meist dann noch verbunden mit anzüglichen Bemerkungen über Sam, einen Mitschüler, der durch seine feminine Art der Außenseiter in der Klasse ist.
   a) Analysieren Sie das Verhalten von Markus.
   b) Stellen Sie sich Markus in Ihrer Klasse vor. Wie würden Ihre Klassenkameraden, wie würden Sie reagieren?
4. Ihr bester Freund gesteht Ihnen, dass er homosexuell ist. Wie würden Sie darauf reagieren?

Zur Diskussion

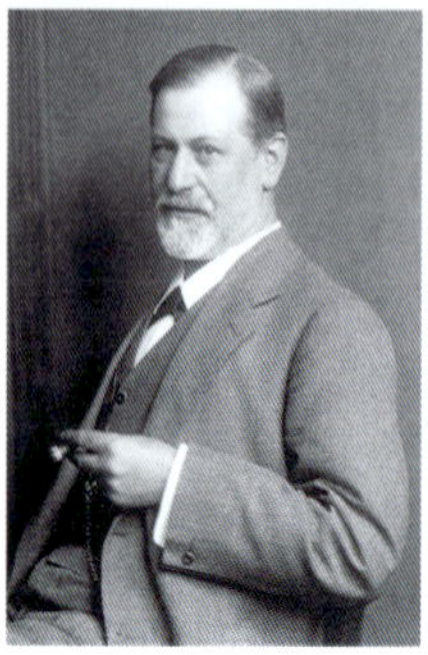

Sigmund Freud

Sigmund Freud (1856 – 1939) war ein bedeutender österreichischer Arzt und Psychologe. Er schuf mit seiner Theorie über das Unterbewusste, die Verdrängung und mit seiner Theorie des Ödipus-Komplexes eines der bedeutendsten Gedankenkonstrukte des 20. Jahrhunderts: die Psychoanalyse.

Theorie der psychosexuellen Entwicklung

Freuds Theorie der psychosexuellen Entwicklung

Wichtig für das Verständnis ist, dass die beschriebenen Phasen nicht so deutlich voneinander zu trennen sind, sondern ineinander übergehen und sich überschneiden. Ebenso müssen die Zeitphasen als Durchschnittswerte verstanden werden.

1. Orale Phase (1. Lebensjahr)

Orale Phase

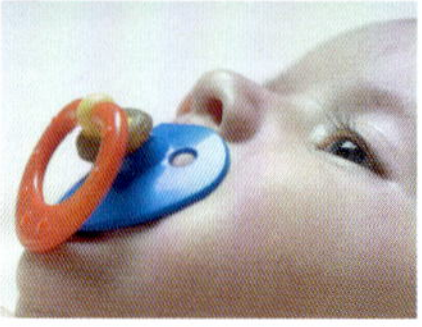

Während des ersten Lebensjahres sind Mund, Lippen und Zunge die hauptsächlichen Sexualorgane des Kindes. Deshalb sind die früheste Form kindlichen Luststrebens das Saugen, Schlucken, Beißen, das Aufnehmen von Nahrung sowie das Lutschen.
In dieser Phase wird die Beziehung zur Umwelt aufgebaut. Positive Erfahrungen in dieser Phase führen zu einer positiven Lebenseinstellung, zu Optimismus und Urvertrauen. Negative Erfahrungen dagegen begründen eine misstrauische, furchtsame Lebenseinstellung sowie eine niedrige Frustrationstoleranz.

2. Anale Phase (2.-3. Lebensjahr)

Anale Phase

Die Lust- und Unlusterlebnisse des Kleinkindes konzentrieren sich auf die Ausscheidungsvorgänge und ihr Ergebnis. In dieser Zeit geht es um die Lust oder Unlust des Zurückhaltens oder Hergebens der Exkremente. Vorherrschend sind auch Wünsche des Spielens mit Ausscheidungsorganen und den Produkten.
Störungen in dieser Phase, insbesondere durch strenge Sauberkeitserziehung, können zu zwanghaften Persönlichkeitstypen führen. Diese zeichnen sich durch starke Unterdrückung von Aggressionen, Überkontrolliertheit, Geiz und extreme Reinlichkeit aus.

3. Phallische Phase (4.-5. Lebensjahr)

Phallische Phase

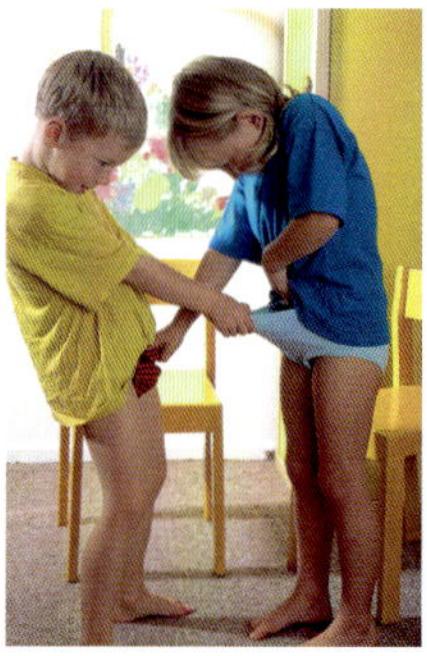

Die Genitalien werden ab dieser Phase zu erogenen Zonen. Da die Geschlechtsteile der Jungen deutlicher sichtbar sind als die der Mädchen, kann es laut S. Freud beim Jungen zur Kastrationsangst kommen, d.h. der Junge hat Angst, sein Glied (lat. Phallus) zu verlieren. Beim Mädchen kann es zum Penisneid kommen, d.h. zu dem Gefühl der Minderwertigkeit oder Unterlegenheit gegenüber dem Jungen.
Triebwünsche in dieser Zeit zeigen sich im Begehren des gegengeschlechtlichen Elternteils. Der Junge verliebe sich in die Mutter und die Tochter verliebe sich in den Vater. Der gleichgeschlechtliche Elternteil werde dann zum Konkurrenten und werde abgelehnt. Das nennt Freud den Ödipuskomplex. Dieses Dilemma spielt sich ganz im Unbewussten ab. Störungen in der phallischen Phase können zu einer „hysterischen" Persönlichkeitsstruktur führen. Diese ist durch auffälliges sexuelles Gebaren gekennzeichnet, das aber im Widerspruch zur ängstlichen, passiven Grundstruktur steht, die sexuelle Kontakte zu meiden versucht.

4. Latenzphase (6.-12. Lebensjahr)

Latenzphase

Es tritt eine scheinbare Unterbrechung der sexuellen Entwicklung ein. Die unmittelbare Lustbefriedigung wird auf andere Tätigkeiten verschoben. In der Regel werden jetzt eher sachliche Interessen, Gegenstände und Bereiche der Umwelt wichtig. Spielkameraden werden vor allem beim gleichen Geschlecht gesucht. Während dieser Zeit kommt es zu einer Verinnerlichung der Anforderungen der Umwelt.

5. Genitale Phase (ab dem 12. Lebensjahr)

Genitale Phase

Etwa ab der Pubertät kommt es unter dem Einfluss der Geschlechtshormone zu einem Wiederaufleben der Sexualität. War das Interesse des Kindes in den vorherigen Phasen noch mehr oder weniger selbstbezogen, so werden jetzt Sexualpartner außerhalb der Familie interessant. Die Sexualität tritt in den Dienst der menschlichen Partnerschaft und wird zu einem wichtigen Bestandteil der zwischenmenschlichen Interaktion.

Zeitstrahl der psychosexuellen Entwicklung

orale Phase
1. Lebensjahr
anale Phase
2.-3. Lebensjahr
phallische Phase
4.-5. Lebensjahr
Latenzphase
6.-12. Lebensjahr
genitale Phase
ab dem 12. Lebensjahr

Kritik an Freuds Theorie aus heutiger Sicht

Kritische Würdigung

Sigmund Freud ist es zu verdanken, dass das Thema Sexualität gesellschaftsfähig wurde. Einige wesentliche Erkenntnisse, wie die frühkindliche Sexualität und ihre Äußerungsformen, haben bis heute ihre Überzeugungskraft erhalten. Bezüglich des Ödipuskomplexes und seiner weitreichenden Folgen für das Erwachsenenleben sind allerdings erhebliche Zweifel ob der Gültigkeit berechtigt. Empirische Belege sind kaum erbracht. Zahlreiche Psychoanalytiker kritisieren auch die ihrer Meinung nach „Überbetonung“ des Sexuellen in den Werken von Freud.

Aufgaben

1. Beschreiben Sie mit eigenen Worten die wichtigsten Phasen der psychosexuellen Theorie nach Sigmund Freud.
2. Diskutieren Sie mögliche Vor- und Nachteile dieser Theorie.
3. Benennen Sie in Folge dieser Theorie konkrete Erziehungsmaßnahmen, die in den einzelnen Lebensphasen eine möglichst optimale Entwicklung des Kindes begünstigen könnten.

Zur Diskussion

Basics

Liebe

■ 1. Liebe ist die Bezeichnung für das stärkste Gefühl von Zuneigung, die ein Mensch für einen anderen Menschen empfinden kann.
■ 2. Im übertragenen Sinne steht der Begriff „Liebe" für die stärkste Form der Hinwendung zu anderen Lebewesen, Dingen, Tätigkeiten oder Ideen – Liebe also als Metapher für den Ausdruck tiefer Wertschätzung.

Arten der Liebe

Die Arten der Liebe werden meist nach der Art der Liebesobjekte sowie der Art des Verhältnisses zu diesen Objekten bestimmt, z.B. Partnerliebe, Nächstenliebe, Feindesliebe, Vaterlandsliebe, Freiheitsliebe, Tierliebe, Gottesliebe, sinnliche Liebe, selbstsüchtige Liebe, selbstlose Liebe.

Vier Bedeutungen des Begriffs Liebe

■ **Agape** ist die bedingungslose Nächstenliebe. Man sorgt sich selbstlos nur um das Glück und das Wohlergehen der geliebten Person.
■ **Philia** ist die Liebe unter echten Freunden bzw. Freundinnen.
■ **Storge** ist eine starke Kameradschaft mit gemeinsamen Werten, wie sie oft unter Familienangehörigen oder in einer Freundesclique üblich ist.
■ **Eros** ist die erotische und sexuelle Liebe.

Liebe als Veränderungsprozess

Die Stabilität einer Liebesbeziehung beruht gerade auf der Wandlungsfähigkeit der Liebesgefühle. An die Stelle der anfänglichen Verliebtheit müssen im Laufe der Zeit andere Schwerpunkte treten. Eine langfristige Liebesbeziehung ist deshalb auch eine ständige Aufgabe und ein Prozess, in dem sich beide Partner immer wieder neu über ihre gemeinsame Ausrichtung verständigen sollten.

Liebe in der Bibel

■ 1. Der Gottes des Alten Testaments liebt sein Volk Israel, verlangt dafür aber die Einhaltung seiner Gebote. Werden diese Gebote nicht eingehalten, straft Gott hart, ist aber immer wieder bereit zu verzeihen.
■ 2. Die Liebe Gottes im Neuen Testaments ist bedingungslos und nicht gebunden an die Einhaltung von Geboten. Sie wird dem Menschen ohne Vorleistungen geschenkt.
■ 3. Nimmt der Mensch dieses Geschenk an, kann er diese Liebe an Gott zurück- und an seine Mitmenschen weitergeben. (Doppelgebot der Liebe)

Sexuelle Orientierung

Unter sexueller Orientierung versteht man, zu welchem Geschlecht sich jemand mit seinem Fühlen und Begehren sexuell hingezogen fühlt. Einige Kategorien sind:
■ **Heterosexualität** ist auf das andere Geschlecht gerichtet.
■ **Homosexualität** steht für die sexuelle Orientierung auf das eigene Geschlecht.
■ **Bisexualität** meint, dass Menschen sowohl homosexuell als auch heterosexuell empfinden.
■ **Transgender** bezeichnet Menschen, die sich mit ihrem Geschlecht und ihren Geschlechtsmerkmalen nicht oder nicht vollständig identifizieren können.

Theorie der psychosexuellen Entwicklung nach Sigmund Freud

■ 1. Orale Phase (1. Lebensjahr)
■ 2. Anale Phase (2.-3. Lebensjahr)
■ 3. Phallische Phase (4.-5. Lebensjahr)
■ 4. Latenzphase (6.-12. Lebensjahr)
■ 5. Genitale Phase (ab dem 12. Lebensjahr)

Kapitel 4

Partnerschaft, Ehe, Familie

DIE ALLEINERZIEHENDE:
Tanja O., 35, und ihr Sohn Pascal, 9.
Pascal kann sich nicht mehr an seinen Vater erinnern.
Aber er trifft sich oft mit seinem Großvater und hat eine gute Beziehung zu seinem Taufpaten, der viel mit ihm zusammen macht.

DKNY

DIE PATCHWORK-FAMILIE:
Carl M., 36, und Petra M., 35 (im Hintergrund), mit ihren Kindern Malina, 1, und Johanna, 5 (vorn).
Camilla, 12 (links), ist die Tochter aus Petra M.s früherer Beziehung.
Mirjam, 38 (rechts), die erste Frau von Carl M., hat mit ihm den Sohn Aron, 13 (hinten) – und lebt heute mit Danilo V., 31, und dessen Tochter Leonie, 9, zusammen.

DIE DURCHSCHNITTSFAMILIE:
Nadja und Henrik F. sind seit 14 Jahren verheiratet und haben gemeinsam zwei Kinder: Thorben (12) und Selina (6).

Aufgaben

Zur Diskussion

1. Beschreiben Sie die drei Familienformen. Diskutieren Sie deren jeweilige Vor- und Nachteile.
2. Welche Erfahrungen haben Sie mit verschiedenen Formen von Familie?

Beziehungen sind verschieden

Fallbeispiel

Wir ziehen zusammen

Nachts um 23 Uhr klingelt das Handy. Simone (18 J.) murmelt verschlafen so etwas wie „Hallo". „Du hast doch noch nicht geschlafen? Ich habe Super-Neuigkeiten", hört sie die aufgeregt fröhliche Stimme ihrer Freundin Susanne (17 J.). „Christian und ich, wir ziehen am Wochenende zusammen." „Aber ihr kennt euch doch erst seit vier Wochen", entgegnet Simone erstaunt und inzwischen hellwach. „Wieso, wir verstehen uns prima, wir heiraten ja nicht, wir ziehen nur zusammen, das wird super! Übrigens, warum ich eigentlich anrufe, hilfst du mir beim Umzug? Christians Wohnung ist ja groß genug für uns zwei ..."

Als das Gespräch beendet ist, gehen Simone tausend Gedanken durch den Kopf. Ihre beste Freundin zieht mit Christian zusammen? An Schlaf ist bei ihr im Moment nicht zu denken ...

Aufgaben

1. Halten Sie es für richtig, dass Susanne nach vier Wochen zu Christian zieht? Begründen Sie Ihre Meinung.
2. Unter welchen Voraussetzungen würden Sie mit jemandem zusammenziehen?

Beziehungen können unterschiedlich gelebt werden

Die verschiedenen Arten einer partnerschaftlichen Beziehung haben sich in den vergangenen Jahren verändert.

Zusammenwohnen

Zum einen gibt es immer noch die klassische partnerschaftliche Beziehung, bei der beide Partner in der gleichen Wohnung leben und in den meisten Fällen heiraten und eine Familie gründen.

Pendlerbeziehung

Eine andere Variante ist die Pendlerbeziehung, bei der jeder der Partner seinen eigenen Haushalt führt und nur zu bestimmten Zeiten oder Zeiträumen in der Wohnung des Partners wohnt.

Living Apart Together

Die wohl modernste Art einer Beziehung ist die so genannte Living Apart Together (kurz: LAT) Beziehung. Die Partner leben zusammen, führen jedoch trotzdem ihren eigenen Haushalt.

Eine repräsentative Studie des „Deutschen Instituts für Wirtschaftsforschung" (DIW) zeigt: Fast jedes sechste Paar in Deutschland leistet sich zwei Wohnungen. Und zwar nicht mehr nur als vorübergehende Wohnform vor der Familiengründung, sondern als dauerhafte Alternative – besonders beliebt bei jüngeren, unabhängigen Leuten sowie bei Paaren jenseits der 40, die die Kinderfrage bereits abgeschlossen haben. Was früher höchstens in Künstler- und Intellektuellenzirkeln akzeptabel war, ist zunehmend auch bei bürgerlichen und verheirateten Paaren eine willkommene Lebensform.

Aufgaben

3. Sammeln Sie Gründe für und gegen das Zusammenwohnen in einer Partnerschaft.
4. Sammeln Sie Gründe für und gegen das LAT in einer Partnerschaft.

Zur Diskussion

5. Wenn Sie es sich aussuchen könnten, für welche Beziehungsform würden Sie sich entscheiden? Diskutieren Sie Ihre Meinungen.

Namensschilder geben Hinweise auf Beziehungen

[redacted]
Patricia Kaiser
Udo Reinhart u. Sven Uhrig
Ina Reis-Herzog / Peter Herzog
Harry Hirsch • Berta Busch • [redacted] • Carola Carl
DANNY DÖLL
Monika Meier
Ines & Roman Geiger
SCHMITT
Petra Meinert mit Katrin und Jonas
HANNA BAUER / TIM NOE
Hartmut Metzger · Mai Ling
Familie Thomas Krupp
Tatjana + Klaus Neuss
mit Patrick, Mike u. Sandy

1. Menschen leben in unterschiedlicher Weise zusammen. Vergleichen Sie die Namensschilder. Welche Wohn- und Lebensformen könnten sich jeweils dahinter verbergen?
2. Wie könnte in zehn Jahren Ihr Namensschild aussehen? Was würde dies über Ihre Lebensform aussagen?

Aufgaben

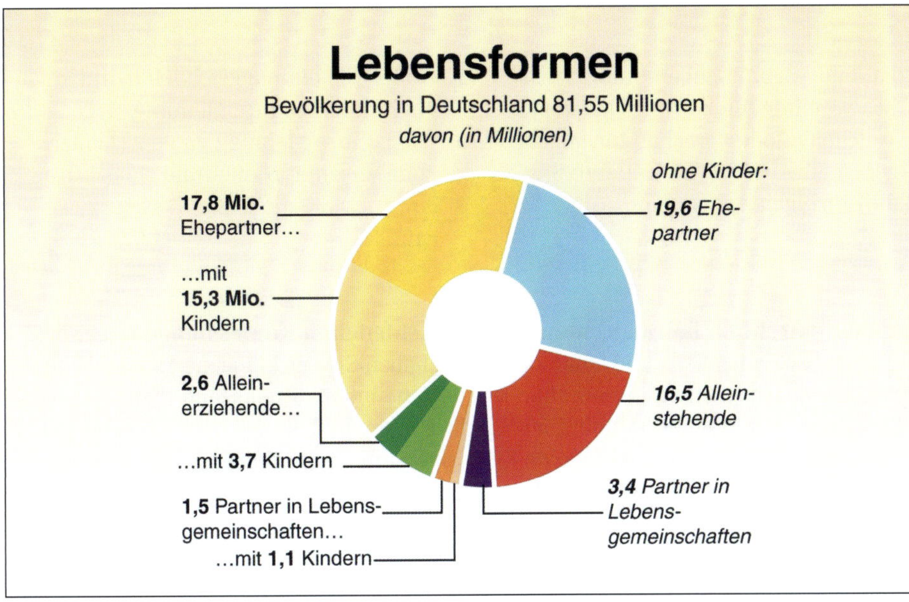
Lebensformen
Bevölkerung in Deutschland 81,55 Millionen
davon (in Millionen)
17,8 Mio. Ehepartner…
…mit 15,3 Mio. Kindern
2,6 Allein-erziehende…
…mit 3,7 Kindern
1,5 Partner in Lebens-gemeinschaften…
…mit 1,1 Kindern
ohne Kinder:
19,6 Ehe-partner
16,5 Allein-stehende
3,4 Partner in Lebens-gemeinschaften

Quelle: Statistisches Bundesamt. Daten von 2007.

3. Interpretieren Sie die dargestellte Statistik.

Aufgaben

Partnerschaft und Ehe

Paul (23 J.) und **Sophia** (22 J.) haben sich in der Berufsschule kennen gelernt. Nach einigen Jahren treffen sie sich wieder und Sophia teilt Paul mit, dass sie seit kurzem verheiratet ist.

P: Ich weiß nicht, ob ich dir gratulieren soll. Ehe – das wäre nichts für mich.
S: Ich find's ganz o.k. Und wie geht's dir so? Bist du noch mit Nora zusammen?
P: Ja. Aber an Heiraten denken wir nicht. Wir sind auch ohne Trauschein glücklich.
S: Glücklich war ich vorher auch. Aber jetzt ist alles irgendwie fester und sicherer.
P: Sicherer, genau. Man muss sich keine so große Mühe mehr geben, lässt sich gehen, wird dicker und lässt die alten Unterhosen und Socken rumliegen.
S: Das kann in jeder Beziehung passieren, wenn man nichts dafür tut.
P: Wobei, steuerlich ist es eindeutig ein Vorteil, wenn man verheiratet ist. Und wenn mal Kinder da sind, habe ich als verheirateter Vater viel mehr Rechte.
S: Puuh, wie vernünftig! Für mich war der einzige Grund zu heiraten die Liebe.
P: Ich lach mich tot! Und deshalb habt ihr auch einen Ehevertrag gemacht.
S: Ein Ehevertrag widerspricht doch nicht einer Liebesheirat. Da werden halt vor allem die Ansprüche jedes Partners bei einer Trennung geregelt.
P: Aber die Ehe gilt doch „bis der Tod euch scheidet". Da darf man doch nicht an Trennung denken. Und dann ist eine Trennung bei einem unverheirateten Paar doch einfacher und billiger – ohne Richter, ohne Scheidung, ohne Unterhalt.
S: Aber das ist doch gerade der Vorteil bei einer Ehe. Weil man sich nicht so leicht trennen kann, wirft man bei einem Streit nicht so einfach alles hin.
P: Habt ihr eigentlich auch kirchlich geheiratet?
S: Ja, ich finde es irgendwie schön zu wissen, dass die Ehe unter dem Schutz Gottes steht.
P: So ein Quatsch! Ich will dir mal sagen, wie ich das sehe: Entscheidend ist nicht die Form, sondern die Art des Zusammenlebens. Liebe, Treue, Offenheit bei Konflikten, gemeinsame Interessen und trotzdem die Möglichkeit, den eigenen Fähigkeiten und Interessen nachzugehen, das ist entscheidend für eine glückliche Partnerschaft. Und ich bin überzeugt, eine Beziehung, die so liebevoll und partnerschaftlich ist, die hat immer auch den Segen Gottes, egal in welcher Form.

Aufgaben

Zur Diskussion

1. Paul und Sophia haben unterschiedliche Meinungen zu dem Thema Ehe. Welche Gründe sprechen für, welche gegen eine Heirat? Diskutieren Sie die einzelnen Argumente.
2. Wollen Sie einmal kirchlich heiraten? Begründen Sie Ihre Meinung.
3. Wie ist Ihre Meinung zu den Themen „gemeinsamer Name" und „Ehevertrag"?
4. Bewerten Sie die letzte Aussage von Paul.

Verschiedene Konfessionen

Kann man kirchlich heiraten, wenn man verschiedenen Konfessionen angehört?

Ist ein Partner evangelisch und einer katholisch, haben Sie verschiedene Möglichkeiten:

1. Sie lassen sich in einer katholischen Kirche von einem katholischen Pfarrer trauen.
2. Sie lassen sich in einer katholischen Kirche trauen, und ein evangelischer Pfarrer bzw. eine Pfarrerin wirkt mit. Beide Kirchen erkennen die Trauung als gültig an.
3. Sie lassen sich in einer evangelischen Kirche von einem evangelischen Pfarrer bzw. einer evangelischen Pfarrerin trauen.
4. Sie lassen sich in einer evangelischen Kirche trauen und ein katholischer Geistlicher wirkt beim Gottesdienst mit.

Für die beiden letzten Formen der kirchlichen Trauung benötigt der katholische Partner von seinem zuständigen Pfarrer eine schriftliche Genehmigung.

Was ist eine ökumenische Trauung?

ökumenisch

Die Kirchen kennen keine „ökumenische Trauung“. Konfessionsverschiedene Partner müssen sich daher entscheiden, ob die Trauung nach evangelischer oder katholischer Ordnung erfolgen soll. Es ist jedoch möglich, dass der Seelsorger der jeweils anderen Konfession an der Trauungsfeier aktiv mitwirkt. Umgangssprachlich wird dies „ökumenisch“ genannt.

Kann man kirchlich heiraten, wenn beide Partner nicht in der Kirche sind?

nicht in der Kirche

Nein, das ist weder in der evangelischen noch in der katholischen Kirche möglich.

Kann man kirchlich heiraten, wenn ein Partner aus der Kirche ausgetreten ist?

ausgetreten

In der evangelischen Kirche entscheidet dies nach einem seelsorglichen Gespräch und einer ausführlichen Begründung der Dekan bzw. die Dekanin.
Wenn ein Katholik, der nicht aus der Kirche ausgetreten ist, einen katholischen Partner heiraten will, der aus der Kirche ausgetreten ist, braucht der Pfarrer die Erlaubnis des Bischofs. Wenn ein Katholik einen Partner heiratet, der aus der evangelischen Kirche ausgetreten ist, kann die Trauung ohne diese Erlaubnis erfolgen.

Können Geschiedene wieder heiraten?

geschieden

Das Versprechen einer lebenslangen Ehe wird in beiden Kirchen ernst genommen. Es kann aber sein, dass die Gemeinschaft zweier Menschen unwiderruflich zerbricht und es zur Scheidung kommt.
Wenn Geschiedene eine neue Ehe eingehen möchten, sieht die evangelische Kirche die Chance eines Neubeginns. Für einen evangelischen Christen ist deshalb nach einem seelsorglichen Gespräch eine weitere Trauung möglich.
Die katholische Kirche sieht das anders. In ihr ist die kirchliche Eheschließung von Geschiedenen nur dann möglich, wenn von einem kirchlichen Gericht festgestellt wird, dass die erste Ehe aus bestimmten Gründen von vorneherein nicht gültig zustande gekommen ist.

Aufgaben

1. Bestimmen Sie jeweils die Möglichkeiten für eine kirchliche Trauung:

A Heike (evangelisch, aus der Kirche ausgetreten) und Bernd (katholisch) möchten sich katholisch trauen lassen.
B Anton (katholisch) und Juana (katholisch, geschieden) möchten katholisch heiraten.
C Kevin (evangelisch) und Hanna (katholisch) möchten ökumenisch heiraten.
D Alissa (evangelisch) und Bastian (katholisch, geschieden) wollen sich evangelisch trauen lassen.
E Jasmin (nicht getauft) und Marc (katholisch, aus der Kirche ausgetreten) möchten irgendwie kirchlich heiraten.
F Daniel (evangelisch, geschieden) und Maria (katholisch) wollen katholisch heiraten.
G Nina (katholisch) und Timo (katholisch, geschieden) wollen kirchlich heiraten.
H Pascal (evangelisch) und Michelle (katholisch) wollen katholisch heiraten.
I David (nicht getauft) und Nadine (evangelisch) wollen evangelisch heiraten.
J Steven (evangelisch) und Lea (evangelisch, geschieden) wollen evangelisch heiraten.
K Justin und Amelie (beide nicht getauft) wollen evangelisch heiraten.
L Natalie (evangelisch, geschieden) und Dennis (katholisch, geschieden) wollen irgendwie kirchlich heiraten.

Ehe zwischen Christen und Muslimen

Mails an eine Beratungsstelle

> Ich bin Laura, 18 Jahre alt, und nun seit zwei Jahren mit meinem Freund, 19 Jahre alt, zusammen. Noch nie in meinem Leben war ich so glücklich, und meinem Freund geht es genauso. Doch jetzt kommt das Problem: Ich bin Christin und Halit ist Muslim. Meine Eltern waren von Anfang an völlig dagegen. Mittlerweile haben sie sich mit Halit zwar abgefunden, sagen mir aber immer klar und deutlich, dass sie es niemals akzeptieren würden, wenn ich mit Halit zusammen ziehen würde und dass ich mir Gedanken an eine Heirat völlig aus dem Kopf schlagen könne. Sie gehen davon aus, dass diese Beziehung nur eine Frage der Zeit ist und sie bis dahin da irgendwie durch müssen.
Nun zu seinen Eltern! Totale Katastrophe!
Seine Eltern habe ich in den zwei Jahren viermal gesehen. Bei ihm zu Hause war ich noch nie, und offiziell wissen seine Eltern auch nicht, dass wir zusammen sind. Gemerkt haben sie es schon, aber ihn niemals direkt darauf angesprochen. Seine Eltern „terrorisieren" ihn indirekt, indem seine Mutter weint, wenn er sagt, dass er mit mir weg geht, oder indem sein Vater ihn vor der Familie fertig macht und sagt, er hoffe, dass sein jüngerer Sohn nicht so wird wie er usw. ... Die Botschaft ist klar: Ihr Sohn Halit darf nie und nimmer mit einer Christin zusammen leben!
Ich habe schon mit meinem Freund darüber gesprochen, dass ich eventuell sogar meinen Glauben ändern würde. Aber Halit meint, das würde auch nicht viel ändern, da seine Familie dagegen sei, weil ich Deutsche bin.
Ich weiß einfach nicht, was ich tun soll. Bitte helft mir! < :-(

> Was ich hier im Forum lese, und was auch andere Teilnehmer so von sich geben, da wird's mir echt schlecht. Egal welche Nationalität und Religion, wir sind alles Menschen, und Gefühle kennen keine Grenzen. Jeder Mensch hat das Recht, sich frei und selbstständig zu entwickeln.

Der Koran
Kinderbibel

Ich bin Kevin, 25 Jahre alt und Christ und seit vier Jahren mit meiner muslimischen Freundin zusammen. Aylin ist drei Jahre jünger als ich. Die Religion ist bei uns kein Problem. Ich gehe an Weihnachten und Ostern in die Kirche und Aylin war schon des Öfteren dabei. Als Aylin ihren Eltern von uns erzählt hat, haben die echt super reagiert: Solange es ein anständiger Mensch ist, ist die Nationalität und Religion egal.
Vor einem Jahr feierten wir dann die große Hochzeit. Ich meine wirklich groß. Erst kam die standesamtliche Trauung, dann die kirchliche und dann die türkische Hochzeit mit 350 Gästen.
Wir haben überhaupt keine Schwierigkeiten und verstehen uns alle gut miteinander, weil jeder den anderen so lässt, wie er ist. Die religiösen Feste feiern wir alle zusammen doppelt, also sowohl die christlichen als auch die muslimischen. Im Moment freuen wir uns auf unser erstes Kind. Wir wollen es Gabriel Yunus nennen. Diese Namen spielen sowohl in der Bibel als auch im Koran eine Rolle. Yunus ist gleichbedeutend mit Jonas. Unser Sohn soll einmal sowohl beschnitten und auch getauft werden. < ;o)

Aufgaben

Zur Diskussion

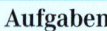

1. Diskutieren Sie die Situation von Laura.
2. Formulieren Sie mögliche Vorbehalte, die beide Elternseiten haben könnten.
3. Laura überlegt sich, ihren Glauben zu wechseln. Was ist Ihre Meinung dazu?
4. Schreiben Sie eine Antwort-Mail mit Lösungsvorschlägen an Laura.
5. Kevin und Aylin wollen ihr Kind sowohl taufen als auch beschneiden lassen. Worin sehen Sie die Vor- und Nachteile einer solchen Entscheidung?

Die Position der Religionen

Christentum

Nach evangelischem Verständnis kann ein Christ eine Muslima und eine Christin einen Muslim heiraten. Allerdings sollen die Eheleute ein partnerschaftliches Verhältnis pflegen. Kulturelle und zusätzliche Milieuverschiedenheit kann für eine christlich-muslimische Partnerschaft eine Asymmetrie zur Folge haben, die leicht die Frauen zu Verliererinnen macht. Eine kirchliche Trauung sollte auch für christlich-islamische Ehen angestrebt werden. Voraussetzung ist die Achtung, die der nicht-christliche Ehepartner für den christlichen Glauben bekundet. Die Erziehung der Kinder ist sorgfältig zu bedenken. In welchem Glauben werden die Kinder erzogen? Wer bestimmt die religiöse Erziehung, die Mutter oder der Vater oder beide? Sollen die männlichen Kinder aus einer christlich-islamischen Ehe beschnitten werden? Die Praxis zeigt, dass die Söhne aus christlich-islamischen Ehen häufig kurz nach der Geburt noch im Krankenhaus beschnitten werden. Diese Beschneidung ist kein Hinderungsgrund für eine spätere Taufe.

im Christentum

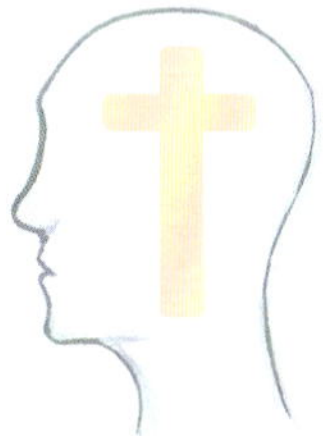

Islam

Das aus dem Islam abgeleitete religiöse Recht der Scharia behandelt Männer und Frauen asymmetrisch:
Muslimischen Frauen ist es nicht erlaubt, Männer einer nicht-muslimischen Religionsgemeinschaft zu heiraten. Sollten solche Ehen dennoch bestehen, wenn z.B. der Mann vom Islam abfällt oder die Frau Muslima wird, muss die Ehe geschieden werden, u.U. auch zwangsweise.
Muslimischen Männern dagegen ist es erlaubt, Frauen, die einer Buchreligion, d.h. dem Christentum oder dem Judentum angehören, zu heiraten. Die Kinder einer solchen Ehe müssen islamisch erzogen werden und haben nach dem religiösen Gesetz die Pflicht, Muslime zu sein.

im Islam

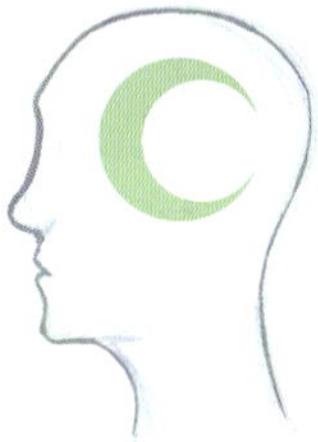

Aufgaben

1. Beschreiben Sie die Unterschiede beider Religionen hinsichtlich der Vorgaben für eine christlich-islamische Ehe.
2. Worin sehen Sie mögliche Gefahren aufgrund dieser unterschiedlichen Vorgaben?
3. Stellen Sie sich vor, Sie wollten als Christ / Christin eine Muslima / einen Muslim heiraten. Welche Fragen würden Sie im Vorfeld klären wollen? Was wäre Ihre persönliche Position zu diesen Fragen?

Kinder, Kinder ...

Ich bin der neue Erdenbürger:

FREDERICO – 28.09.2010

3540 g schwer und 51 cm groß.
Freue mich über euren Besuch, wenn ich ausgeschlafen habe.

Bis dann!
Wir sehen uns spätestens bei meiner Taufe!

Aufgaben

1. Sie erfahren, dass Sie Vater bzw. Mutter werden. Welche Gedanken schießen Ihnen durch den Kopf?
2. Gestalten Sie eine Geburtsanzeige für Ihr Kind.
3. Was wissen Sie über Ihre eigene Geburt?

Die Taufe

In der Taufe wird der Glaube an Christus zum Ausdruck gebracht. Wer Christ wird, ist »wie neu geboren«: Ein neues Leben im Glauben fängt an. Das Wasser ist ein Zeichen für dieses neue Leben. Früher wurden die Täuflinge deshalb ganz untergetaucht. Heute werden meist nur mit der Hand ein paar Spritzer Wasser auf die Stirn des Täuflings geträufelt.

Mit der Taufe wird der Täufling in die Kirche aufgenommen. Die Taufe ist ein Sakrament, ebenso wie das Abendmahl: Beide wurden von Jesus selbst eingesetzt, beide werden von einem sichtbaren äußeren Zeichen begleitet (Wasser bzw. Brot und Wein). Anders als beim Abendmahl, das wiederholt werden soll, findet die Taufe nur ein Mal statt.
Jesus sagt: »Lasst die Kinder zu mir kommen und wehret ihnen nicht; denn solchen gehört das Reich Gottes« (Markus 10,14). In den meisten christlichen Kirchen werden heute Babys getauft. Sie können sich jedoch noch nicht selbst für oder gegen den Glauben entscheiden. Deshalb legen die Eltern und Paten an ihrer Stelle ein Versprechen ab. Auf die Frage des Pfarrers oder der Pfarrerin im Taufgottesdienst: »Wollt ihr dazu beitragen, dass das Kind als Glied der Gemeinde Jesu Christi erzogen wird?« antworten sie: »Ja, mit Gottes Hilfe.« Pate kann werden, wer evangelisch und konfirmiert ist.

↗ Kirche heute, S. 178f.

Gott kennt schon das kleinste Baby beim Namen und passt auf es auf wie ein Vater oder eine Mutter. Das verbindet die Christen auch untereinander zur »Familie Gottes« – sie gehören zusammen wie Brüder und Schwestern.

Aufgaben

4. Nennen Sie Ihre Meinung zum Thema Taufe.
5. Beschreiben Sie den ursprünglichen Sinn der Taufe und mögliche Beweggründe, warum Eltern ihr Kind taufen lassen.
6. „Mein Kind soll einmal selbst entscheiden, ob es sich taufen lassen will.“ Nehmen Sie Stellung zu dieser Ansicht.

Erziehungsstile

Jeder Mensch hat seinen eigenen Erziehungsstil. Die Spannbreite reicht von: Alles kontrollieren wollen und jederzeit die richtige Anweisung parat zu haben, bis: Das Kind kann machen, was es will, und die Eltern sitzen daneben und schauen zu. Grundsätzlich gibt es drei Arten von Erziehungsstilen.

↗ Wer oder was hat ihre Erziehung geprägt, S. 21

Definition

■ **Autokratischer oder autoritärer Erziehungsstil**
Der Stil ist geprägt von enger Führung durch den Erziehenden. Die Eltern wissen am besten, was für das Kind richtig ist, deshalb hat das Kind zu folgen. Erziehungsmittel sind Belohnung und Bestrafung und weniger die Überzeugung.

autoritär

■ **Demokratischer oder sozial-integrativer Erziehungsstil**
Der Stil ist von einem Miteinander geprägt. Das Erziehungshandeln soll für alle transparent sein. Entscheidungen werden ausdiskutiert. Auch wenn der Erziehende oftmals einen Erfahrungsvorsprung und daher das letzte Wort hat, so ist die Meinung des Kindes dennoch zu berücksichtigen und hat Gewicht. Die Notwendigkeit, manchmal Grenzen zu setzen, wird besprochen.

sozial-integrativ

■ **Laissez-Faire oder antiautoritärer Erziehungsstil**
Dies ist ein zwangfreier und auf Selbstentfaltung abzielender Erziehungsstil, der davon ausgeht, dass die unterdrückte Selbstentfaltung dem Kind in seiner Entwicklung schadet. Die Kinder haben hier viel Spielraum und Entscheidungsfreiheiten. Der Erziehende hält sich auch mit zielgerichteten Erziehungsmaßnahmen zurück.

Laissez-Faire

In der Praxis ein Gemisch

Erziehungsstile kommen in der Praxis niemals in Reinform, sondern zumeist in einer Mischung vor. Fachleute sind ohnehin der Ansicht, dass Kinder weniger von dem beeinflusst werden, was Eltern sagen, sondern wie sie ihr eigenes Leben gestalten und „vorleben“.

Aufgaben

Zur Diskussion

1. Diskutieren Sie die Vor- und Nachteile der einzelnen Erziehungsstile.
2. Welche Auswirkungen könnten die einzelnen Stile auf die Persönlichkeitsentwicklung des Kindes haben?
3. Welche Erziehungsstile werden Sie einmal schwerpunktmäßig anwenden? Begründen Sie Ihre Meinung.
4. Beschreiben Sie, was es für den eigenen Lebensstil bedeutet, dass Kinder am meisten durch Nachahmen lernen.

Partnerschaft und Beruf

Mails an eine Beratungsstelle

> Ich bin Allan, 18 Jahre, und möchte in drei Monaten meine Ausbildung zum Polizisten beginnen. Ich denke erst seit kurzem, dass dieser Beruf das Richtige für mich ist. Tja aber, wie jeder weiß, ist das ja nicht ganz ungefährlich und meine Freundin möchte auf keinen Fall, dass ich Polizist werde, weil sie viel zu viel Angst hat, dass mir etwas passiert. Jetzt weiß ich nicht, was ich machen soll. Ich liebe sie ja, aber ich würde auch gern Polizist werden.< ;o)

> Ich bin 20 Jahre alt und gelernte Metzgereifachverkäuferin. Mein Freund hat sich vor kurzem als Installateur und Heizungsbauer selbstständig gemacht. Seine Firma geht bisher noch nicht so gut. Nun will er, dass ich in seinem Betrieb mitarbeite, im Büro am Telefon bin, Angebote und Rechnungen schreibe und so. Ich fühle mich in der Metzgerei, in der ich arbeite, aber sehr wohl und habe nette Kolleginnen, mit denen ich auch viel in meiner Freizeit unternehme. Allerdings macht mein Freund immer mehr Druck. Er sagt, allein schafft er das nicht und seine Firma wäre ja schließlich auch etwas für uns. Was soll ich bloß machen? < ;o(

Aufgaben

1. Diskutieren Sie die beiden Anfragen.
2. Formulieren Sie zu jedem Fall eine Antwort.

Zur Diskussion

Familie und/oder Beruf?

Repräsentative Umfragen haben ergeben, dass die Doppelbelastung von Familie und Beruf für Frauen nach wie vor die entscheidende Karrierebremse darstellt. Jede zweite Frau hat wegen der Familie mindestens einmal ihre Karrierewünsche aufgeben oder ändern müssen. Für gut jeden zweiten Arbeitnehmer lassen sich Beruf und Kinder nur schwer unter einen Hut bringen.

Das traditionelle Modell von Hausfrau und Ernährer scheint in Deutschland an Bedeutung zu verlieren. Die Befragungen belegten einen Sinneswandel in der Gesellschaft. Mütter – auch mit kleinen Kindern – wollen arbeiten. Väter wollen Zeit für ihre Kinder haben. Viele berufstätige Eltern leiden jedoch unter starker zeitlicher Belastung.

Aufgaben

3. Welche privaten und beruflichen Hintergründe können Sie bei der Frau auf dem Foto vermuten?
4. Schildern Sie das im Text dargestellte Problem in eigenen Worten.
5. a) Begründen Sie, warum viele Frauen die Familie als Karrierebremse sehen.
   b) Vertreten Sie Ihre eigene Meinung dazu.
6. Diskutieren Sie Voraussetzungen, unter denen Beruf und Kindererziehung leichter zu koordinieren wären?

Zur Diskussion

Selbsttest

Wie flexibel ist Ihr Rollenverhalten?

- Mit wie viel Grad werden dunkle Socken gewaschen?
- Was ist der Unterschied zwischen einem Stahl- und einem Holzbohrer?
- Welches Werkzeug wird benutzt, wenn man eine Dachlatte im 45-Grad-Winkel absägen will?
- Welche Gerichte können Sie kochen?
- Wer tapeziert bei Ihnen zu Hause? Warum?
- Welche Arbeit ist Ihrer Meinung nach anstrengender – die Ihres Vaters oder die Ihrer Mutter?
- Wobei helfen Sie im Haushalt?
- Warum gibt es Ihrer Meinung nach so wenig Hausmänner? Könnten Sie sich vorstellen, einer zu sein bzw. mit einem verheiratet zu sein?
- Gibt es „männliche" und „weibliche" Tätigkeiten? Welche sind das?
- Wer sollte den Haushalt machen, wenn beide Partner arbeiten?
- Würden Sie zu Hause bleiben, wenn ein Kind kommt? Warum?

Modelle elterlicher Rollenverteilung in Beruf und Familie

Definition

■ 1. **Traditionelles bürgerliches Modell**, auch *Hausfrauenehe oder Ernährermodell* genannt:
Rollenverteilung, bei der der Mann in Vollzeit berufstätig ist und die Frau die alleinige oder nahezu alleinige Verantwortung für die Familienarbeit hat.

■ 2. **Modernisiertes bürgerliches Modell**, auch *Zuverdienermodell* genannt:
Rollenverteilung, bei der der Mann in Vollzeit berufstätig ist und die Frau in Teilzeit arbeitet und zugleich die alleinige oder nahezu alleinige Verantwortung für die Familienarbeit hat.

■ 3. **Egalitär-erwerbsbezogenes Modell**, auch *Doppelversorgermodell mit externer Kinderbetreuung* genannt:
Rollenverteilung, bei der beide Eltern in Vollzeit erwerbstätig sind und vorwiegend externe Kinderbetreuung herangezogen wird.

■ 4. **Egalitär-familienbezogenes Modell**, auch *Doppelversorger-/Doppelbetreuer-Modell* genannt:
Rollenverteilung, bei der beide Eltern zu annähernd gleichen Teilen in Teilzeit erwerbstätig sind und sich die Verantwortung für die Familienarbeit partnerschaftlich teilen.

■ 5. **Alternatives Rollenmodell**
Die Frau arbeitet voll, der Mann kümmert sich ganz oder in Teilzeit um Haushalt und Kinder.

Aufgaben

1. Diskutieren Sie die Vor- und Nachteile der einzelnen Modelle.
2. Welches Modell favorisieren Sie? Begründen Sie Ihre Meinung.

Zur Diskussion

Immer gleich aufgeben?

Partnerschaft ist nicht nur Sonnenschein

Fallbeispiele

Gut, dass du endlich kommst! Kannst gleich was zu essen machen. Ich hab einen Bärenhunger!!

Tanja (19 J.) und **Uli** (22 J.) sind seit vier Jahren zusammen und haben seit sechs Monaten eine gemeinsame Wohnung. Tanja hat gerade ihre Ausbildung als Medizinisch-Technische Assistentin abgeschlossen, und Uli beginnt seinen Meister als Anlagenmechaniker für Sanitär-, Heizungs- und Klimatechnik zu machen. Tanja ist sehr unternehmungslustig, tanzt gern und geht öfters mit Freundinnen in Discos. Uli ist abends müde oder er hat noch zu lernen. Seit einiger Zeit gibt es immer wieder Streit. Tanja findet Uli langweilig, geht abends häufiger weg und kommt oft sehr spät nach Hause. Uli will, dass Tanja bei ihm zu Hause bleibt, doch Tanja sieht das nicht ein. Was soll sie zu Hause rumsitzen. Sie will ihren Spaß haben. Uli besteht auf einem Gespräch.

Stefan (23 J.) und **Anne** (21 J.) sind seit zwei Jahren verheiratet. Vor sechs Monaten haben sie ihr erstes Baby bekommen. Seitdem hat sich vieles verändert. Anne konzentriert sich voll und ganz auf das Kind. Ständig spricht sie von „meinem" Baby. Stefan fühlt sich zurückgesetzt. Er geht immer häufiger in seine Stammkneipe zu seinen Kumpels Als er abends heimkommt, jagt ihn Anne wegen seiner Fahne aus dem Schlafzimmer. Er geht in die Küche, holt sich eine weitere Flasche und trinkt, bis er im Wohnzimmer auf der Couch einschläft.

Aufgaben

1. Diskutieren Sie Lösungsmöglichkeiten für die dargestellten Fallbeispiele.

Zur Diskussion

Die fünf Leitfragen einer Beziehung

↗ Kommunikationskonflikte, S. 70f.

Wie funktioniert bei uns ...

- 1. die Kommunikation mit Worten, Gesten und in der Sexualität?
- 2. die Konfliktlösung bei kontroversen und unterschiedlichen Sichtweisen?
- 3. der Umgang mit Stress, sei er hausgemacht oder von außen in die Beziehung hineingetragen?
- 4. die gegenseitige Unterstützung in Achtung und Respekt?
- 5. die Bereitschaft, den eigenen Anteil am Zusammenspiel im Beziehungsalltag zu sehen und beständig daran zu arbeiten?

Nein, eifersüchtig im klassischen Sinne bin ich eigentlich nicht!

Aufgaben

1. Sammeln Sie positive Verhaltensbeispiele zu diesen fünf Leitfragen.
2. Formulieren Sie weitere Haltungen, die Ihrer Meinung nach für eine dauerhafte Beziehung unverzichtbar sind.

Fallbeispiel

War's richtig?

Ich heiße Maren. Ich bin 23 Jahre alt. Mit 17 Jahren traf ich Sven, meine große Liebe. Wir hatten eine wunderschöne Zeit. Das ganze Verliebtheitsprogramm: Schmetterlinge, ganz große Glücksgefühle, Liebeskummer, zärtliche Versöhnungen, erotische Küsse, zum ersten Mal miteinander schlafen, zum ersten Mal gemeinsam zusammen im Urlaub ... Doch dann nach drei Jahren passierte es: Sven verliebte sich in eine andere und machte Schluss mit mir. Für mich brach eine Welt zusammen. Was wollte er bloß von dieser anderen? War sie schöner oder besser als ich? Ich weiß es nicht. Hatte ich etwas Falsches gemacht oder gesagt?
Ein Jahr später dann: Plötzlich stand er vor meiner Tür und sagte: „Kann ich mit dir reden?" Ich sagte ja, und er kam rein. Er war bedrückt, das merkte man. Die andere Frau hatte sich von ihm getrennt – wegen eines anderen. Und jetzt stand er da, um zu fragen, ob ich wieder seine Freundin sein wolle. Ich antwortete, ich würde es mir überlegen. Obwohl alle meine Freundinnen mir davon abgeraten haben, habe ich dann ja gesagt. Ob's richtig war? Für mich schon!
Seitdem sind wir wieder zusammen. Vor einem Jahr haben wir geheiratet, und wir sind sehr glücklich. Alles, was vorher war, ist vergessen.

Aufgaben

3. Wie hätten Sie sich an Marens Stelle verhalten?
4. Warum raten Marens Freundinnen ihr ab, sich wieder mit Sven zu versöhnen?
5. Überlegen Sie, weshalb Maren trotz ihrer großen Enttäuschung wieder mit Sven zusammen sein will.
6. Viele Ehen zerbrechen. Suchen Sie mögliche Gründe dafür.
7. Viele Ehen halten ein Leben lang. Unter welchen Voraussetzungen und Bedingungen kann dies gelingen?

Basics

Formen des Zusammenlebens

■ **Traditionelle Beziehung:** Beide Partner wohnen in einer Wohnung zusammen, heiraten und gründen eine Familie.
■ **Pendlerbeziehung:** Jeder Partner führt einen eigenen Haushalt. Zu bestimmten Zeiten oder Zeiträumen wohnen sie in einer der beiden Wohnungen zusammen.
■ **Living Apart Together (LAT):** Die wohl modernste Art einer Beziehung. Die Partner leben zusammen, führen jedoch trotzdem ihren eigenen Haushalt. Sie entscheiden sich nicht für getrennte Wohnungen, solange es äußere Umstände verlangen, sondern als dauerhafte Alternative.

Kirchliche Trauung

Mit der kirchlichen Trauung bekennen sich zwei Menschen vor Gott und der Gemeinde zueinander – und versprechen sich ihre Treue und Verbundenheit für den weiteren gemeinsamen Weg.

Taufe

Mit der Taufe wird der Mensch Christ und Mitglied der Kirche. Sie ist das sichtbare Zeichen, dass Gott diesen Menschen angenommen hat. Die Eltern und die Paten versprechen, das Kind im christlichen Glauben zu erziehen.

Erziehungsziele

Erziehungsziele beschreiben die Vorstellung von der Gesamtpersönlichkeit oder von Persönlichkeitseigenschaften, die das Kind so weit wie möglich verwirklichen soll.

Erziehungsstile

■ **Autokratischer Erziehungsstil**
Der Stil ist geprägt von enger Führung durch den Erzieher.
■ **Demokratischer oder sozialintegrativer Erziehungsstil**
Der Stil ist von einem Miteinander geprägt. Das Erziehungshandeln soll für alle transparent sein. Entscheidungen werden ausdiskutiert.
■ **Laissez-Faire oder antiautoritärer Erziehungsstil**
Dies ist ein zwangfreier und auf Selbstentfaltung abzielender Erziehungsstil, der davon ausgeht, dass die unterdrückte Selbstentfaltung dem Kind in seiner Entwicklung schadet.

Modelle elterlicher Rollenverteilung

■ **Traditionelles bürgerliches Modell**
Rollenverteilung, bei der der Mann in Vollzeit berufstätig ist und die Frau die nahezu alleinige Verantwortung für die Familienarbeit hat.
■ **Modernisiertes bürgerliches Modell**
Rollenverteilung, bei der der Mann in Vollzeit berufstätig ist und die Frau in Teilzeit arbeitet und zugleich die nahezu alleinige Verantwortung für die Familienarbeit hat.
■ **Egalitär-erwerbsbezogenes Modell**
Rollenverteilung, bei der beide Eltern in Vollzeit erwerbstätig sind und vorwiegend externe Kinderbetreuung herangezogen wird.
■ **Egalitär-familienbezogenes Modell**
Rollenverteilung, bei der beide Eltern zu annähernd gleichen Teilen in Teilzeit erwerbstätig sind und sich die Verantwortung für die Familienarbeit partnerschaftlich teilen.
■ **Alternatives Rollenmodell**
Rollenverteilung, bei der die Frau in Vollzeit berufstätig ist und der Mann die nahezu alleinige Verantwortung für die Familienarbeit hat.

Sterben, Tod ... und dann?

Ich glaube, dass meine Seele nach dem Tod irgendwie weiterleben wird.

Ich will leben und überhaupt nicht an den Tod denken. Da wird man nur depressiv.

Ich hoffe darauf, dass ich dann in einem anderen Leben all die Menschen wiedersehen werde, die mir hier auf Erden wichtig waren.

Ich denke, dass man dann irgendwie bei Gott ist und keine Sorgen mehr hat.

Meine Überzeugung ist, dass nach dem Tod alles aus ist und man sich deshalb das Leben so schön wie möglich machen soll.

Ich stelle mir das so vor, wie wenn man einschläft. Man ist einfach weg.

Aufgaben

1. Welche Geschichte könnte dieses Foto erzählen?
2. Was denken Sie über den Tod?
3. Was stellen Sie sich vor, dass nach dem Tod passiert?
4. Welchen Aussagen in den Sprechblasen können Sie zustimmen, welchen eher nicht? Begründen Sie Ihre Meinung.

Abschied nehmen

Fallbeispiel

↗ Stufen des religiösen Urteils, S. 150f.

Die letzten zwölf Monate der Evelyn K.

Evelyn K. ist 29 Jahre alt und nie ernsthaft krank gewesen, als sie wegen häufigem Unwohlsein und Appetitlosigkeit ihren Hausarzt aufsucht. Dieser überweist sie für eine gründliche Untersuchung ins Krankenhaus. Dort stellt man fest, dass sie an einer bösartigen und unheilbaren Lebererkrankung leidet. Ihre Lebenserwartung wird auf 12 Monate geschätzt.

Als Evelyn K. von dieser Diagnose erfährt, ist sie geschockt. Sie kann nicht glauben, was ihr die Ärzte mitteilen. Das musste ein Irrtum sein. Sie lässt sich in ein anderes Krankenhaus überweisen, um sich von anderen Ärzten untersuchen zu lassen. Als diese den Befund bestätigen, geht sie auf eigene Kosten in eine Spezialklinik in der Schweiz. Auch hier kommen die Ärzte zu keinem anderen Ergebnis.

Die Beschwerden nehmen zu, Evelyn K. muss wieder ins Krankenhaus. Ihr geht es schlecht, ihre tödliche Krankheit kann sie nun nicht mehr leugnen. Sie ist eine sehr unbequeme Patientin. Ständig nörgelt sie herum und tyrannisiert ihre ganze Umgebung. Auf alle Gesunden ist sie neidisch und reagiert sehr aggressiv. Besuche bei ihr sind eine Qual. Alle lässt sie ihren Zorn und ihre Verzweiflung spüren.

Ihr seelischer Zustand ändert sich erst, als der Krankenhauspfarrer Kontakt zu ihr aufnimmt. Evelyn K. empfindet ihre Krankheit als Strafe Gottes. Sie betet sehr viel. Sie verspricht Gott, sich zu bessern und viel Gutes für andere Menschen zu tun, wenn ihr noch etwas Lebenszeit gewährt wird.

Doch der Krankheitsprozess lässt sich nicht aufhalten. Evelyn K. hat große Schmerzen, die durch starke Schmerzmittel bekämpft werden. Sie ist verzweifelt und niedergeschlagenen. Allerdings trägt sie dies nun nicht mehr nach außen, sondern zieht sich zurück und kapselt sich von ihrer Umgebung ab. In das Gefühl der Ausweglosigkeit mischt sich Trauer über das eigene Schicksal, Trauer beim Abschied von dieser Welt.

In ihrer letzten Lebensphase ist Evelyn K. sehr schwach und müde. Sie hat das Bedürfnis, oft zu schlafen oder zu dösen. Sie weiß, dass sie sterben wird, und hat sich in das Unausweichliche gefügt. Der Kampf ist vorbei, es kehrt Ruhe ein. Manchmal erlebt sie Träume, die sie über die Schwelle des Todes führen, und sie fühlt dabei Frieden und Geborgenheit.

Evelyn K. stirbt fast auf den Tag genau ein Jahr nach der ersten Diagnose.

Aufgaben

1. Beschreiben Sie die letzten 12 Monate der Evelyn K.
2. In welche Abschnitte könnte man ihren Sterbeprozess unterteilen?

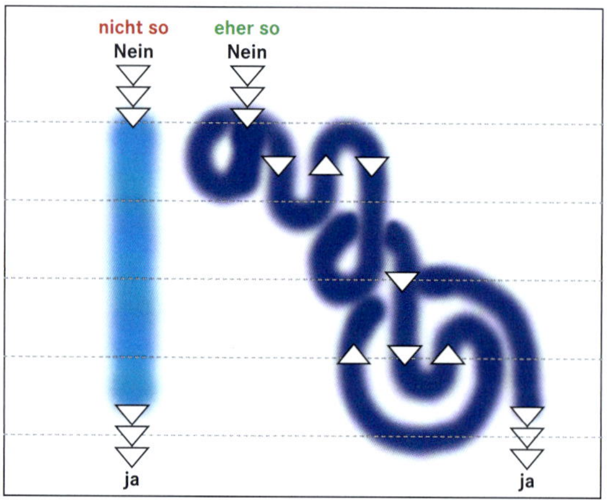
nicht so
Nein
eher so
Nein
ja
ja

Die Sterbephasen nach E. Kübler-Ross

Die Begründerin der wissenschaftlichen Sterbeforschung, die Ärztin Elisabeth Kübler-Ross, unterteilt das Sterben in fünf Phasen. Diese Phasen sind kein linearer Prozess und müssen nicht zwangsläufig nacheinander ablaufen. Jeder Mensch stirbt seinen eigenen, ganz individuellen Tod.

Das Wissen um diese Phasen kann den Angehörigen jedoch helfen, sensibler mit dem Sterbenden umzugehen und sein Verhalten besser zu verstehen.

Fünf Sterbephasen

1. Nicht-Wahrhaben-Wollen

1. Phase

Der Kranke versucht, die tödliche Erkrankung vor sich zu leugnen, und glaubt an einen Irrtum, eine Fehldiagnose oder Verwechslung. Er sucht Lösungen bei anderen Ärzten oder unrealistischen Heilmethoden.

2. Zorn

2. Phase

Der Kranke empfindet Zorn, Wut und Enttäuschung gegen Gott, das Schicksal und gegen seine Mitmenschen, weil die gesund sind und leben dürfen.

3. Verhandeln

3. Phase

Der Kranke versucht mit dem Schicksal oder mit Gott zu handeln. Er macht Versprechungen für den Fall, dass er geheilt wird. Gleichzeitig schämt er sich für dieses kindliche Verhalten und hält es geheim.

4. Depression

4. Phase

Der Tod wird nicht mehr verleugnet. Der Patient ist völlig verzweifelt. Er trauert um Dinge, die er nicht mehr erleben, erledigen oder erfahren kann.

5. Zustimmung

5. Phase

Der Kranke akzeptiert den nahenden Tod. Er entwickelt Gelassenheit und gelegentlich große seelische Reife. Es tritt ein gewisser Friede und Angstlosigkeit ein.

Aufgaben

1. Im Folgenden finden Sie typische Äußerungen von Kranken in den einzelnen Phasen. Ordnen Sie diese Aussagen den jeweiligen Phasen zu.
   - **A** Ich möchte jede Minute der mir noch verbleibenden Zeit möglichst bewusst erleben.
   - **B** Warum ist Gott so ungerecht?
   - **C** Ich nehme alle Behandlungen auf mich, wenn ich nur noch so lange lebe, bis meine Kinder versorgt sind.
   - **D** Das kann nicht sein! Ich suche mir einen anderen Arzt.
   - **E** Jetzt lege ich mein Leben in Gottes Hand. Er wird alles gut regeln.
   - **F** Ich bin so verzweifelt. Es wird mir bewusst, was ich alles nicht mehr erleben kann.
   - **G** Ich glaube nicht, was die Ärzte mir sagen. Da muss eine Verwechslung vorliegen.
   - **H** Warum muss ausgerechnet ich sterben?
   - **I** Ich habe solche Angst vor dem, was auf mich zukommt.
   - **J** Wenn Gott mich noch ein Jahr leben lässt, erbt alles die Kirche.
2. Bei der Begleitung Sterbender sollte man auf die spezifischen Stimmungslagen innerhalb der verschiedenen Phasen Rücksicht nehmen.
   Ordnen Sie die folgenden Haltungen eines Sterbebegleiters den fünf Phasen zu.
   - **a** Alle Äußerungen ernst nehmen, nichts belächeln.
   - **b** Letzte Wünsche und Anweisungen festhalten.
   - **c** Nicht widersprechen.
   - **d** Tränen und Trauer zulassen.
   - **e** Vorwürfe und Abwertungen nicht persönlich nehmen.
   - **f** Für die Einhaltung von Ess-, sowie Schlaf-Wach-Rhythmen sorgen.
   - **g** Hoffnung lassen, jedoch keine unrealistischen Illusionen wecken.
   - **h** Zeit schenken.
   - **i** Zornausbrüche nicht verurteilen.
   - **j** Hilfestellung bei Dingen, die noch zu erledigen sind (Aussprachen, Testament, Pfarrer).

Tod – das Ende?

Siehe, heute wirst Du mit mir im Paradiese sein.

Unser guter und treusorgender Ehemann,
Vater und Großvater

Edwin Greiner
*4. August 1925, + 23. Juli 2011

wurde nach langem Leiden
wenige Tage vor seinem 86. Geburtstag
in die Ewigkeit heimgerufen.

In stiller Trauer
Else Greiner
Erich und Sabine Greiner
Heidrun und Georg Wüst,
Hans-Peter und Barbara Greiner
Ellen Greiner
Rut und Rainer Mayer
und alle Enkel

**DER HERR HAT'S GEGEBEN,
DER HERR HAT'S GENOMMEN.
GELOBT SEI DER NAME DES HERRN.**

GOTT DER HERR
ÜBER LEBEN UND TOD
HAT MEINEN LIEBEN MANN,
UNSEREN VATER,
BRUDER UND SCHWAGER

Walter Heinze
im Alter von 45 Jahren für immer
zu sich genommen.

Die Angehörigen

---

*Man sieht nur mit dem Herzen gut.
Für die Augen ist das Wesentliche unsichtbar.*

Unser geliebtes Kind,
mein kleiner Bruder

Thorben Peters
10.1.2004 – 22.3.2011

hat den Kampf gegen seine heimtückische Krankheit verloren. Du wirst für immer in unseren Herzen wohnen.

Wir haben in aller Stille von Thorben Abschied genommen.

Dennis und Sonja Peters mit Paula

Thomas „Krümel"
21. April 1994 – 1. Mai 2012

Scheiß Motorrad!
Mach's gut, Alter!

Deine Kumpels
Olli, Cäsar, Kalli, Robin, Dschingis Khan, Danner

„Die Liebe ist stark wie der Tod."

Ich habe die Liebe meines Lebens

Susanne 1970-2011

durch einen tragischen Unfall verloren.
Der Schmerz ist unendlich.
Aber die Liebe ist stärker.

Ewig **Dein Eddy**

München,
Paulanergasse 7
Roland Wagner
Jessica Grün

Ich bin umgezogen.
Roland Wagner
14.8.1950 – 5.1.2000

Meine neue Adresse:
Zentralfriedhof München

Über Besuche freue ich mich.

Aufgaben

1. Analysieren und vergleichen Sie die Todesanzeigen anhand der folgenden Leitfragen:
   a) Wo erfährt man etwas über die Todesursache oder über die besonderen Umstände des Todes?
   b) Werden Symbole dargestellt? Wenn ja, welche und was bedeuten sie?
   c) Gibt es einen Spruch oder ein Gedicht? Was sind die Hauptaussagen darin?
   d) Mit welcher Redewendung wird zum Ausdruck gebracht, dass ein Mensch gestorben ist?
   e) Wo gibt es Formulierungen oder Symbole, die die Hoffnung auf ein Leben nach dem Tod ausdrücken?

■ **Tod** Hinter diesen Redewendungen und Aussagen, so verschiedenen sie sind, stehen im Grunde zwei verschiedene Möglichkeiten (Weltanschauungen), den Tod zu verstehen:

1. Tod als natürliches, biologisches oder schicksalhaftes Ereignis;
2. Tod als göttliches Handeln.

Definition

Aufgaben

1. Die folgenden Formulierungen und Ausdrücke umschreiben das Sterben: *entschlafen | heimgegangen | wir haben Abschied genommen | ist von uns gegangen | wurde abgerufen | hat uns verlassen | Gott hat zu sich genommen | wurde vom Leiden erlöst | starb | haben verloren | verschied | hat Frieden gefunden | wurde uns genommen | schloss die Augen | ...* Überprüfen Sie die verschiedenen Formulierungen im Blick auf die obige Definition.
2. Gestalten Sie eine Todesanzeige oder einen Grabstein so, dass Ihre Einstellung und/oder Hoffnung zum Thema Tod und Sterben zum Ausdruck kommt.

Phasen der Trauer

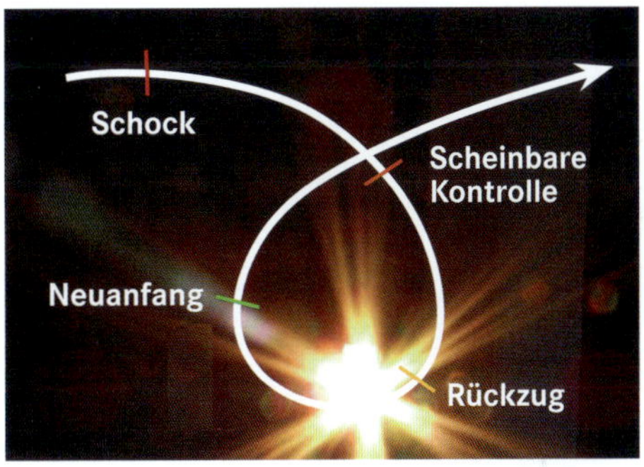
Schock
Scheinbare
Kontrolle
Neuanfang
Rückzug

Ebenso wie das Sterben kann auch das Trauern in Phasen unterteilt werden. Diese lehnen sich stark an das Modell der Sterbephasen von Kübler-Ross an, verlaufen meist nacheinander, aber nicht streng von einander getrennt ab.

1. Trauerschock

Schock

Wir reagieren verzweifelt, erstarrt, geschockt. Wir leugnen die Todesnachricht. „Das kann doch gar nicht sein!"

2. Scheinbar alles unter Kontrolle

Scheinbare Kontrolle

Kurz nach dem Schock beginnen wir, uns um Dinge der Beerdigung oder der Trauerfeier zu kümmern. Wir versuchen die Trauer vor uns selbst und anderen zu verbergen.

3. Aufbrechende Emotionen / Rückzug aus dem Leben

Rückzug

Wir leben unsere schmerzhaften Gefühle aus, indem wir uns kurzzeitig aus dem täglichen Leben zurückziehen. Wut und Zorn können ausbrechen. Entscheidungen oder gewohnter Alltag fallen schwer. Der Verlorene wird unbewusst oder bewusst „gesucht" – meistens dort, wo er im gemeinsamen Leben anzutreffen war (in Zimmern, Landschaften, auf Fotos, auch in Träumen oder Phantasien).

4. Neuer Selbst- und Weltbezug

Neuanfang

Langsam kehrt Ruhe ein. Wir können unbefangener mit dem Geschehen umgehen. Wir merken: „Das Leben geht weiter." So lösen wir uns langsam vom Verstorbenen, ohne ihn zu vergessen. Wir erkennen, dass der Verlust zwar schwer zu ertragen, aber möglich ist und auch neues Leben in sich birgt.

Hieronymus Bosch (ca. 1450–1516), Der Aufstieg in das himmlische Paradies

Leben nach der Geburt?

Es geschah, dass in einem Schoß Zwillingsbrüder empfangen wurden. Die Wochen vergingen und die Knaben wuchsen heran. In dem Maß, in dem ihr Bewusstsein wuchs, stieg die Freude: „Sag, ist es nicht wunderbar, dass wir empfangen wurden? Ist es nicht wunderbar, dass wir leben?!“
Die Zwillinge begannen ihre Welt zu entdecken. Als sie aber die Schnur fanden, die sie mir ihrer Mutter verband und die ihnen die Nahrung gab, da freuten sie sich sehr: „Wie groß ist die Liebe unserer Mutter, dass sie ihr eigenes Leben mit uns teilt!“
Als aber die Wochen vergingen und schließlich zu Monaten wurden, merkten sie plötzlich, wie sehr sie sich verändert hatten. „Was soll das heißen?“, fragte der eine. „Das heißt“, antwortete der andere, „dass unser Aufenthalt in dieser Welt bald seinem Ende zugeht.“ „Aber ich will gar nicht gehen“, erwiderte der eine, „ich möchte für immer hier bleiben.“ „Wir haben keine andere Wahl“, entgegnete der andere, „aber vielleicht gibt es ein Leben nach der Geburt!“ „Wie könnte dies sein?“, fragte zweifelnd der erste, „wir werden unsere Lebensschnur verlieren, und wie sollten wir ohne sie leben können? Und außerdem haben andere vor uns diesen Schoß hier verlassen, und niemand von ihnen ist zurückgekommen und hat uns gesagt, dass es ein Leben nach der Geburt gibt. Nein, die Geburt ist das Ende!“
So fiel der eine von ihnen in tiefen Kummer und sagte: „Wenn das Leben mit der Geburt endet, welchen Sinn hat dann das Leben im Schoß? Es ist sinnlos. Womöglich gibt es gar keine Mutter hinter allem.“ „Aber sie muss doch existieren“, protestierte der andere, „wie sollten wir sonst hierher gekommen sein? Und wie könnten wir am Leben bleiben?“
„Hast du je unsere Mutter gesehen?“, fragte der eine. „Womöglich lebt sie nur in unserer Vorstellung. Wir haben sie uns erdacht, weil wir dadurch unser Leben besser verstehen können.“
Und so waren die letzten Tage im Schoß der Mutter gefüllt mit vielen Fragen und großer Angst.
Schließlich kam der Moment der Geburt. Als die Zwillinge ihre Welt verlassen hatten, öffneten sie ihre Augen. Sie schrien. Was sie sahen, übertraf ihre kühnsten Träume.

Aufgaben

1. „Auferstehung“ oder „auferstehen“ kann man sich schwer vorstellen, noch schwerer ist es, dies mit Worten zu beschreiben. Die Geschichte von den zwei Knaben versucht die Auferstehung in einem Bild-Wort zu fassen. Erklären Sie die verschiedenen symbolischen Elemente dieser Geschichte.
2. Inwiefern kann diese Geschichte Hoffnung und Zuversicht vermitteln, wenn wir über Sterben und Tod nachdenken?

Der Apostel Paulus bezeugt die Auferstehung von Jesus

In einem Brief an die Gemeinde in Korinth nennt Paulus Augenzeugen für die Auferstehung Jesu (1. Korinther 15,3-8). Dieser Text ist ein Glaubensbekenntnis.

Aufgaben

1. Ordnen Sie die Satzteile zu einem sinnvollen Text:
   A Darauf hat er sich Petrus gezeigt, dann dem ganzen Kreis der Jünger
   B Dann erschien er Jakobus und schließlich allen Aposteln.
   C Er wurde begraben
   D Später sahen ihn über 500 Brüder auf einmal. Einige sind inzwischen gestorben. Aber die meisten leben noch.
   E Ganz zuletzt aber ist er auch mir erschienen, obwohl ich das am allerwenigsten verdient hatte.
   F Christus ist für unsere Sünden gestorben, wie es in den heiligen Schriften vorausgesagt war.
   G Und am dritten Tag ist er vom Tode auferstanden, so wie es in den heiligen Schriften vorausgesagt war.
2. Fassen Sie die Aussagen des Paulus über Jesus Christus in vier zentralen Sätzen zusammen.
3. Wer ist nach Paulus dem auferstandenen Jesus begegnet?

Die christliche Auferstehungshoffnung

Christliche Auferstehung

1. Jesus Christus hat den Tod überwunden. Er ist gestorben und vom Tod wieder auferstanden.
2. Christen glauben, dass sie wie Jesus Christus auferstehen.
3. Christen glauben, dass es ein neues Leben ohne Sterben und Tod geben wird.
4. Über den Zeitpunkt und die Art des neuen Lebens können Menschen keine Aussagen machen.

↗ Die Auferstehung Jesu, S. 163

Auf Wiedersehen!

Aufgaben

4. Wie beurteilen Sie die Hoffnung, Verstorbenen einmal wieder zu begegnen?
5. Vergleichen Sie das Foto mit der Botschaft von 1. Korinther 15.

Tod in den verschiedenen Weltreligionen

NURAY BAL
1.5.1968 – 4.8.1995

Vier grundsätzliche Positionen zum Thema „Tod und Leben danach“

Beim Thema „Tod und wie es danach weitergeht“ lassen sich vor allem vier Positionen unterscheiden:

1. Unsterbliche Seele

Unsterbliche Seele

Der Körper zerfällt, die Seele ist unsterblich. In ihrem irdischen Dasein war die Seele im Körper wie in einem Gefängnis eingekerkert. Der Tod macht sie nun frei und führt sie in die Ewigkeit einer körperlosen oder göttlichen Welt.

2. Mit dem Tod ist alles aus

Mit dem Tod ist alles aus

Ein Leben nach dem Tod gibt es nicht. Der Tod ist das natürliche und unwiderrufliche Ende eines jeden Menschen. Ein Weiterleben, wenn man das überhaupt so sagen kann, findet höchstens in der Erinnerung bei anderen Menschen statt.

3. Auferstehung bei Gott

Auferstehung bei Gott

Weil Jesus Christus für uns gestorben und auferstanden ist, gibt es auch für uns die Hoffnung auf Auferstehung und Überwindung des Todes.

4. Kreislauf der Wiedergeburten

Kreislauf der Wiedergeburten

Die Seele existiert unabhängig vom Körper. Im Tod verlässt die Seele ihre vergängliche Hülle und findet auf Erden einen neuen Körper. Diese „Reinkarnationen“ ermöglichen die Vervollkommnung des Einzelnen und damit auch der gesamten Menschheit.

Aufgaben

1. Was halten Sie von diesen vier Positionen?
2. Suchen Sie Beispiele für die einzelnen Positionen.
3. Welche Position steht Ihnen nahe, welche eher nicht? Begründen Sie Ihre Einstellung.

Judentum

Das Judentum ist eine Religion, die das Leben hier auf der Erde sehr stark betont. Der Tod wird als ein Tor zu einem neuen Leben verstanden. Die Vorstellungen, wie das Leben nach dem Tod aussehen könnte, werden nicht im Detail geschildert. Die Juden warten auf die Ankunft des Messias und die Offenbarung der Herrschaft Gottes. Alle Toten werden wieder auferstehen und müssen sich vor dem Gericht Gottes für ihr Leben verantworten.

↗ Judentum, S. 186f.

Islam

Sterben müssen ist das Schicksal („Kismet“) jedes Menschen. Im Tod kehrt der Mensch zu Gott zurück. Der Glaube an ein Leben nach dem Tod gehört zu den sechs Glaubensartikeln. Der Verstorbene muss sich vor einem Gericht verantworten, seine guten und schlechten Taten werden in den Schalen einer Waage gemessen.

↗ Islam, S. 188f.

Buddhismus

Buddhisten glauben ebenso wie Hinduisten an einen Zyklus von Wiedergeburten. Alles, was sie in diesem Leben tun, wirkt sich im nächsten Leben aus. Glauben und leben sie nach den buddhistischen Lehren, so lernen sie in jedem Leben aus der Vergangenheit und nähern sich stufenweise dem Nirwana, einem Bewusstseinszustand völliger Freiheit und völligen Friedens.

↗ Kreislauf der Wiedergeburten, S. 197

Aufgaben

1. Worin sehen Sie bei der Vorstellung von Sterben und Tod die Hauptunterschiede zwischen den Weltreligionen Christentum, Judentum, Islam, Buddhismus?
2. Ordnen Sie folgende religiöse Rituale bei Sterbenden den vier Weltreligionen Christentum, Judentum, Islam, Buddhismus zu:

A Der Sterbende spricht vor seinem Tod das Kol Nidre, ein Sündenbekenntnis, da nach der Ankunft des Messias die Verstorbenen sich vor Gott verantworten müssen.

B Die Angehörigen übernehmen die religiöse Begleitung des Sterbenden, lesen religiöse Texte am Sterbebett und fügen sich in das Kismet.

C Der Sterbende soll einen möglichst gelassenen Bewusstseinszustand erreichen, da dies die Wiedergeburt positiv beeinflusst.

D Für viele Sterbende ist das Kreuz ein wichtiges Symbol, das sie an das Sterben und Auferstehen mit Christus erinnert.

E Die Kinder und Enkel werden gesegnet, gemeinsam wird das Sch’ma Jisrael gesprochen.

F Dem Sterbenden werden Sutren vorgesungen, die den Geist beruhigen und auf die neue Existenz vorbereiten sollen.

G Das Kaddisch ist ein wichtiges Gebet, das sowohl vom Sterbenden als auch von den Hinterbliebenen gebetet wird.

H Als letzte Worte soll der Sterbende das Glaubensbekenntnis sprechen: *„Es gibt keinen Gott außer Allah und Muhammad ist sein Prophet.“*

I Das tibetanische Totenbuch bereitet den Sterbenden auf den Übergang vom Tod zum neuen Leben vor.

J Der Sterbende nimmt noch einmal das heilige Abendmahl entgegen.

K Der Sterbende möchte in Richtung Osten blicken.

Sterbehilfe – Euthanasie

Fallbeispiele

Ein **38-jähriger Versicherungskaufmann** leidet immer wieder und immer öfter unter schlimmen Angstzuständen und heftigen Depressionen. Er kann seinen Beruf nicht mehr richtig ausüben und auch seine Freunde ziehen sich immer mehr von ihm zurück. In einer akuten Depressionsphase sucht er seinen Hausarzt auf und bittet ihn um Tipps, wie ein Selbstmord sicher und schmerzfrei auszuführen sei.

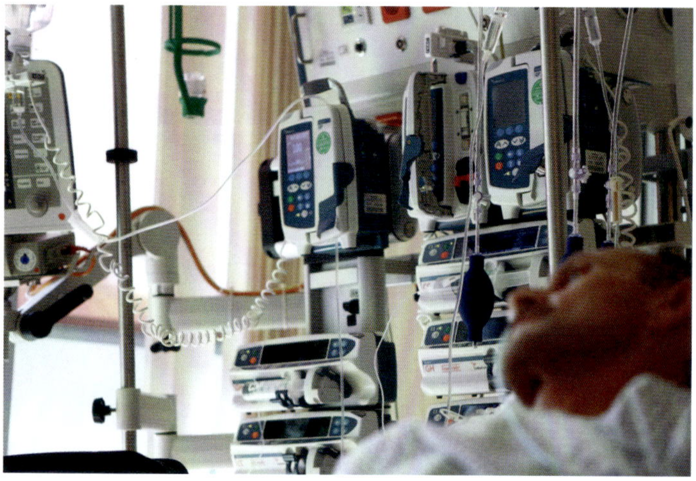

Ein **67-jähriger Patient** hat Leberkrebs, Metastasen in der Lunge und wird künstlich beatmet. Der Patient, der bei vollem Bewusstsein ist, will so nicht mehr weiterleben. Er drängt seinen Arzt, das Beatmungsgerät abzuschalten. Der Arzt ist unsicher. Schließlich hat er einen Eid geleistet, dass für ihn als Arzt die Pflicht zur Erhaltung des Lebens über alles andere geht.

Harry M. (18 J.) hatte einen schweren Autounfall. Nicht angeschnallt war er mit hoher Geschwindigkeit gegen einen Brückenpfeiler geprallt. Als er nach fünf Tagen wieder zu Bewusstsein kommt, hat er Lähmungserscheinungen, die immer schlimmer werden. Sein Mund ist schon schief. Rechtsseitig ist er ganz gelähmt, die Bewegungsfähigkeit des linken Beins lässt immer mehr nach, trotz täglicher Krankengymnastik. Er weiß, dass er seine Gesichtsmuskeln nicht mehr unter Kontrolle hat, sein Speichel tropft ständig. Er kann nicht mehr selbstständig essen und verliert zunehmend die Kontrolle über seinen Stuhlgang. Es gibt keine Aussicht auf Besserung. Für Harry hat das Leben so keinen Sinn mehr. Er bittet den Arzt, ihm eine Spritze zu geben, die den Tod herbeiführt.

Eine **59-jährige Patientin** hat Dickdarmkrebs im Endstadium. Es gibt keine Hoffnung mehr. Sie leidet unter starken Schmerzen. Der Arzt überlegt, ob er die Morphiumdosis gegen die Schmerzen erhöhen soll. Die Patientin könnte dann allerdings vorzeitig sterben.

↗ Verschiedene ethische Grundhaltungen, S. 108

Ein Arzt findet bei einem Routinebesuch eine **78-jährige schwerkranke Patientin** bewusstlos auf. Neben ihr liegt ein Zettel, auf dem sie mitteilt, dass sie Tabletten genommen hat, um zu sterben. Sie bittet nichts zu ihrer Rettung zu tun und sie in Ruhe sterben zu lassen.

Aufgaben

1. Stellen Sie sich vor, Sie sind jeweils der Arzt, bzw. die Ärztin. Wie würden Sie sich in den einzelnen Fällen entscheiden? Begründen Sie Ihre Entscheidung.

Aktive Sterbehilfe

Formen der Sterbehilfe

aktiv

Aktive Sterbehilfe ist das absichtliche und aktive ärztliche Eingreifen zur Beschleunigung des Todeseintritts auf Wunsch des Patienten. Es geschieht z.B. durch die Verabreichung einer tödlichen Spritze oder Infusion. Strafrechtlich handelt es sich dabei immer um eine – rechtswidrige – Tötung auf Verlangen (§ 216 StGB).

Indirekte Sterbehilfe

indirekt

Bei indirekter Sterbehilfe werden einem Sterbenden Schmerzmittel verabreicht, die zwar die Schmerzen lindern, bei denen aber auch eine Verkürzung des Lebens als Nebenwirkung bewusst in Kauf genommen wird. Strafrechtlich kann dies, je nachdem wie gezielt die Nebenwirkung einkalkuliert wird, als vorsätzliche Tötung (§ 212 StGB) gewertet werden.

Passive Sterbehilfe

passiv

Passive Sterbehilfe meint den Verzicht auf lebensverlängernde Maßnahmen bei Sterbenden, aber auch bei Menschen, die nicht notwendig sterben, wie z.B. Koma-Patienten oder Querschnittsgelähmten mit Atemlähmung. Wenn dies gegen den Willen des Patienten erfolgt, ist es rechtlich als unterlassene Hilfeleistung (§ 323 StGB) oder als Tötung durch Unterlassung (§ 222 StGB) zu werten.

Definition

■ **Euthanasie** Für „Sterbehilfe" gibt es auch die Bezeichnung „Euthanasie". Das Wort „Euthanasie" kommt aus dem Griechischen und bedeutet „schönes Sterben". Die Nationalsozialisten missbrauchten diesen Begriff als Tarnbezeichnung für den Massenmord von geistig und körperlich Behinderten.

Aufgaben

1. Beschreiben und unterscheiden Sie die drei Möglichkeiten der Sterbehilfe, auch anhand der jeweiligen strafrechtlichen Bewertung.
2. Um welche Art der Sterbehilfe geht es bei den Fallbeispielen auf S. 62 jeweils?
3. Vergleichen Sie Ihre Entscheidungen zu den Fallbeispielen. Mit welchen strafrechtlichen Konsequenzen hätten Sie jeweils zu rechnen?
4. Diskutieren Sie die folgenden Fragestellungen:

Zur Diskussion

A Darf ein Arzt auf eine lebensverlängernde Maßnahme, wie z.B. künstliche Beatmung oder künstliche Ernährung, verzichten, um den Tod nicht unnötig hinauszuschieben?

B Darf ein Arzt einem unheilbar Kranken eine tödliche Spritze geben, wenn es der Kranke verlangt – oder wenn ein Angehöriger oder jemand anderes es verlangt?

C Darf ein Arzt einem unheilbar Kranken ein schmerzlinderndes Mittel geben, wenn er weiß, dass dieses Mittel das Leben verkürzen kann?

D Muss ein Arzt um jeden Preis Leben verlängern?

E Darf man schwerstbehinderte Menschen, die sich selbst nicht mehr äußern können, auf den Wunsch der Angehörigen hin töten?

F Wenn aktive Sterbehilfe erlaubt werden würde, wo wären dann die Grenzen zwischen Sterbehilfe und Mord?

Sterbehilfe aus christlicher Sicht

aus christlicher Sicht

Nach christlichem Verständnis ist das Leben des Menschen ein Geschenk Gottes. Nur Gott kann dem Leben ein Ende setzen. Für Christen kommt deshalb eine aktive Sterbehilfe nicht in Frage.

Hinter dem Wunsch zu sterben steckt häufig ein Hilferuf nach mehr menschlicher Nähe. Deshalb geht es bei Sterbehilfe im christlichen Verständnis zunächst und vor allem um helfende Begleitung und nicht um die Beendigung eines körperlichen Schmerzes.

Basics

Sterbephasen nach Kübler-Ross

1. Nicht-Wahrhaben-Wollen
Der Kranke leugnet die tödliche Erkrankung. Er glaubt an eine Fehldiagnose.

2. Zorn
Der Kranke empfindet Zorn und Wut gegen Gott, das Schicksal und gegen seine Mitmenschen, die leben dürfen.

3. Verhandeln
Der Kranke versucht mit Gott oder dem Schicksal zu handeln. Er macht Versprechungen für den Fall, dass er geheilt wird.

4. Depression
Der Kranke ist völlig verzweifelt. Er trauert um Dinge, die er nicht mehr erleben kann.

5. Zustimmung
Der Kranke akzeptiert den nahenden Tod. Er findet zu Gelassenheit und innerer Ruhe.

Phasen der Trauer

1. Trauerschock
2. Scheinbar alles unter Kontrolle
3. Aufbrechende Emotion / Rückzug aus dem Leben
4. Neuer Selbst- und Weltbezug

Christliche Auferstehungshoffnung

1. Jesus Christus hat den Tod überwunden. Er ist gestorben und vom Tod wieder auferstanden.
2. Christen glauben, dass sie wie Jesus Christus auferstehen.
3. Christen glauben, dass es ein neues Leben ohne Sterben und Tod geben wird.
4. Über den Zeitpunkt und die Art des neuen Lebens können Menschen keine Aussagen machen.

Tod in den Weltreligionen

Judentum: Tod als Tor zu einem neuen Leben.
Islam: Im Tod kehrt der Mensch zu Gott zurück.
Buddhismus: Tod als Zyklus der Wiedergeburten bis zum Nirwana.

Vier Positionen zu einem Leben nach dem Tod

- Unsterbliche Seele
- Mit dem Tod ist alles aus
- Auferstehung bei Gott
- Kreislauf der Wiedergeburten

Formen der Sterbehilfe

- **Aktive Sterbehilfe**

Absichtliches und aktives ärztliches Eingreifen zur Beschleunigung des Todeseintritts auf Wunsch des Patienten.

- **Indirekte Sterbehilfe**

Verabreichung von Medikamenten, die zwar die Schmerzen lindern, aber auch zu einer Verkürzung des Lebens führen können.

- **Passive Sterbehilfe**

Verzicht auf lebensverlängernde Maßnahmen.

Kapitel 6

Konflikte

Aufgaben

1. Betrachten Sie das Bild. Was ist daran befremdlich?
2. Beantworten Sie für sich die Fragen zu den Arbeitsaufträgen 2 und 3 schriftlich und stellen Sie Ihre Antworten anschließend im Plenum dar.
   a) Wenn Sie das Wort Konflikt hören, woran denken Sie? Welche Begriffe sind für Sie positiv, welche negativ oder neutral besetzt?
   b) Welche Situationen sind für Sie persönlich unangenehm, störend, belastend, frustrierend, ärgerlich, konfliktträchtig?
3. Erinnern Sie sich an einen konkreten Konflikt:
   a) Wer waren die Beteiligten?
   b) Was war der Anlass für den Konflikt? Wie lief der Konflikt ab?
   c) Wie war ich persönlich emotional betroffen?
   d) Was habe ich unternommen, um den Konflikt zu klären bzw. zu beenden?
   e) Wie wurde der Konflikt letztlich geklärt?

Konflikte gehören zum Leben

A

B

C

Konfliktbereiche

Bereiche, in denen häufig Konflikte auftreten:

- in einer Zweierbeziehung
- in der Familie
- in der Schule
- im Beruf
- innerhalb oder zwischen Staaten
- in Weltanschauungs-, Glaubens-, Moral-, Gerechtigkeits- oder Erziehungsfragen
- zwischen Generationen

Definition

■ **Konflikt** Von einem Konflikt spricht man, wenn zwei miteinander unvereinbare Interessen aufeinandertreffen, die nicht beide gleichzeitig durchgesetzt werden können.

Aufgaben

1. Sammeln Sie für jeden Konfliktbereich mögliche Konfliktsituationen und benennen Sie jeweils die unterschiedlichen Interessen.

Konfliktarten

Intrapersonale Konflikte

Diese spielen sich innerhalb einer Person ab. Aufgrund eigener unterschiedlicher Interessen kämpft man mit sich selbst um eine Entscheidung.

intrapersonal

Interpersonale Konflikte

Wenn zwei oder mehrere Personen verschiedene Interessen verfolgen und diese nicht koordinieren können, spricht man von interpersonalen Konflikten.

interpersonal

Konflikte mit oder zwischen Gruppen

In diese Kategorie fallen Interessenskonflikte zwischen Gruppen, aber auch Konflikte zwischen Einzelnen und einer Gruppe sowie Konflikte zwischen Völkern und Staaten.

mit oder zwischen Gruppen

Aufgaben

1. Beschreiben Sie Konfliktsituationen, die auf den Fotos links dargestellt sind. Um welche Konfliktart handelt es sich jeweils?

Eskalationstreppe

Stufe 1: Existenz verschiedener Interessen

Die Konfliktpartner sind uneinig. Jeder ist überzeugt, dass seine Sichtweise richtig ist. Gespräche zwischen den Beteiligten erweisen sich als schwierig.

verschiedene Interessen

Stufe 2: Negative Emotionen

Die Gegensätzlichkeit der Positionen wird deutlich. Nicht Gemeinsamkeiten, sondern Unterschiede werden betont. Das Bewusstsein über die Differenzen erzeugt negative Emotionen wie Ärger oder Enttäuschung.

negative Emotionen

Stufe 3: Verbündete werden gesucht

Es kommt zu einer Verhärtung der Positionen. Die Atmosphäre wird gereizter, es häufen sich verbale Entgleisungen. Die Suche nach Verbündeten wird intensiviert, Forderungen und Ultimaten werden gestellt. Unbeteiligte werden involviert. Klatsch, Tratsch, üble Nachrede und scharfe öffentliche Kritik werden als Waffen eingesetzt.

Verbündete

Stufe 4: Sanktionen werden angedroht

Der Glaube an eine einvernehmliche Lösung schwindet. Vollendete Tatsachen tragen zum Aufbau von Drohpotential bei. Sanktionen werden angekündigt und damit eine Eskalation der Auseinandersetzung herbeigeführt. Wenn jetzt nicht Vernunft einkehrt, gehen die Konfliktbeteiligten gemeinsam unter.

Drohungen

Stufe 5: Offener Kampf

Es gibt kein Zurück mehr – der Konflikt hat sich zu einem Kampf entwickelt. Das aufgebaute Drohpotential kommt zur Anwendung. Der Kampf wird offen ausgetragen und kennt nur noch ein Ziel: die völlige Vernichtung des Gegners.

offener Kampf

Aufgaben

2. Ordnen Sie die Konflikte auf den Fotos jeweils einer Stufe der Eskalationstreppe zu.
3. Was könnte dem voraus gegangen sein, was könnte folgen?

Mobbing

Fallbeispiel

Lea ist Erzieherin in einer Kindertagesstätte. Es ist Sonntagabend. Lea hat Magenschmerzen, wie jeden Sonntag. Die übliche Panik vor dem Montag. Morgen geht die Hölle wieder los. Ihre Kolleginnen meiden Lea. Versucht sie, sich an einer Unterhaltung zu beteiligen, werden ihre Beiträge ignoriert. Die Kolleginnen wenden ihr den Rücken zu. Informationen werden nicht an sie weitergegeben, sodass sie bereits wichtige Termine verpasst hat und vor den Eltern schlecht dastand. Dabei war Lea so glücklich, als sie diese Stelle bekommen hatte.

Aufgaben

1. Analysieren Sie die Situation.
2. Nennen Sie mögliche Ursachen für das Verhalten der Kolleginnen.
3. Sammeln Sie Möglichkeiten, wie sich das Opfer wehren könnte.
4. Haben Sie in Ihrem beruflichen Umfeld schon ähnliche Fälle erlebt?

Definition

■ **Mobbing** Aus einem Konflikt wird Mobbing, wenn ein Einzelner – zumeist in der Schule oder am Arbeitsplatz, aber auch in anderen Organisationen oder im Internet (Cyber-Mobbing) – *häufig* und *über einen längeren Zeitraum hinweg* geärgert, schikaniert, gedemütigt oder seelisch verletzt wird.
Mobbing erfolgt meist zwischen Mitarbeitern gleicher hierarchischer Ebene, aber auch von Vorgesetzten gegen ihre Mitarbeiter (Bossing) und umgekehrt.

Die vier Phasen des Mobbings

Mobbing verläuft meist in vier Phasen. Je früher man Mobbinghandlungen erkennt, umso größer sind die Chancen, das Mobbing abzuwenden.

1. Phase: Aufbau des Konflikts

Aufbau

In dieser 1. Phase entsteht oft aus einer Banalität heraus ein Konflikt. Würden die Konfliktpartner an dieser Stelle miteinander reden und den Konflikt aus der Welt schaffen, könnte Mobbing vermieden werden. Bleibt der Konflikt jedoch bestehen, bauscht er sich auf, und es kommt zu weitergehenden Angriffen.

2. Phase: Die Mobbing-Situationen häufen sich

Häufung

Aus den gelegentlichen Angriffen wird nun ein Dauerbeschuss. Das Mobbingopfer ist längst zum Außenseiter geworden. Sein Selbstvertrauen ist bereits empfindlich gestört. Es rutscht fast automatisch in eine Verteidigungsrolle, wird misstrauisch gegenüber jedermann und verliert sein Ansehen am Arbeitsplatz. Die ersten Symptome, wie z. B. Kopfschmerzen, zeigen sich.

3. Phase: Das Mobbing wird öffentlich

Öffentlichkeit

Das Mobbingopfer ist psychisch schwer angeschlagen. Die Folgen sind falsches Verhalten am Arbeitsplatz und Nachlassen der Leistung. Dadurch werden noch mehr Ansatzpunkte für Kritik geliefert. Der Gemobbte will nicht mehr das Opfer sein, sondern sich endlich wehren. Er sucht Hilfe bei Vorgesetzten oder der Mitarbeitervertretung.

4. Phase: Das Mobbingopfer gibt auf

Resignation

Das Mobbingopfer sieht keine Chance mehr und gibt auf. Es kündigt von sich aus oder erhält die Kündigung. Oft sind die Erkrankungen inzwischen so schwer, dass man gar nicht mehr arbeiten kann. Das Selbstbewusstsein ist völlig zerstört.

Aufgaben

5. Definieren Sie den Begriff Mobbing mit eigenen Worten.
6. Beschreiben Sie die vier Phasen des Mobbings aus Sicht des Opfers.
7. Welche Möglichkeiten hätte das Opfer jeweils, sich zu wehren?

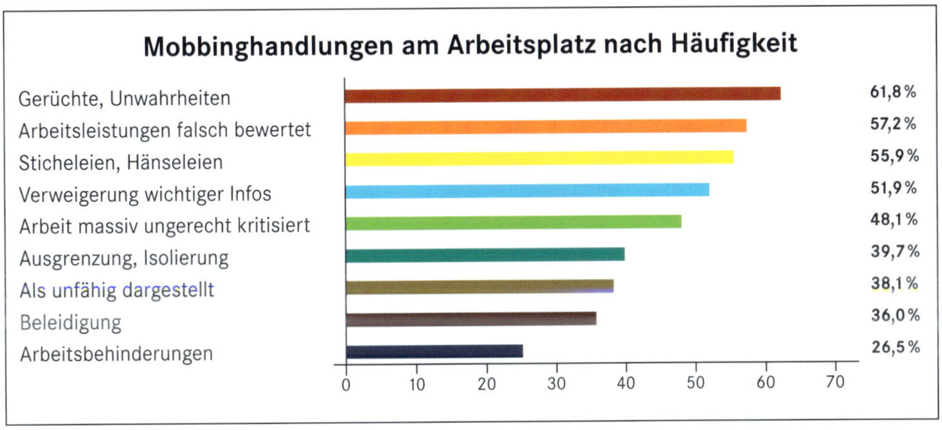
Mobbinghandlungen am Arbeitsplatz nach Häufigkeit
Gerüchte, Unwahrheiten
Arbeitsleistungen falsch bewertet
Sticheleien, Hänseleien
Verweigerung wichtiger Infos
Arbeit massiv ungerecht kritisiert
Ausgrenzung, Isolierung
Als unfähig dargestellt
Beleidigung
Arbeitsbehinderungen
61,8 %
57,2 %
55,9 %
51,9 %
48,1 %
39,7 %
38,1 %
36,0 %
26,5 %
0
10
20
30
40
50
60
70

Quelle: Der Mobbing-Report für die Bundesrepublik Deutschland 2002.

Aufgaben

1. Nennen Sie für jede der genannten Handlungen konkrete Beispiele.
2. Die folgenden Hinweise sind geeignet als **Vorbeugung gegen Mobbing** oder als **Maßnahme bei einem Mobbingfall**. Ordnen Sie die einzelnen Hinweise den beiden Gruppen zu.
   - **A** Schalten Sie Ihren Vorgesetzten oder die Fachberatung ein, wenn Sie innerhalb der Mitarbeitergruppe keine Hilfe erfahren.
   - **B** Vermeidung der eigenen sozialen Isolation.
   - **C** Führen Sie ein Mobbing-Tagebuch, in dem Sie alle Vorfälle, versehen mit Datum und Uhrzeit, notieren, damit Sie die Vorfälle auch später noch belegen können.
   - **D** Isolieren Sie sich nicht.
   - **E** Praxistipp: Vorbeugen ist besser als leiden.
   - **F** Kein schlechtes Gerede über den eigenen Betrieb.
   - **G** Sprechen Sie Konflikte und Schwierigkeiten offen an.
   - **H** Wachsamkeit, aber keine Ängstlichkeit.
   - **I** Positives und konstruktives Denken und Handeln.
   - **J** Keine Einmischung in die Aufgabengebiete anderer Mitarbeiter, solange es nicht ausdrücklich die eigene Aufgabe ist.
   - **K** Stärken Sie Ihr Selbstbewusstsein durch Aktivitäten außerhalb der Arbeit, z. B. durch die Mitgliedschaft in einem Sportverein.
   - **L** Pflege der sozialen Kontakte zu Mitarbeitern/Kollegen.
   - **M** Suchen Sie sich Hilfe, z. B. bei Selbsthilfegruppen oder einem Mobbing-Telefon.
   - **N** Kein schlechtes oder bösartiges Gerede über Vorgesetzte und Kollegen.
   - **O** Geben Sie dem Mobber keine Angriffspunkte, z. B. durch spontane Ausbrüche.
   - **P** Holen Sie sich Rat bei Kolleginnen, Freunden oder Ihrer Familie.
3. Entwerfen Sie unter Verwendung der dargestellten Sachverhalte ein Informationsblatt zu Mobbing.
4. Die Frau auf dem Foto fühlt sich gemobbt. Hat sie Recht?

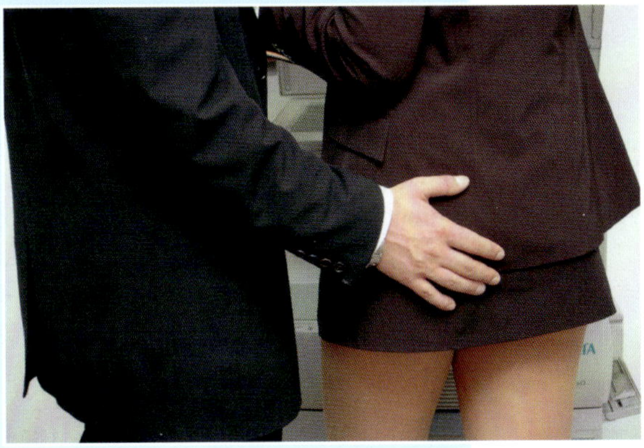

Kommunikationskonflikte

Du, da vorne ist grün!
Fährst du oder fahre ich?

Sender-Empfänger-Modell der Kommunikation

Das Sender-Empfänger-Modell definiert Kommunikation als Übertragung einer Nachricht von einem Sender zu einem Empfänger. Dazu wird die Nachricht vom Sender codiert, d.h in Sprache oder Körpersignale umgewandelt. Der Empfänger muss die sprachlichen oder nichtsprachlichen Botschaften wieder in eigene Gedanken und Gefühle zurück übersetzen, d.h. decodieren. Dabei kann die Nachricht durch Störungen verfälscht werden.

Aufgaben

1. Beschreiben Sie die oben dargestellte Gesprächssituation.
2. Analysieren Sie, wie die Kommunikation abläuft.

Die vier Seiten einer Nachricht

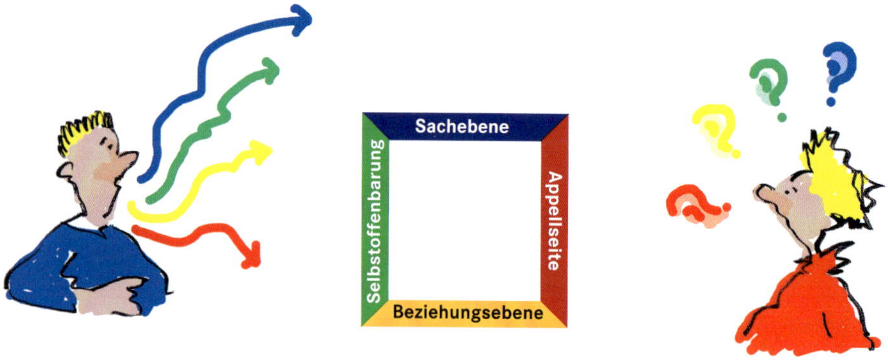
Sachebene
Selbstoffenbarung
Appellseite
Beziehungsebene

Kommunikationsmodell nach F. Schulz von Thun

Nach dem Psychologen und Kommunikationsforscher Friedemann Schulz von Thun hat jede Nachricht vier Seiten oder Ebenen:

- Die **Sachebene** beinhaltet die reinen sachlichen Informationen einer Nachricht.
- In der **Selbstoffenbarung** vermittelt der Sender – bewusst oder unbewusst – etwas über sein Selbstverständnis, seine Motive, Werte, Emotionen etc.
- Auf der **Beziehungsebene** wird ausgedrückt bzw. aufgenommen, wie der Sender zum Empfänger steht und was er von ihm hält.
- Der **Appell** beinhaltet einen Wunsch oder eine Handlungsaufforderung.

Der Sender sendet demnach immer **gleichzeitig** vier Botschaften und der Empfänger empfängt gleichzeitig vier Botschaften, er hört sozusagen mit vier Ohren. Oft hört bzw. versteht der Empfänger aber etwas anderes, als der Sender gemeint und gesagt hat. Das führt zu Missverständnissen und in der Folge zu Konflikten.

„Du, da vorne ist grün“
Je nachdem, mit welchem „Ohr“ die Fahrerin, d.h. der Empfänger, gerade hört, wird sie etwas ganz anderes verstehen und entsprechend ganz anders reagieren. Empfängt sie mit dem „Sachohr“, wird sie in erster Linie die Information „Die Ampel ist grün“ zur Kenntnis nehmen. Ist vor allem ihr Appell-Ohr geöffnet, versteht sie: „Fahr endlich los!“ Auf der Beziehungsebene hört sie: „Ich helfe dir“ oder „Ich kann besser fahren als du“, während die Selbstoffenbarungsseite der Nachricht ihr sagen könnte: „Ich habe es eilig“ oder „Ich habe Angst vor einem Unfall.“
Dass der Empfänger auf eine andere Seite der Nachricht reagiert, als vom Sender beabsichtigt war, ist nach dem Vier-Seiten-Modell eine der Hauptursachen für Missverständnisse.

Aufgaben

1. Beschreiben Sie das Kommunikationsmodell der vier Seiten einer Nachricht mit eigenen Worten.
2. Analysieren Sie mit Hilfe der „Vier Seiten einer Nachricht“ folgende Aussagen:
   A Eine Frau zu einer anderen: Sind die Perlen echt?
   B Ihr Chef zu Ihnen: Sie haben Ihr Auto auf einem Behindertenparkplatz abgestellt.
   C Ihr Partner: Du bist gestern spät nach Hause gekommen.
   D Ihre Mutter: Du brauchst mal wieder eine neue Jacke.
3. Analysieren Sie mit Hilfe der „Vier Seiten einer Nachricht“ folgende Kommunikationssituation:

Da ist etwas Grünes in der Suppe.
Wenn es dir nicht schmeckt, kannst du ja selber kochen!

Metakommunikation

↗ Immer gleich aufgeben?, S. 50f.

Um einen Kommunikationskonflikt zu klären, ist es wichtig, dass man diesen anspricht, d.h. es ist eine Kommunikation über Kommunikation notwendig. Dies nennt man Metakommunikation.
Das „Vier-Seiten-Modell“ kann dabei – vor allem in Konfliktsituationen – ein hilfreiches Klärungsinstrument sein. Man kann dabei lernen, in seiner Kommunikation besser auf die drei versteckten Seiten einer Nachricht einzugehen und so zu kommunizieren, dass zwischen den vier Seiten einer Nachricht einigermaßen Übereinstimmung herrscht. Symbolisch gesagt: Ein Sender hat vier Zungen, ein Empfänger hat vier Ohren für die vier Aspekte einer Nachricht. Als Sender sollte man lernen, mit nur einer Zunge zu reden, als Empfänger hingegen, mit allen vier Ohren zu hören. Beides kann man üben und lernen.

Metakommunikation: Kommunikation über die Kommunikation

Aufgaben

4. Definieren Sie den Begriff Metakommunikation.
5. Zeigen Sie an einem Bespiel, inwieweit Metakommunikation helfen kann, Konflikte zu vermeiden.

Besser Ichzen als Duzen

1 *Meine Güte, bist du dumm, denk doch mal nach, bevor du etwas tust!*

2 *Mensch, sind Sie ungeschickt, passen Sie doch besser auf!*

3 *Warum wollen Sie das nicht verstehen?*

4 *Du redest Unsinn!*

5 *Du kommst immer zu spät!*

6 *Immer müssen Sie das letzte Wort haben!*

7 *Ich finde, dass du ein Blödmann bist!*

8 *Ich bin wütend, weil ich eine halbe Stunde auf dich warten musste.*

9 *Du trinkst zuviel!*

10 *Ich kann nicht kochen, wenn in der Küche so ein Durcheinander ist.*

11 *Ich bin nicht sicher, ob ich dir in allen Punkten zustimmen kann.*

12 *Ich habe mir Sorgen gemacht, weil du so spät nach Hause gekommen bist.*

13 *Ich fühle mich von dir ausgenutzt.*

14 *Ich kann nicht arbeiten, wenn ich ständig gestört werde.*

15 *Ich war bei meinem Vortrag ganz verunsichert, weil Sie immer gelacht haben.*

16 *Ich würde mich freuen, wenn ich einmal in der Woche ein bisschen länger liegen bleiben könnte und nicht das Frühstück machen müsste.*

17 *Es hat mich geärgert, dass Sie das weitererzählt haben.*

18 *Ich sehe, es fällt Ihnen schwer, sich zu konzentrieren. Was ist los?*

Aufgaben

1. Stellen Sie sich vor, Sie sind der Empfänger dieser Aussagen. Formulieren Sie schriftlich und spontan jeweils eine Antwort. Vergleichen Sie Ihre Antworten.
2. In welche zwei Gruppen kann man die obigen Aussagen einordnen? Worin unterscheiden sich die jeweiligen Antworten?

Ich-Botschaften statt Du-Botschaften

In hitzigen Gesprächen oder im Streit reden wir häufig mit Verallgemeinerungen und mit sogenannten Du-Botschaften, d.h. wir reden über den Anderen und nicht über uns. Zum Beispiel: „Du bist ein Lügner!"
Kritisierende Du-Botschaften werden vom Anderen oft als Herabsetzung, Ablehnung oder Angriff empfunden und reizen nicht selten zum Gegenangriff. Du-Botschaften sagen nichts oder nur Ungenaues über die dahinter stehenden Probleme des Absenders, da sie nur Aussagen über den Empfänger machen.
Für ein konstruktives Konfliktgespräch ist es daher oft nützlich, wenn sich die Konfliktparteien auf einen konkreten Sachverhalt beziehen und Ich-Botschaften senden. In einer echten Ich-Botschaft spreche ich von mir, indem ich mein Gefühl ausdrücke und meine Bedürfnisse benenne. Zum Beispiel: „Ich bin enttäuscht darüber, dass du dein Versprechen nicht eingehalten hast."
Doch Vorsicht: Nicht jeder Satz, der mit „Ich" beginnt, ist schon eine Ich-Botschaft. „Ich finde, Sie sollten besser zuhören" ist lediglich eine verkappte Du-Botschaft!

!!!
Jetzt nochmal als Ich-Botschaft!

Eine Ich-Botschaft besteht aus drei Komponenten

- **Exakte Verhaltens- oder Situationsbeschreibung**
  Sie beschreiben das auslösende Verhalten, ohne es zu bewerten. (Mir fällt auf, dass Sie in dieser Woche bereits zweimal zu spät gekommen sind.)
- **Gefühle offenbaren:** Sie sagen, welche Gefühle dieses Verhalten bei Ihnen auslöst. (Darüber ärgere ich mich sehr.)
- **Auswirkungen:** Sie nennen die möglichen Konsequenzen. (... weil wir dann Ihre Arbeit mitmachen müssen.)

Ich-Botschaften kann man lernen

Mit der Ich-Botschaft machen Sie Aussagen über Ihre eigenen Ziele, Bedürfnisse und Emotionen und zeigen Ihrem Gesprächspartner die Konsequenzen bestimmter Verhaltensweisen auf. Damit begegnen Sie ihm auf Augenhöhe, ohne den Anspruch, Ihre Sichtweise durchzusetzen. Die Kommunikation verläuft offen, ehrlich und direkt, aber Sie greifen Ihren Gesprächspartner nicht an. Die Voraussetzungen für ein positives Konfliktgespräch sind somit günstig.
Wenn Sie anfangs versuchen, vollständige dreiteilige Ich-Botschaften zu senden, wird Ihnen das vielleicht umständlich oder gekünstelt vorkommen. Mit zunehmender Übung aber werden Ihre Ich-Botschaften immer natürlicher und Sie werden auf die bewusste Kontrolle Ihrer Sprache mehr und mehr verzichten können.

Aufgaben

1. Einigen Sie sich in Zweiergruppen auf Beispielkonflikte und senden Sie abwechselnd dreiteilige Ich-Botschaften.
2. Wandeln Sie die folgenden Du-Botschaften in Ich-Botschaften um:

   A Du bist ja so was von treulos und rücksichtslos. Immer baggerst du andere an. Das ist abscheulich!

   B Ihre ständige laute Musik zu nachtschlafender Zeit ist eine Unverschämtheit! Das ist asozial und rücksichtslos. Halten Sie sich an die Hausordnung oder suchen Sie sich eine andere Wohnung!

   C Du sitzt tagelang nur am Computer. Für mich interessierst du dich überhaupt nicht.

Basics

Konflikt

Von einem Konflikt spricht man, wenn zwei miteinander unvereinbare Interessen aufeinandertreffen, die nicht beide gleichzeitig durchgesetzt werden können.

Konfliktarten

- **Intrapersonale Konflikte**
  Diese spielen sich innerlich in einer Person ab. Man kämpft mit sich selbst um eine Entscheidung.
- **Interpersonale Konflikte**
  Wenn zwei oder mehrere Personen verschiedene Interessen verfolgen und diese nicht koordinieren können, spricht man von interpersonalen Konflikten.
- **Konflikte mit oder zwischen Gruppen**
  In diese Kategorie fallen auch Konflikte zwischen Einzelnen und einer Gruppe sowie Konflikte in oder zwischen Völkern und Staaten.

Stufen der Konfliktentwicklung

Stufe 1: Existenz verschiedener Interessen
Stufe 2: Negative Emotionen
Stufe 3: Verbündete werden gesucht
Stufe 4: Sanktionen werden angedroht
Stufe 5: Offener Kampf

Mobbing

Aus einem Konflikt wird Mobbing, wenn jemand – zumeist in der Schule oder am Arbeitsplatz, aber auch in anderen Organisationen oder im Internet (Cyber-Mobbing) – häufig und über einen längeren Zeitraum hinweg geärgert, schikaniert, gedemütigt oder seelisch verletzt wird.
Mobbing erfolgt meist zwischen Mitarbeitern gleicher hierarchischer Ebene, aber auch von Vorgesetzten gegen ihre Mitarbeiter (Bossing) und umgekehrt.

Die „vier Seiten einer Nachricht"

Nach dem Psychologen und Kommunikationsforscher Friedemann Schulz von Thun hat jede Nachricht vier Seiten oder Ebenen.

- **Sachinformation**
  Diese beinhaltet die reinen sachlichen Informationen einer Nachricht.
- **Selbstoffenbarung**
  Der Sender vermittelt immer auch – bewusst oder unbewusst – etwas über sein Selbstverständnis, seine Motive, Werte, Emotionen etc.
- **Beziehungsebene**
  Es wird ausgedrückt bzw. aufgenommen, wie der Sender zum Empfänger steht und was er von ihm hält.
- **Appell**
  Dieser beinhaltet einen Wunsch oder eine Handlungsaufforderung.

Metakommunikation

Als Metakommunikation bezeichnet man die Kommunikation über die Kommunikation.

Die drei Komponenten einer Ich-Botschaft

- Exakte Verhaltens- oder Situationsbeschreibung
- Gefühle offenbaren
- Auswirkungen nennen

Kapitel 7

Gewalt

1. Welche Formen der Gewalt können Sie auf dem Foto erkennen?
2. Ergänzen Sie schriftlich in Einzelarbeit die folgenden Satzanfänge und diskutieren Sie anschließend Ihre Ergebnisse im Plenum.

Aufgaben

Zur Diskussion

A Gewalt ist für mich, wenn ...
B Gewalt erkenne ich daran, dass ...
C Menschen wenden Gewalt an, weil ...
D Menschen werden Opfer von Gewalt, weil ...
E Gewalt hat viele Gesichter, nämlich ...
F Gewalt bedeutet für das Opfer, dass ...

Gewalt: Was ist das?

Fallbeispiele

1. Murat wird von mehreren Jugendlichen schwer verprügelt. Pascal nimmt dies mit dem Handy auf und versendet den Film an seine Freunde.
2. Auf einer Internetplattform schreibt Eva, dass Dieter schwul sei und gründet eine Gruppe „Nie wieder schwuler Dieter“.
3. Patrick sagt zu Jens, dass dessen Mutter eine Schlampe sei und auf den Strich gehe. Darauf schlägt Jens Patrick zwei Zähne aus.
4. An der Wand am Spielplatz ist in farbiger Schrift gesprayt: „Kanaken raus!“
5. Serkan und seine Frau Chantal wohnen im 5. Stock eines Hochhauses. Serkan will nicht, dass Chantal in die Disco geht. Es kommt zu einem Streit. Serkan schließt Chantal ein und verlässt mit dem Schlüssel das Haus.
6. Gamze kommt mit sich selbst nicht zurecht. Immer häufiger ritzt sie sich mit einer Rasierklinge in die Arme.
7. Toni ist wieder einmal betrunken. Als er nach Hause kommt, will er mit seiner Frau schlafen. Als diese nicht will, packt er sie, wirft sie aufs Bett und schreit: „Du bist meine Frau und hast deine ehelichen Pflichten zu erfüllen!“
8. Der zweijährige Paul nimmt einem anderen Kind das Spielzeugauto weg.
9. Leon kommt nicht darüber hinweg, dass seine Freundin sich von ihm getrennt hat. Immer wieder verfolgt er sie, ruft sie zu jeder Tages- und Nachtzeit an und schreibt ihr bittende und drohende SMS oder E-Mails.
10. Sven stößt aus Versehen Lenas Mäppchen vom Tisch. Lena fährt Sven an: „Pass doch auf, du Arschloch.“
11. Um zu verhindern, dass Afghanistan eine Atombombe baut, fliegen US-Bomber einen Angriff und zerstören wichtige Industrieanlagen. Dabei kommen auch hunderte Zivilisten zu Tode.
12. Auf dem Nachhauseweg zerkratzt Daniel mit einem Schlüssel 15 Autos.
13. Im Gedränge vor dem Verkaufsstand greift Michael Hanna wie zufällig an den Po.
14. Die Neuntklässler Felix und Daniel verlangen von Erol aus der 6. Klasse, dass er ihnen am nächsten Tag 10 Euro mitbringt. Ansonsten werden sie ihn verprügeln.
15. Annika wurde an ihrem Arbeitsplatz zwei Jahre lang gemobbt, Nun hat sie gekündigt. Sie ist seelisch am Ende und unterzieht sich einer Therapie.
16. Tina (17 J.) ist alleinerziehende Mutter. Sie ist mit dem ständig schreienden Baby überfordert und lässt es oft tagelang allein. Als sie wieder einmal nach Hause kommt, ist das Kind verhungert.
17. Betty wird häufig von Antonio gehänselt. Sie verlangt von ihm, dass er damit aufhört. Da zeigt ihr Antonio den Mittelfinger.
18. Die Lehrerin hatte sich schon oft über Robin geärgert. Nun lässt sie ihn an der Tafel rechnen, obwohl sie weiß, dass Robin die Aufgabe nicht kann. Robin blamiert sich vor der ganzen Klasse.
19. Tobias und seine Freunde brechen nachts mit einem Stemmeisen einen Kiosk auf und klauen Zigaretten.
20. Tim hat Julian heimlich auf der Toilette gefilmt und stellt den Film nun ins Internet.

Aufgaben

1. a) Entscheiden Sie, in welchen Fällen Ihrer Ansicht nach Gewalt angewendet wird.
   b) Beschreiben Sie, worin jeweils die Gewaltanwendung besteht.
2. Bewerten Sie die einzelnen Gewaltanwendungen auf einer Skala von 1 - 10 (1 = nicht so schlimm / 10 = sehr schlimm). Begründen Sie Ihre Bewertung.

Definition

■ **Gewalt** Der Friedensforscher Johan Galtung unterscheidet zwischen **personaler**, **struktureller** und **kultureller** Gewalt. Den engen Zusammenhang zwischen diesen drei Gewaltformen beschreibt er mit einem Dreieck der Gewalt, das sich selbst stabilisiert, da gewalttätige Kulturen und Strukturen direkte Gewalt hervorbringen und reproduzieren.

personal

Personale Gewalt:

Darunter versteht man die beabsichtigte physische (körperliche) oder psychische (seelische) Schädigung von Menschen, Sachen oder Lebewesen.

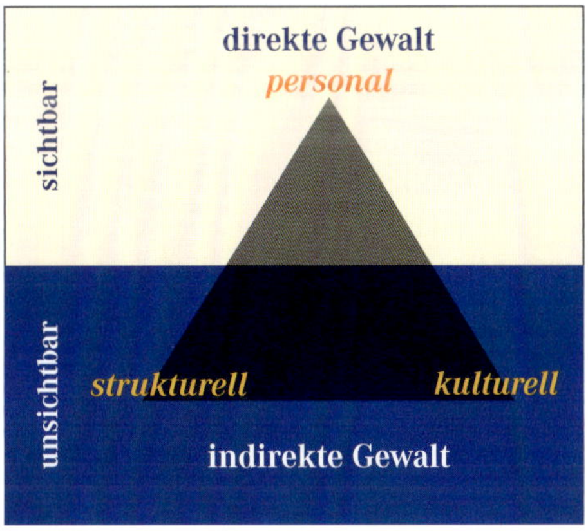
direkte Gewalt
personal
sichtbar
unsichtbar
strukturell
kulturell
indirekte Gewalt

strukturell

Strukturelle Gewalt:

Die Strukturen einer Gesellschaft führen zu Ungerechtigkeit und erzeugen dadurch Gewalt, was sich z.B. in Hunger, Armut, Ungleichstellung der Frau, Kinderarbeit oder Prostitution zeigen kann.

kulturell

Kulturelle Gewalt:

Darunter wird jede Eigenschaft einer Kultur bezeichnet, mit deren Hilfe direkte oder strukturelle Gewalt legitimiert wird. Diese Form der Gewalt tötet nicht oder macht niemanden zum Krüppel, aber sie trägt zur ideologischen und kognitiven Rechtfertigung bei. Die nationalsozialistische Ideologie von der rassischen Vorherrschaft der Arier, dem „Herrenvolk" ist ein solches Beispiel für kulturelle Gewalt.

Formen der Gewalt

- Physische Gewalt
- Psychische Gewalt
- Verbale Gewalt
- Gewalt gegen sich selbst
- Gewalt gegen Sachen
- Sexuelle Gewalt
- Fremdenfeindliche Gewalt
- Häusliche Gewalt
- Cyberbullying
- Happy Slapping
- Stalking

Aufgaben

1. Erklären Sie den Gewaltbegriff nach Johan Galtung anhand von Beispielen.
2. Definieren Sie die genannten Formen der Gewalt und ordnen Sie diesen die einzelnen Fallbeispiele auf der linken Seite zu.
3. Welche Formen der Gewalt können Sie auf dem Foto erkennen?

Gewalt – wie kommt's dazu?

Fallbeispiel

Neulich in der Berufschulklasse 3a/12

Die Klasse 3a/12 der örtlichen Berufsschule ist wie vor den Kopf gestoßen. Eben war ihr Mitschüler Leon S. (18 J., 2. Ausbildungsjahr als Fliesenleger) von zwei Kriminalbeamten mitten aus dem Unterricht heraus verhaftet worden. Und blitzschnell hat es sich herumgesprochen: Leon war einer der drei Jugendlichen, die am letzten Wochenende einen Obdachlosen in seinem Gartenhäuschen überfallen, misshandelt und dann totgeschlagen hatten.

An Unterricht war nicht mehr zu denken. Ausgerechnet der Leon! Das hätte man nicht vermutet, oder doch? „Diese Typen, mit denen Leon seit einem halben Jahr herumhängt, die sind schuld. Die haben schon einige Dinger gedreht, die fand Leon total cool und denen wollte er imponieren", sagt Svenja. „Was heißt, die sind schuld? Es hat ihn doch niemand gezwungen, bei denen mitzumachen", erwidert Robin. „Aber er hat ja niemand anderen gehabt", wirft Pascal ein, „ich glaube, sein ganzer Frust kommt daher, dass er immer bei den Frauen abgeblitzt ist. Er hat doch noch nie eine Freundin gehabt." „Das ist auch kein Wunder, wenn er immer nur vorm Computer sitzt und mit seinen idiotischen Killerspielen rumzockt, und es ist doch klar, dass man das dann auch mal live ausprobieren will", meint Angelique. „Auf der anderen Seite hat der arme Kerl ja aber auch nichts anderes kennen gelernt", fügt Daniele hinzu, der in Leons Nachbarschaft wohnt. „Sein Alter verprügelt mehrmals in der Woche seine Frau, und der Nasenbeinbruch von Leon, wo wird der schon hergekommen sein ..." „Ich glaube, den letzten Rest hat ihm gegeben, als er letzte Woche erfahren hat, dass sein Betrieb ihn wegen seiner vielen Fehltage rausschmeißen will", ergänzt Mohamud. „Ach, das ist doch alles Müll", regt sich Christian auf, „ich habe ähnlichen Stress zu Hause, werde mit Sicherheit nach der Prüfung nicht übernommen und zocke auch oft rum. Aber muss ich deswegen dann gleich einen unschuldigen armen alten Mann tot schlagen? Hoffentlich sperren sie den Idioten für immer weg!"

Aufgaben

1. Nennen und bewerten Sie die von den Schülern aufgeführten Gründe, warum Leon gewalttätig wurde.
2. Finden Sie noch weitere Gründe, warum Menschen gewalttätig werden.
3. Nehmen Sie Stellung zu der Theorie, dass Killerspiele bzw. Gewalt in den Medien beim Spieler oder Zuschauer gewalttätiges Verhalten hervorrufen.
4. Stimmen Sie der abschließenden Äußerung Christians zu?

Screenshot eines Killerspiels

Drei Theorien, warum Menschen aggressiv und gewalttätig sind

Triebtheorie

angeboren

Die Triebtheorie geht davon aus, dass der Mensch einen angeborenen Aggressivitätstrieb besitzt. Es liegt nach dieser Theorie in der Natur des Menschen, über andere zu herrschen und Macht auszuüben – mit allen Mitteln.

Frustrationstheorie

aus Frust

Wenn ein Mensch sich mit seinen Bedürfnissen zu wenig oder gar nicht beachtet fühlt und wenn seine Wünsche nicht erfüllt werden, kommt es zu Frustrationen, d.h. zu massiven Enttäuschungen. Diese Enttäuschungen entladen sich häufig in explosionsartiger Aggressivität und Gewalt.

Lerntheorie

gelernt

Die Lerntheorie geht davon aus, dass ein Kind aggressive und gewalttätige Handlungen in seiner Umgebung wahrnimmt und nachahmt. Stellt sich dann auch noch der gewünschte „Erfolg“ ein, nämlich mit aggressivem und gewalttätigem Verhalten sein Ziel schneller zu erreichen, hat das Kind durch Erfahrung gelernt.

Aufgaben

Zur Diskussion

1. Diskutieren Sie diese drei Theorien. Welche überzeugen Sie am meisten? Begründen Sie Ihre Meinung.
2. Entwickeln Sie zu jeder Theorie Möglichkeiten, um gewalttätiges Verhalten zu verhindern.

Wann wird ein Jugendlicher zum Gewalttäter?

belastende Faktoren

Nach verschiedenen Untersuchungen erhöht sich das Risiko der Entstehung von Jugendgewalt dramatisch, wenn zwei oder noch mehr der folgenden belastenden Bedingungen zusammentreffen:

- Erfahrung von Gewalt in der Familie
- große soziale Benachteiligung der Familie
- schlechte Zukunftschancen der Jugendlichen selbst
- keine richtige oder zu wenig Erziehung durch die Eltern
- zeitlich ausgedehnte Nutzung von Medien, vor allem dann, wenn diese gewaltsame Verhaltensweisen zeigen.

↗ Wie entwickelt sich das Gewissen?, S. 20f.

Aufgaben

3. Was halten Sie von dem Ergebnis dieser Untersuchungen?
4. Kennen Sie jemanden aus Ihrem Bekanntenkreis, der aufgrund dieser Bedingungen gefährdet ist, zum Gewalttäter zu werden?
5. Was könnte man, d.h. Sie und die Gesellschaft, tun, um zu verhindern, dass jemand aufgrund dieser Bedingungen zum Gewalttäter wird?

Auf Gewalt verzichten!

Fallbeispiel

↗ Kommunikationskonflikte, S. 70f.

Nicht alles gefallen lassen

Wir wohnten im dritten Stock mitten in der Stadt und hatten uns nie etwas zuschulden kommen lassen, auch mit den Dörflers von gegenüber verband uns eine jahrelange Freundschaft, bis die Frau unsere Bratpfanne auslieh und nicht zurückbrachte. Meine Mutter ärgerte das sehr und sie sagte auf der Treppe zu Frau Muschg, die im vierten Stock wohnte, Frau Dörfler sei eine Schlampe. Irgendwer muss das den Dörflers erzählt haben, denn am nächsten Tag überfielen Klaus und Achim unseren Jüngsten, den Hans, und prügelten ihn windelweich. Ich stand gerade in der Haustür, als Hans ankam und heulte. In diesem Moment trat Frau Dörfler drüben aus der Haustür, ich lief über die Straße, packte ihre Einkaufstasche und stülpte sie ihr über den Kopf. Sie schrie aufgeregt um Hilfe, als sei sonst was los, dabei schnitten ihr nur die Glasscherben ein bisschen in den Kopf, weil sie ein paar Milchflaschen in der Tasche gehabt hatte. Vielleicht wäre die Sache noch gut ausgegangen, wenn da nicht gerade Herr Dörfler mit dem Wagen angefahren gekommen wäre. Ich zog mich sofort zurück, doch Elli, meine Schwester, die mittags immer zum Essen heimkommt, fiel Herrn Dörfler in die Hände. Zunächst fuhr er sie mit dem Auto an, dann stieg er aus, schlug ihr ins Gesicht und zerriss dabei ihren Rock. Das Geschrei lockte meine Mutter ans Fenster, die sofort begann, mit Blumentöpfen nach Herrn Dörfler zu werfen. Von da an herrschte erbitterte Feindschaft zwischen den Familien.

Am nächsten Tag schossen die Dörflers mit einem Luftgewehr herüber, ich schoss mit einer Kleinkaliberbüchse zurück. An diesem Abend ging unser Volkswagen unten im Hof in die Luft. Selbst wenn wir gewollt hätten, konnten wir nun nicht mehr zurück, verfolgte doch die gesamte Nachbarschaft gebannt den Fortgang des Streits. Am nächsten Morgen wurde die Straße durch ein mörderisches Geschrei geweckt. Wir lachten uns halbtot: Herr Dörfler, der als erster das Haus verließ, war in eine tiefe Grube gefallen, die sich vor der Haustür erstreckte. Er zappelte ganz schön in dem Stacheldraht, den wir gezogen hatten, nur mit dem linken Bein zappelte er nicht, das hielt er fein still, das hatte er sich nämlich gebrochen. Bei alledem konnte der Mann noch von Glück sagen – denn für den Fall, dass er die Grube bemerkt und umgangen hätte, war der Zünder einer Plastikbombe mit dem Anlasser seines Autos verbunden. Damit ging kurze Zeit später Achim, der älteste Sohn Dörflers hoch, der den Arzt holen wollte.

Es ist bekannt, dass die Dörflers leicht übel nehmen. So gegen 10 Uhr begannen sie unsere Hausfront mit einer Panzerfaust zu beschießen. Als zwei Granaten in unserer guten Stube explodierten, robbten wir auf den Dachboden hoch und rissen die Tarnung von der Atomkanone. Es lief alles wie am Schnürchen. Mutter kniff als Richtkanonier das rechte Auge fachmännisch zusammen. Als wir das Rohr genau auf Dörflers Küche eingestellt hatten, sah ich drüben gegenüber ein gleiches Rohr blinzeln, das hatte freilich keine Chance mehr. Elli, unsere Schwester, die den Verlust ihres Rockes nicht verschmerzen konnte, hatte zornroten Gesichts das Kommando „Feuer“ erteilt. Mit einem unvergleichlichen Fauchen verließ die Atomgranate das Rohr, zugleich fauchte es auch auf der Gegenseite. Die beiden Geschosse trafen sich genau in der Straßenmitte.

Natürlich sind wir nun alle tot, die Straße ist hin, und wo unsere Stadt früher stand, breitet sich jetzt ein graubrauner Fleck aus.

Aber eins muss man sagen, wir haben das Unsere getan, schließlich kann man sich nicht alles gefallen lassen.

Gerhard Zwerenz

Aufgaben

1. Beschreiben Sie die Eskalation der Gewalt an konkreten Beispielen.
2. An welcher Stelle und auf welche Weise hätte der Konflikt beigelegt werden können?

Jesus sagt in der Bergpredigt:

„Ihr habt gehört, dass gesagt worden ist: ‚Auge um Auge, Zahn um Zahn.' Ich aber sage euch, dass ihr euch dem Bösen nicht widersetzen sollt, sondern: wenn dich jemand auf deine rechte Backe schlägt, dann halte die andere auch hin." (Matthäus 5,38.39)

↗ Kap. Jesus Christus

„Ihr habt gehört, dass gesagt worden ist: Liebt eure Freunde und hasst eure Feinde! Ich aber sage euch: Liebt eure Feinde und betet für alle, die euch hassen und verfolgen! Auf diese Weise handelt ihr nämlich als Kinder eures Vaters im Himmel." (Matthäus 5,43-45)

↗ Vier Bedeutungen von Liebe, S. 31

Jesus stellte keine Forderungen, die er nicht selbst erfüllte. Das zeigt sein Verhalten bei seiner Gefangennahme. Als Petrus sein Schwert zieht, um Jesus zu verteidigen, sagt Jesus zu ihm: „Steck dein Schwert weg! Wer Gewalt anwendet, wird durch Gewalt umkommen." (Matthäus 26,52)

↗ Christliche Normen, S. 129

Aufgaben

1. Geben Sie die Aussagen Jesu über Gewalt und Gegengewalt in Ihren eigenen Worten wieder.
2. Gibt es Beispiele, die diese Auffassung belegen oder widerlegen?
3. Wie würde sich die Situation in „Nicht alles gefallen lassen" verändern, wenn sich eine der Konfliktparteien an die Weisungen der Bergpredigt halten würde?
4. Diskutieren Sie, ob diese Forderungen Jesu im täglichen Leben umsetzbar sind. Begründen Sie Ihre Meinung.

Zur Diskussion

Martin Luther interpretiert die Aussagen Jesu

Nächstenliebe vor Gewaltlosigkeit

Martin Luther: „Für einen Christen persönlich gilt die Forderung der Bergpredigt nach Gewaltverzicht. Aber jeder Christ ist auch für andere verantwortlich. Die Nächstenliebe kann es erfordern, sich gegen Böses zur Wehr zu setzen und selber Gewalt mit Gewalt abzuwehren."

Aufgaben

5. Beschreiben Sie die Handlung der Bildergeschichte von e. o. plauen.
6. In welcher Situation setzt sich der Vater zur Wehr?
7. Geben Sie die Position Luthers mit eigenen Worten wieder und zeigen Sie den Zusammenhang mit der Bildergeschichte auf.

Fallbeispiel

Liebe deine Feinde! – Eine unmögliche Norm?

KLOPF
KLOPF
IST HIER DAS ZANK-IN?
WAS GEHT'S DICH AN?!
HIER IST ES....

Eines Nachmittags fuhr mein alter Freund Terry Dobson in einem Vorortzug von Tokio nach Hause, als ein massiger kampfeslüsterner, stark betrunkener Arbeiter einstieg. Der torkelnde Mann begann, die Fahrgäste einzuschüchtern. Schimpfend und fluchend schlug er nach einer Frau, die ein Baby auf dem Arm trug, sodass sie auf dem Schoß eines älteren Ehepaares landete, das daraufhin aufsprang und ans Ende des Wagens flüchtete. Als der Betrunkene noch nach weiteren Fahrgästen schlug, die er in seiner Wut verfehlte, packte er unter wüstem Gebrüll die Metallstange in der Mitte des Wagens und versuchte, sie aus der Verankerung zu reißen.

An diesem Punkt glaubte Terry, der durch tägliche achtstündige Aikido-Übungen (japan. Kampfkunst) in bester körperlicher Verfassung war, eingreifen zu müssen, damit niemand ernstlich verletzt würde. Er erinnerte sich aber an die Worte seines Lehrers: „Aikido ist die Kunst der Versöhnung. Wenn du versuchst, Menschen zu beherrschen, wirst du immer verlieren. Wir lernen, wie man einen Konflikt löst, nicht, wie man ihn eröffnet."

Terry hatte sich sogar verpflichtet, seine Kenntnisse in der Kampfkunst nur zur Verteidigung einzusetzen. Jetzt sah er seine Chance gekommen. [...] Also stand er auf, langsam und bedächtig, während die übrigen Fahrgäste wie erstarrt auf ihren Sitzen saßen. Als der Betrunkene ihn erblickte, brüllte er: „Oh, ein Ausländer! Dir werd' ich japanische Manieren beibringen!" Doch als der Betrunkene gerade im Begriff war, über ihn herzufallen, stieß jemand einen ohrenbetäubenden, merkwürdig fröhlichen Schrei aus: „Heh!" Der Schrei klang so vergnügt, als habe jemand plötzlich einen lieben Freund entdeckt. Erstaunt drehte der Betrunkene sich um und erblickte ein kleines japanisches Männlein, das in den Siebzigern sein mochte und in einem Kimono dasaß. Der alte Mann strahlte den Betrunkenen erfreut an und winkte ihn mit einer leichten Handbewegung und einem flotten „Komm her" zu sich. Der Betrunkene setzte sich mit staksigen Schritten in Bewegung, wobei er wütend knurrte: „Wieso sollte ich mit dir reden, verdammt noch mal?" Terry stand unterdessen bereit, den Betrunkenen bei der geringsten gewalttätigen Regung niederzustrecken. „Was hast du getrunken?" fragte der alte Mann und strahlte den betrunkenen Arbeiter an. „Ich hab' Sake getrunken, und das geht dich einen Dreck an", brüllte der Betrunkene. „Oh, das ist wunderbar, absolut wunderbar", erwiderte der alte Mann mit freundlicher Stimme. „Weißt du, ich liebe auch Sake. Meine Frau und ich wärmen uns jeden Abend ein Fläschchen Sake und nehmen es mit in den Garten, und wir setzen uns auf eine alte Holzbank ...", und er erzählte weiter von dem Dattelpflaumenbaum in seinem Hof, den Schätzen seines Gartens und wie er abends den Sake genoss. Das Gesicht des Betrunkenen wurde allmählich sanfter, während er dem alten Mann lauschte; seine Fäuste öffneten sich. „Tja ... ich liebe auch Dattelpflaumen ..." sagte er, und seine Stimme verlor sich. „Ja", sagte der alte Mann munter, „und du hast sicher eine wunderbare Frau." „Nein", sagte der Arbeiter, „meine Frau ist gestorben ..." und begann schluchzend die traurige Geschichte zu erzählen, wie er seine Frau, sein Haus und seine Arbeit verloren hatte und dass er sich schäme.

In diesem Augenblick fuhr der Zug in den Bahnhof ein, wo Terry aussteigen musste, und während er zur Tür ging, hörte er noch, wie der alte Mann den Betrunkenen einlud, mit ihm zu kommen und ihm alles zu erzählen, und als er sich umdrehte, sah er noch, wie der Betrunkene sich auf dem Sitz ausstreckte, den Kopf auf dem Schoß des alten Mannes.

Daniel Goleman

Aufgaben

Zur Diskussion

1. Analysieren Sie die dargestellte Situation. Wie gelang es dem alten Mann die Situation zu entschärfen?
2. Diskutieren Sie: Inwieweit ist dieses Konfliktschlichtungsmodell auf andere Situationen übertragbar?

Hinweise zum Umgang mit direkter Gewalt

Wie verhalte ich mich in Bedrohungssituationen? Wie kann ich mir und anderen helfen? Wie kann ich Konflikte entschärfen oder vermeiden?

SNOOPY, GEH NICHT ZU LUZIE...SIE MACHT EIN ZANK-IN!
SCHMATZ
SO KNACKT MAN EIN ZANK-IN!

1. Vorbereiten

Bereiten Sie sich auf mögliche Bedrohungssituationen innerlich vor. Spielen Sie Situationen für sich alleine und im Gespräch mit anderen durch. Im Fall der Fälle hilft es, auf Eingeübtes zurückzugreifen. Denn Sie müssen dann schnell reagieren. Sie lernen sich selbst einzuschätzen und Sie lernen Ihre Grenzen in Konfliktsituationen kennen.

2. Ruhe bewahren

Vermeiden Sie Panik und Hektik. Nur wenn sie „innere Ruhe“ besitzen, sind Sie in der Lage, einen Konflikt zu entschärfen. Tragen Sie diese Ruhe nach außen, machen Sie keine hastigen Bewegungen, reden Sie ruhig.

3. Aktiv werden

Wichtig: Lassen Sie sich nicht von der Angst lähmen. Eine Kleinigkeit tun ist oft besser als über große Heldentaten nachdenken. Sollten Sie Zeuge von Gewalt sein, zeigen Sie, dass es Ihnen nicht gleichgültig ist, was passiert. Ein einziger kleiner Schritt, ein kurzes Ansprechen, jede Handlung verändert die Situation und kann andere dazu bewegen einzugreifen.

4. Nicht in die Opferrolle gehen

Wenn Sie angegriffen werden, flehen Sie nicht und verhalten Sie sich nicht unterwürfig. Der Täter fühlt sich sonst als Herr der Situation bestätigt. Handeln Sie offensiv, bevor Sie in die Defensive genötigt werden.

5. Kontakt zum Angreifenden halten

Sagen Sie etwas – sprechen Sie den Angreifenden an. Hören Sie zu, was der Angreifende sagt. Sie können daraus ihre nächsten Schritte ableiten. Halten Sie Blickkontakt - das wirkt selbstsicher und Sie können Reaktionen erkennen.

6. Nicht drohen oder beleidigen

Machen Sie keine geringschätzige Äußerung über den Angreifer. Kritisieren Sie sein Verhalten, aber werten Sie ihn nicht persönlich ab.

7. Hilfe holen

Sprechen sie nicht eine anonyme Masse an, sondern einzelne Personen, und zwar laut und deutlich. Viele sind bereit zu helfen, wenn jemand anderes den ersten Schritt tut und persönlich angesprochen wird.

8. Körperkontakt vermeiden

Fassen Sie den Angreifer nicht an, wenn Sie jemandem zu Hilfe kommen. Es sei denn, Sie sind in der Überzahl und können ihn ohne weiteres festhalten. Körperkontakt ist eine Grenzüberschreitung und führt zu neuen Aggressionen. Nehmen Sie besser Kontakt zum Opfer auf.

9. Risiken abwägen

Holen Sie schnell Hilfe herbei, wenn direktes Eingreifen nicht möglich ist oder Sie sich nicht in der Lage dazu sehen. Helfen können die Polizei, Nachbarn oder Passanten. So tragen Sie zur Aufklärung der Tat bei.

Aufgaben

1. Benennen Sie Chancen und Grenzen dieser Vorschläge.
2. Untersuchen Sie die auf Seite 75 dargestellte Gewaltsituation vor dem Hintergrund dieser Hinweise:
   a) Nennen Sie Handlungsalternativen für das Opfer.
   b) Stellen Sie sich vor, Sie kommen dazu: Wie könnten Sie dem Opfer helfen?
3. Beschreiben Sie die „Strategie“ Snoopys in der Bildergeschichte.

Basics

Der Gewaltbegriff nach Johan Galtung

- **Personale Gewalt**: Darunter versteht man die beabsichtigte physische (körperliche) oder psychische (seelische) Schädigung von Menschen, Sachen oder Lebewesen.
- **Strukturelle Gewalt**: Die Strukturen einer Gesellschaft führen zu Ungerechtigkeit und erzeugen dadurch Gewalt.
- **Kulturelle Gewalt**: Darunter wird jede Eigenschaft einer Kultur bezeichnet, mit deren Hilfe direkte oder strukturelle Gewalt legitimiert wird, z.B. Rassismus.

Drei Theorien, warum Menschen gewalttätig sind

- **Triebtheorie:** Die Triebtheorie geht davon aus, dass der Mensch einen angeborenen Aggressivitätstrieb besitzt. Es liegt nach dieser Theorie in der Natur des Menschen, über andere zu herrschen und Macht auszuüben - mit allen Mitteln.
- **Frustrationstheorie:** Wenn ein Mensch sich mit seinen Bedürfnissen zu wenig oder gar nicht beachtet fühlt und wenn seine Wünsche nicht erfüllt werden, kommt es zu Frustrationen, d.h. zu massiven Enttäuschungen. Diese Enttäuschungen entladen sich häufig in explosionsartiger Aggressivität und Gewalt.
- **Lerntheorie:** Die Lerntheorie geht davon aus, dass ein Kind aggressive und gewalttätige Handlungen in seiner Umgebung wahrnimmt und nachahmt. Stellt sich dann auch noch der gewünschte Erfolg ein, nämlich mit aggressivem und gewalttätigem Verhalten sein Ziel schneller zu erreichen, hat das Kind durch Erfahrung gelernt.

Wann wird ein Jugendlicher zum Gewalttäter?

Nach verschiedenen Untersuchungen erhöht sich das Risiko der Entstehung von Jugendgewalt dramatisch, wenn zwei oder noch mehr der folgenden belastenden Bedingungen zusammentreffen:

- Erfahrung von Gewalt in der Familie
- große soziale Benachteiligung der Familie
- schlechte Zukunftschancen der Jugendlichen selbst
- keine richtige oder zu wenig Erziehung durch die Eltern
- zeitlich ausgedehnte Nutzung von Medien, vor allem dann, wenn diese gewaltsame Verhaltensweisen zeigen.

Jesus

„Ihr habt gehört, dass gesagt worden ist: ‚Auge um Auge, Zahn um Zahn.‘ Ich aber sage euch, dass ihr euch dem Bösen nicht widersetzen sollt, sondern: wenn dich jemand auf deine rechte Backe schlägt, dann halte die andere auch hin.“ (Mt 5,38.39)

„Ihr habt gehört, dass gesagt worden ist: Liebt eure Freunde und hasst eure Feinde! Ich aber sage euch: Liebt eure Feinde und betet für alle, die euch hassen und verfolgen! Auf diese Weise handelt ihr nämlich als Kinder eures Vaters im Himmel.“ (Mt 5,43-45)

„Wer Gewalt anwendet, wird durch Gewalt umkommen.“ (Mt 26,52)

Martin Luther

„Für einen Christen persönlich gilt die Bergpredigt mit ihrer Forderung nach Gewaltverzicht. Aber jeder Christ ist auch für andere verantwortlich. Die Nächstenliebe kann es erfordern, sich gegen Böses zur Wehr zu setzen und selber Gewalt mit Gewalt abzuwehren.“

Kapitel 8

Arbeit

"KEINER MEINER KLASSENKAMERADEN HAT'S ZU WAS GEBRACHT – ALLE MÜSSEN ARBEITEN."

Aufgaben

1. a) Geben Sie die „Botschaft" des Cartoons mit eigenen Worten wieder.
   b) Äußern Sie Ihre Meinung dazu.
2. Versuchen Sie den Begriff „Arbeit" zu definieren.
3. Ordnen Sie den verschiedenen Arbeitsbegriffen die jeweilige Bedeutung zu:

Arbeit (Physik)	A	1	das Produkt einer Forschungstätigkeit
Arbeit (Philosophie)	B	2	einer der Produktionsfaktoren
Arbeit (BWL)	C	3	eine Leistungskontrolle in der Schule
Arbeit (Sozialwissenschaften)	D	4	eine Tätigkeit, mit welcher der menschliche Lebensunterhalt bestritten wird
Arbeit (Volkswirtschaftslehre)	E	5	das bewusste schöpferische Handeln des Menschen
Erwerbstätigkeit	F	6	Entgelt für Arbeiter (in Unterscheidung zum Gehalt des Angestellten)
Lohnarbeit	G	7	eine Komponente der Produkterzeugung
wissenschaftliche Arbeit	H	8	die Energiemenge, die bei einem Vorgang umgesetzt wird
Klassenarbeit	I	9	bezahlte Erwerbstätigkeit und unbezahlte Haus- und Familientätigkeit

Aufgaben

1. Der Fischer und der Tourist unterhalten sich. Spielen Sie mehrere Dialogmöglichkeiten in einem Rollenspiel an.

Arbeit – muss das sein?

In einem Hafen liegt ein ärmlich gekleideter Mann in einem Fischerboot und döst. Ein schick angezogener Tourist legt eben einen neuen Film in seinen Fotoapparat, um die Szene zu fotografieren: blauer Himmel, grüne See, schwarzes Boot, rote Fischermütze. Klick. Das Geräusch weckt den Fischer, der sich schläfrig aufrichtet und nach einer Zigarette sucht. „Sie werden heute einen guten Fang machen", sagt der Tourist. Der Fischer schüttelt den Kopf. „Wollen Sie heute nicht hinausfahren?" „Nein, ich war heute schon draußen." „War der Fang gut?" „ Er war sogar sehr gut. Fast zwei Dutzend Makrelen – da habe ich noch für morgen und übermorgen genug." Der Tourist schüttelt den Kopf. „Ich will mich ja nicht in ihre persönlichen Angelegenheiten mischen, aber stellen sie sich mal vor, Sie fahren ein zweites, ein drittes oder ein viertes Mal hinaus und fangen drei, vier oder zehn Dutzend Makrelen!" Der Fischer nickt. „Spätestens in einem Jahr könnten Sie sich einen Motor kaufen, dann vielleicht ein zweites Boot und in drei Jahren vielleicht einen Kutter. Sie könnten ein kleines Kühlhaus bauen, vielleicht eine Räucherei, später eine Marinadenfabrik, mit einem eigenen Hubschrauber herumfliegen, die Fischschwärme ausmachen und Ihren Kuttern mit Funk Anweisungen geben. Sie könnten ein Fischrestaurant eröffnen, Hummer nach Paris exportieren ..." Dem Touristen verschlägt es vor Begeisterung fast die Stimme. „Und dann ..." „Was dann?" fragt der Fischer. „Dann," sagt der Tourist, „könnten Sie beruhigt hier im Hafen sitzen, in der Sonne dösen – und auf das herrliche Meer blicken." „Aber genau das tue ich doch jetzt schon", antwortet der Fischer. „Ich sitze beruhigt hier am Hafen, döse in der Sonne – nur Ihr Klicken hat mich dabei gestört."

Heinrich Böll

Aufgaben

Zur Diskussion

1. Der Fischer und der Tourist haben unterschiedliche Einstellungen zur Arbeit. Beschreiben Sie diese beiden Positionen und diskutieren Sie jeweils die Vor- und Nachteile.
2. Leben wir, um zu arbeiten oder arbeiten wir, um zu leben? Äußern Sie Ihre Meinung zu dieser Frage.
3. Ordnen Sie die folgenden Begriffe und Aussagen jeweils dem Fischer oder dem Touristen zu und finden Sie jeweils zwei weitere Aussagen.

plant alles genau im Voraus | Ruhe | denkt auch an Arbeitstagen ans Ausspannen | Nervosität | schweigsam | Urlauber | denkt selbst im Urlaub ans Arbeiten | verhaltene Körpersprache | zufrieden mit dem, was er hat | schläfrig | redselig | will mehr, als er hat | arbeitet nur, um seinen Lebensunterhalt zu verdienen | schick angezogen | hat für Notzeiten zu wenig vorgeplant | Arbeiter | ärmlich gekleidet | voller Tatendrang | Arbeit ist ein wichtiger Teil seines Lebens | denkt nur wenige Tage voraus | kann vor lauter Arbeit das Leben nicht genießen

Fallbeispiele

A Es zeigt sich, dass die Mehrzahl der Lottomillionäre nach einer gewissen Zeit wieder beginnen zu arbeiten, obwohl sie dies aus finanziellen Gründen nicht mehr nötig hätten.

B Nach ihrer Ausbildung ist Meike als Friseurin sehr gefragt. Von Freunden und Bekannten bekommt sie Angebote, sonntags und montags gegen gute Bezahlung privat Haare zu schneiden.

C Kevin, gelernter Kfz-Mechaniker, ist arbeitslos geworden. Er bekommt jetzt Arbeitslosenunterstützung und hat viel Freizeit. Kevin ist mit seiner Situation eigentlich nicht unzufrieden.

D Herr Bogan arbeitet seit 14 Jahren als Arbeiter eines Industriebetriebes – drei Schichten im Wechsel, sieben Tage lang. Von Beruf ist er Maurer, aber da hatte er nicht genug verdient. In seiner Freizeit arbeitet er immer noch in seinem alten Beruf – nach Feierabend und in seinen Freischichten erstellt er für andere den Rohbau. Dabei verdient er nebenbei noch mal so viel wie an seiner Arbeitsstelle. Im Urlaub war er noch nie, aber seine Kinder sollen es einmal besser haben als er.

Aufgaben

Zur Diskussion

4. Lesen Sie die obigen Fallbeispiele durch und diskutieren Sie im Plenum folgende Fragen:
   a) Wie erklären Sie sich das Phänomen aus Beispiel A, dass Lottomillionäre nach einiger Zeit wieder beginnen zu arbeiten?
   b) Soll Meike auch in ihrer Freizeit für gutes Geld Haare schneiden (Beispiel B)? Was spricht dafür, was dagegen?
   c) Wie beurteilen Sie die Situation des arbeitslosen Kevin in Beispiel C?
   d) Inwieweit können Sie Herrn Bogans Einstellung in Beispiel D nachvollziehen?

Arbeiten – wenn, dann richtig!

Bis 40 ranklotzen und dann leben

Düsseldorf, 17. März 2001

Lieber Björn!

Leider konnte ich nicht zu unserem Klassentreffen kommen, aber Du weißt ja: Time is money! Seit unserem letzten Treffen geht es bei mir nur aufwärts. Ich habe mich als Versicherungsvertreter selbstständig gemacht und kann mich vor Abschlüssen kaum retten. Zwar arbeite ich ca. 14 Stunden am Tag, dafür rollt die Kohle. 5.000 Euro monatlich – netto natürlich – sind immer drin. Ich habe mir zu meiner Eigentumswohnung nun noch einen Porsche gekauft und überlege, ob ich nochmals in Immobilien investieren soll. Nächste Woche beziehe ich ein neues Büro, doppelt so groß wie das alte und mit zwei Sekretärinnen. Die Beziehung zu Lisa ist zur Zeit nicht so gut, sie fühlt sich vernachlässigt und überlegt sich, ob sie mit den Kindern auszieht – aber von nichts kommt halt nichts. Und für den ganzen Familienkram habe ich ja noch später Zeit.
Bis 40 ranklotzen und dann leben – das ist mein Motto.
Entschuldige die Kürze des Briefes, aber es gibt viel zu tun. Es wäre schön, Dich mal wieder zu sehen. Komm doch mal vorbei, aber rufe vorher an, damit ich einen Termin für Dich freihalten kann.

Bis bald, Rick

Lieber Björn!

Düsseldorf, 4. November 2008

Mir geht es im Augenblick sehr schlecht. Es ist wie ein Schlag ins Gesicht, wenn dir der Arzt sagt: Lungenkrebs – kaum Hoffnung, noch länger als ein halbes Jahr zu leben. Du merkst plötzlich, alles, was du dir aufgebaut hast, ist unwichtig und sinnlos. Was habe ich denn gehabt von meinem Leben? Nur Arbeit. Mein Leben ist rum. Ich habe alles verpfuscht. Wenn nur Lisa und die Kinder noch bei mir wären.
Ich würde gerne mit Dir reden. Es wäre schön, wenn Du Zeit hättest. Du weißt ja, dass ich von Gott und Kirche nie viel gehalten habe. Aber zur Zeit mache ich mir sehr viel Gedanken über dies alles. Wenn Geld und berufliche Karriere nicht das Wichtigste ist, was ist es dann? Was habe ich denn eigentlich falsch gemacht? Was hätte ich denn anders machen sollen? Vielleicht schlägt die Chemotherapie ja doch an, und ich bekomme noch einmal eine Chance.
Ich hoffe Dich bald zu sehen! Bring mir bitte einige Bücher mit, ich habe nun viel Zeit zu lesen. Kannst Du auch eine Bibel mitbringen? Die Zeit drängt, und ich will noch viel lernen.

Bis bald, Rick

↗ Seligpreisungen, S. 120f.

Aufgaben

1. Nennen Sie die Lebensziele Ricks und die Werte, die für ihn wichtig waren.
2. Warum äußert Rick in seinem zweiten Brief Zweifel an diesen Werten? Tragen Sie Werte zusammen, die in einer solchen Situation helfen können.
3. Rick verlangt nach einer Bibel. Welche Absichten und welche Hoffnungen könnte er damit verbinden?
4. Die Chemotherapie schlägt an. Die Metastasen breiten sich nicht weiter aus. Die Krankheit kann aber jederzeit wieder ausbrechen. Schreiben Sie einen dritten Brief, in dem Rick beschreibt, wie er seine Arbeit und sein Leben umgestalten will.
5. Lesen Sie in der Bibel das Gleichnis vom reichen Kornbauern (Lukas 12,16-21). Vergleichen Sie das Gleichnis mit der Situation von Rick. Wo gibt es Parallelen, wo Unterschiede?

↗ S. 131

Aufgaben

1. Sammeln Sie, was Sie über den Apple-Gründer Steve Jobs wissen.
2. Jobs starb 2011. Wenige Jahre zuvor erfuhr er, dass er unheilbar krank ist. Wie könnte dies sein Leben, seine Werte und seine Weltsicht verändert haben?

Der Mensch als Arbeiter in der Schöpfung Gottes

Arbeit ist ein bedeutender Teil des menschlichen Lebens. Der Mensch erhält mit seiner Schöpfung auch einen Arbeitsauftrag: „Gott der Herr nahm den Menschen und setzte ihn in den Garten Eden, dass er ihn bebaute und bewahrte“ (1. Mose 2,15).
Das heißt, zum Wesen des Menschen gehört eine sinnvolle Arbeit. Sinnvoll ist eine Arbeit, wenn sie die Schöpfung bebaut und bewahrt und sorgsam mit den Schöpfungsgütern, wie Tieren, Pflanzen, Rohstoffen und Energien umgeht.
Da der Mensch auch Teil der Schöpfung ist, muss Arbeit auch sorgsam mit den Menschen und mit ihren Beziehungen untereinander umgehen.

Aufgrund der biblischen Aussagen lässt sich Arbeit durch drei Merkmale kennzeichnen:

- 1. Arbeit ist gut für mich, indem sie mir hilft zu erkennen, was in mir steckt, und meine eigentliche Bestimmung zu erreichen.
- 2. Arbeit ist gut für die Schöpfung, indem sie Leben erhält und sorgsam mit den Tieren, Pflanzen und Rohstoffen umgeht.
- 3. Arbeit ist gut für die Gemeinschaft, indem sie anderen Menschen hilft, Beziehungen zwischen den Menschen fördert und Raum lässt für Familie und Freunde.

Aufgaben

Zur Diskussion

3. Menschliche Arbeit kann diese drei Merkmale für eine sinnvolle Arbeit erfüllen oder verfehlen.
   a) Diskutieren Sie, unter welchen Voraussetzungen die Berufe Mechatroniker, Krankenschwester, Versicherungsvertreter diese Kriterien erfüllen und wann sie sie verfehlen.
   b) Überlegen Sie sich, wann Ihr Beruf diese Kriterien erfüllt und wann nicht.

Zeit für Wichtiges

Aufgaben

1. Inwieweit empfinden Sie den Sonntag als ein Geschenk?
2. Ein Geschenk sagt immer auch etwas über den Schenker aus. Welche Absicht könnte sich hinter dem Sonntagsgeschenk verbergen?

Stellen

Autor	Nachricht
R. Mohren, München Gast	Verfasst am: Do Jan 12, 2006 19:43 QUOTE Zusätzliche Arbeit für Sonntag gesucht Ich stelle mir schon die ganze Zeit die Frage, was ich am Sonntag noch arbeiten könnte. Ich arbeite zwar von Montag bis Freitag und dann noch teilweise Samstag, doch Sonntag habe ich noch frei. Nun ist es aber so, dass ich nach Tarif bezahlt werde und das einfach sehr wenig ist. Daher such ich jetzt noch was für Sonntag. Am besten acht Stunden, dass ich so in etwa noch 200 € dazu verdienen kann im Monat.
Nach oben	

Aufgaben

Zur Diskussion

3. Diskutieren Sie diesen Beitrag im Plenum.
4. Äußern und begründen Sie Ihre Meinung zu Sonntagsarbeit.

Sonntag – ein tolles Geschenk von Gott

- Am siebten Tag hatte Gott sein Werk vollendet und ruhte von all seiner Arbeit aus. Gott segnete den siebten Tag und erklärte ihn zu einem heiligen Tag, der ihm gehört. (1. Mose 2,2–3)
- Sechs Tage lang kannst du deine Arbeit tun, aber am siebten Tag sollst du alles ruhen lassen und feiern. Auch die Menschen und Tiere, die für dich arbeiten, sollen sich an diesem Tag erholen können. (2. Mose 23,12)

> Der Sonntag ist ein „Geschenk des Himmels“. Der Sonntag ist zum Loslassen da, zum Feiern und Bei-sich-selbst-Sein; für Muße, Quatsch und Freundschaft; für Familie, Gottesdienst, Kinder und Tollerei; für Kunst, Musik und Sich-fallen-Lassen.

Aufgaben

5. Was machen Sie sonntags? Schreiben Sie Ihre Sonntagsaktivitäten auf und überprüfen Sie die einzelnen Tätigkeiten, inwieweit sie der biblischen Absicht entsprechen.

Vom Umgang mit der Zeit

Ein alter Professor wird eingeladen, um vor einer Klasse mit Wirtschaftsstudenten einen Vortrag zu dem Thema „Vom Umgang mit der Zeit“ zu halten.
Er nimmt einen leeren 5-Liter-Wasserkrug mit einer sehr großen Öffnung und stellt ihn auf den Tisch vor sich. Dann legt er ca. zwölf faustgroße Steine vorsichtig einzeln in den Wasserkrug. Als er den Wasserkrug mit den Steinen bis oben gefüllt hat und kein Platz mehr für einen weiteren Stein ist, fragt er, ob der Krug jetzt voll ist.
Alle sagen „Ja!“
Er fragt „Wirklich?“, greift unter den Tisch und holt einen Eimer mit Kieselsteinen hervor. Einige hiervon kippt er in den Wasserkrug und schüttelt diesen, so dass sich die Kieselsteine in die Lücken zwischen den großen Steinen setzen. Er fragt die Gruppe erneut: „Ist der Krug nun voll?“ Jetzt hat die Klasse ihn verstanden, und einer antwortet: „Wahrscheinlich nicht!“
„Gut“, antwortet er. Er greift wieder unter den Tisch und bringt einen Eimer voller Sand hervor. Er schüttet Sand in den Krug und wiederum sucht sich der Sand den Weg in die Lücken zwischen den großen Steinen und den Kieselsteinen.
Nun schaut er die Klasse an und fragt sie: „Was ist der Sinn meiner Vorstellung?“
Ein Student meldet sich und sagt: „Es bedeutet, dass – egal wie voll auch dein Terminkalender ist, wenn du es wirklich versuchst, kannst du noch einen Termin dazwischen schieben.“
„Nein“, antwortet der Dozent, „das ist nicht der Punkt. Ich möchte, dass Sie erkennen, dass dieses Glas wie Ihr Leben ist! Die großen Steine sind die wichtigen Dinge im Leben: Ihre Familie, Ihr Partner, Ihre Freunde, Ihre Kinder, Ihre Berufung, Ihre Gesundheit – Dinge, die – wenn alles andere wegfiele und nur sie übrig blieben – Ihr Leben immer noch erfüllen würden.
Die Kieselsteine sind andere, weniger wichtige Dinge, wie z.B. Ihr Job, Ihre Wohnung, Ihr Haus oder Ihr Auto. Und der Sand symbolisiert die ganz kleinen Dinge im Leben. Wenn Sie den Sand zuerst in das Glas füllen, bleibt kein Raum für die Kieselsteine oder die großen Steine.
So ist es auch in Ihrem Leben: Wenn Sie all ihre Energie für die kleinen Dinge in ihrem Leben aufwenden, haben Sie für die großen keine mehr. Achten Sie daher auf die wichtigen Dinge, nehmen Sie sich Zeit für die Dinge, die Ihnen am meisten am Herzen liegen. Es wird noch genug Zeit geben für Arbeit, Haushalt, Partys usw. Achten Sie zuerst auf die großen Steine – sie sind es, die wirklich zählen. Der Rest ist nur Sand.
Und nun hätte ich gern, dass Sie heute Abend oder morgen früh, wenn Sie über diese kleine Geschichte nachdenken, sich die folgende Frage stellen: Was sind die großen Steine in meinem Leben? Wenn Sie die kennen, dann füllen Sie Ihren Wasserkrug zuerst damit.“

Aufgaben

1. Schreiben Sie für sich auf: Was sind die großen Steine in Ihrem Leben? Was sind Ihre Kieselsteine, was ist Ihr Sand?
2. Diskutieren Sie Ihre Ergebnisse im Plenum.

Zur Diskussion

Arbeitslosigkeit

Arbeitsamt
Du gehst jetzt stempeln? Hast du's gut. So viel freie Zeit möchte ich auch haben!

Aufgaben

Zur Diskussion

1. Diskutieren Sie die in der Zeichnung dargestellte Situation.
2. Das Foto zeigt den Flur in einem Arbeitsamt. Beschreiben Sie die Situation und äußern Sie Ihre Meinung dazu.
3. Vergleichen Sie die beiden Darstellungen.

Fallbeispiele

1. Dennis B. sitzt im Gartenstuhl auf dem kleinen Rasenstück, das eigentlich zum Grundstück seines Nachbarn gehört, und legt mit einer Hand Würstchen auf den Einweggrill. Nachher kommen zwei, drei Kumpels und bringen den nötigen Kasten Bier. Es ist Dienstagmittag. Dennis B. ist 23 und arbeitslos.
Nach der Realschule hat er eine Ausbildung als KFZ-Mechatroniker absolviert und wurde von seinem Lehrbetrieb auch übernommen. Nachdem er vor drei Jahren im Vollsuff seinen aufgemotzten Alfa aufs Dach gelegt hat und monatelang ins Krankenhaus musste, fällt ihm geregeltes Arbeiten irgendwie schwer. In seiner alten Firma kam es wegen Schmerzen im Bein öfter zu Ausfällen, er wurde schließlich entlassen. Ein paar Versuche mit anderen Jobs hatten sich als mühsam erwiesen. Eigentlich kommt Dennis mit seiner staatlichen Unterstützung und einem Taschengeld seines Vaters ganz gut über die Runden. Jedes Wochenende Party – und zwischendrin mal mit den Kumpels grillen: wer kann das Dienstagmittags schon?

2. Dana Z. sitzt im Wartezimmer, wie jeden Freitag seit einem halben Jahr. Nachdem sie über längere Zeit immer müde und antriebslos war, am liebsten allein zu Hause saß, fernsah, ihre Freunde nicht mehr traf und schließlich öfter nicht mehr ans Telefon ging, hatte sie ihr Hausarzt zu einem Psychotherapeuten überwiesen. Früher war Dana ganz anders gewesen, aber seit sie nach ihrer Ausbildung betriebsbedingt nicht übernommen werden konnte, ist sie arbeitslos. Mit Elan hatte sie sich in Bewerbungen gestürzt und Fortbildungen besucht, aber nach 67 Absagen verlor sie langsam die Hoffnung. Zunehmend versank sie emotional in einem dunklen Loch. Auch wenn ihr die Gespräche mit Dr. Östreicher gut tun, zweifelt Dana daran, dass ihr die Psychotherapie wirklich helfen kann. Woraus soll sie auch dauerhaft neuen Lebensmut schöpfen, ohne Arbeit?

3. Lydia H. sitzt im Aussiedlerwohnheim und prüft die Deutsch-Hausaufgaben ihrer drei Schülerinnen, die sie ehrenamtlich unterrichtet. Als Kind hat Lydia selbst einige Zeit hier gelebt und kennt die Probleme. Auch wenn es neben ihrem Job dann manchmal anstrengend war, hat sie diese Aufgabe gerne übernommen. Jetzt, wo sie seit einigen Monaten arbeitslos ist, hilft ihr das Engagement, auf andere Gedanken zu kommen und ihren Tag zu strukturieren.
Als arbeitslose Tierarzthelferin ist es nicht leicht, in ihrer Gegend an einen Job zu kommen. Deshalb hat sie mit einer Bekannten einen Tierbetreuungsservice angeboten. Sie geht nun tagsüber mit Hunden spazieren oder kümmert sich um Katzen und Meerschweinchen während der Ferien. Noch braucht sie Hilfe vom Arbeitsamt, aber die Sache ist schon ganz gut angelaufen.

Aufgaben

1. Dennis, Dana und Lydia gehen unterschiedlich mit ihrer Arbeitslosigkeit um. Beschreiben und bewerten Sie die drei Möglichkeiten.

20 Tipps für Arbeitslose

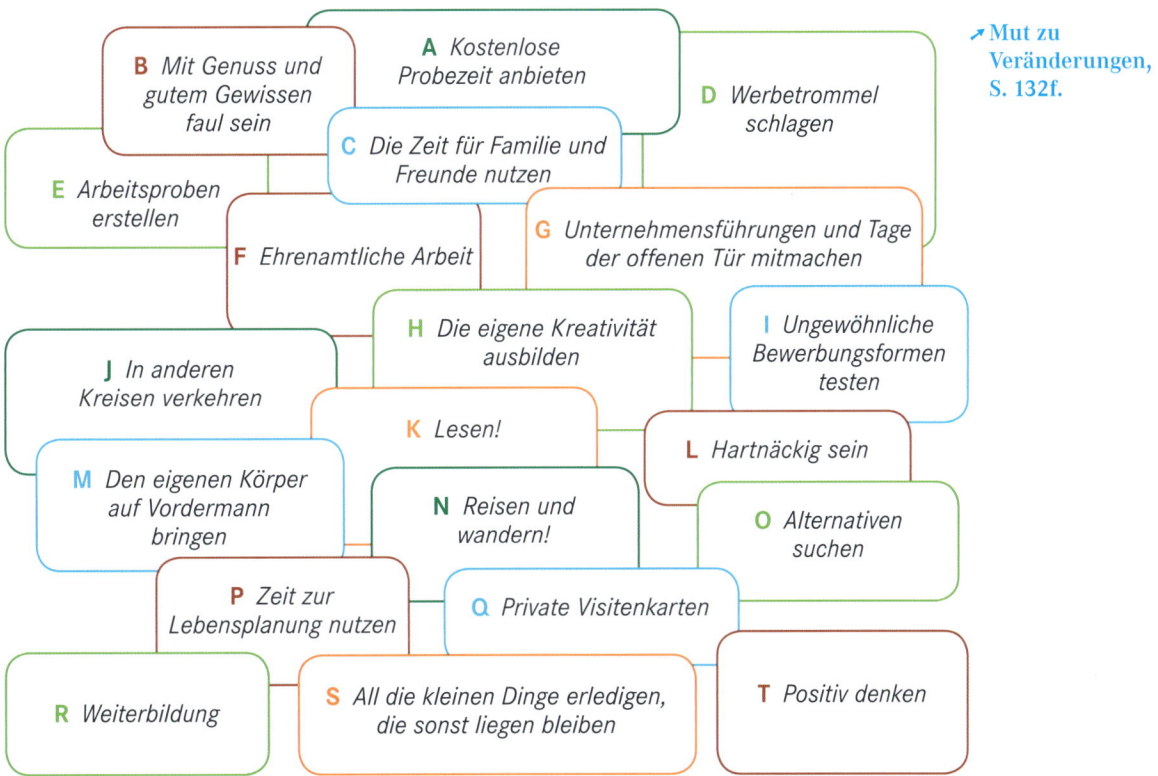

↗ Mut zu Veränderungen, S. 132f.

- **A** *Kostenlose Probezeit anbieten*
- **B** *Mit Genuss und gutem Gewissen faul sein*
- **C** *Die Zeit für Familie und Freunde nutzen*
- **D** *Werbetrommel schlagen*
- **E** *Arbeitsproben erstellen*
- **F** *Ehrenamtliche Arbeit*
- **G** *Unternehmensführungen und Tage der offenen Tür mitmachen*
- **H** *Die eigene Kreativität ausbilden*
- **I** *Ungewöhnliche Bewerbungsformen testen*
- **J** *In anderen Kreisen verkehren*
- **K** *Lesen!*
- **L** *Hartnäckig sein*
- **M** *Den eigenen Körper auf Vordermann bringen*
- **N** *Reisen und wandern!*
- **O** *Alternativen suchen*
- **P** *Zeit zur Lebensplanung nutzen*
- **Q** *Private Visitenkarten*
- **R** *Weiterbildung*
- **S** *All die kleinen Dinge erledigen, die sonst liegen bleiben*
- **T** *Positiv denken*

Aufgaben

2. Teilen Sie diese Tipps in zwei Gruppen ein: Tipps, um die Zeit der Arbeitslosigkeit sinnvoll zu nutzen, und Tipps, um schneller wieder einen Job zu finden.
3. Bringen Sie diese Tipps dann jeweils in eine Reihenfolge, entsprechend ihrer Wichtigkeit für Sie.
4. Finden Sie für jeden Tipp konkrete Beispiele.

Basics

Verschiedene Definitionen von Arbeit

Arbeit (Physik)	die Energiemenge, die bei einem Vorgang umgesetzt wird
Arbeit (Philosophie)	das bewusste schöpferische Handeln des Menschen
Arbeit (Sozialwissenschaften)	bezahlte Erwerbstätigkeit und unbezahlte Haus- und Familientätigkeit
Arbeit (Volkswirtschaftslehre)	einer der Produktionsfaktoren
Erwerbstätigkeit	eine Tätigkeit, mit welcher der menschliche Lebensunterhalt bestritten wird.
Lohnarbeit	Entgeltung für Arbeiter (in Unterscheidung zum Gehalt des Angestellten)
wissenschaftliche Arbeit	das Produkt einer Forschungstätigkeit
Klassenarbeit	eine Leistungskontrolle in der Schule
Arbeit (BWL)	eine Komponente der Produkterzeugung

Der Schöpfungsauftrag

„Gott der Herr nahm den Menschen und setzte ihn in den Garten Eden, dass er ihn bebaute und bewahrte." (1. Mose 2,15)

Drei Merkmale von Arbeit nach biblischen Aussagen

1. Arbeit ist gut für mich, indem sie mir hilft zu erkennen, was in mir steckt, und meine eigentliche Bestimmung zu erreichen.
2. Arbeit ist gut für die Schöpfung, indem sie Leben erhält und sorgsam mit den Tieren, Pflanzen und Rohstoffen umgeht.
3. Arbeit ist gut für die Gemeinschaft, indem sie anderen Menschen hilft, Beziehungen zwischen den Menschen fördert und Raum lässt für Familie und Freunde.

Der siebte Schöpfungstag

■ Am siebten Tag hatte Gott sein Werk vollendet und ruhte von all seiner Arbeit aus. Gott segnete den siebten Tag und erklärte ihn zu einem heiligen Tag, der ihm gehört. (1. Mose 2, 2–3)

■ Sechs Tage lang kannst du deine Arbeit tun, aber am siebten Tag sollst du alles ruhen lassen und feiern. Auch die Menschen und Tiere, die für dich arbeiten, sollen sich an diesem Tag erholen können. (2. Mose 23,12)

10 Tipps, ...

... um die Zeit der Arbeitslosigkeit sinnvoll zu nutzen	**... um schneller einen Job zu finden**
Nutze die Zeit ... 1. um mit Genuss und gutem Gewissen faul zu sein! 2. für Familie und Freunde 3. für ehrenamtliche Tätigkeit 4. für Kreativität 5. zum Lesen 6. um deinen Körper auf Vordermann zu bringen 7. zum Reisen und Wandern 8. für Lebensplanung 9. für Weiterbildung 10. für all die kleinen Dinge, die sonst liegen bleiben	1. Kostenlose Probezeit anbieten 2. Werbetrommel schlagen 3. Arbeitsproben erstellen 4. Unternehmensführungen und Tage der offenen Tür mitmachen 5. Ungewöhnliche Bewerbungsformen testen 6. In anderen Kreisen verkehren 7. Hartnäckig sein 8. Alternativen suchen 9. Private Visitenkarten 10. Positiv denken

Kapitel 9

Mensch und Technik

Aufgaben

1. Auf welche biblische Geschichte nimmt diese Karikatur Bezug? Was könnte der Zeichner sagen wollen?
2. Erklären Sie die folgenden Aussagen und nennen Sie jeweils Beispiele.
   a Technische Errungenschaften haben immer ihren Preis!
   b Technik kann Segen oder Fluch sein.
3. Nennen Sie Erfindungen oder technische Weiterentwicklungen in den folgenden Bereichen:
   A Mobilität **B** Kommunikation
   C Haushalt **D** Arbeit
   E Freizeit **F** Medizin
4. Was ist für Sie die wichtigste Erfindung, die je gemacht wurde?

↗ Der Inhalt der Bibel, S. 168f.

Der Turmbau zu Babel

Pieter Brueghel (1563)

Aufgaben

1. Betrachten Sie das Bild in Ruhe. Wie wirkt das Bild auf Sie?
2. Beschreiben Sie verschiedene Situationen, die darauf zu erkennen sind.
3. Wählen Sie eine Situation auf dem Bild aus und versuchen Sie diese, wie in dem Beispiel des Theologen Jörg Zink, schriftlich zu deuten.

Wie Ameisen klettern die Menschen an ihrem Werk auf und ab, kaum mehr als Menschen erkennbar. Aber wo sind die Menschen wichtig, wenn der Wille eines Herrschers, der Wille einer Ideologie sie treibt? Sie vergessen zu leben, zu ruhen, sich zu freuen. Angespannt arbeiten sie vom Morgen bis zum Abend, als wäre dies die Absicht Gottes gewesen, als er den Menschen schuf.

Jörg Zink

↗ Der Mensch als Arbeiter in der Schöpfung Gottes, S. 89

↗ Zeit für Wichtiges, S. 90f.

Der Turmbau zu Babel

Damals sprachen die Menschen noch eine einzige Sprache, die allen gemeinsam war.
Als sie von Osten weiterzogen, fanden sie eine Talebene im Land Schinar. Dort ließen sie sich nieder und fassten einen Entschluss. „Los, wir formen und brennen Ziegelsteine!“, riefen sie einander zu. Die Ziegel wollten sie als Bausteine benutzen und Teer als Mörtel. „Auf! Jetzt bauen wir uns eine Stadt mit einem Turm, dessen Spitze bis zum Himmel reicht!“ schrien sie. „Dadurch werden wir überall berühmt. Wir werden nicht über die ganze Erde zerstreut, weil der Turm unser Mittelpunkt ist und uns zusammenhält!“
Da kam der Herr vom Himmel herab, um sich die Stadt und das Bauwerk anzusehen, das sich die Menschen errichteten. Er sagte: „Sie sind ein einziges Volk mit einer gemeinsamen Sprache. Was sie gerade tun, ist erst der Anfang, denn durch ihren vereinten Willen wird ihnen von jetzt an jedes Vorhaben gelingen! Wir werden hinunter steigen und ihre Sprache verwirren, damit keiner mehr den anderen versteht!“
So zerstreute der Herr die Menschen über die ganze Erde; den Bau der Stadt mussten sie abbrechen. Darum wird die Stadt Babel („Verwirrung“) genannt, weil dort der Herr die Sprache der Menschheit verwirrte und alle über die ganze Erde zerstreute.

nach 1. Mose 11,1-9

Aufgaben

1. Beantworten Sie zu obigem Bibeltext die folgenden Fragen schriftlich in Einzel- oder Partnerarbeit:
   a) Was machen die Menschen?
   b) Wozu soll es dienen?
   c) Was macht Gott?
   d) Welche Gründe hatte er?
   e) Welche Folgen hatte das Eingreifen Gottes für die Menschen?
   f) Wie lässt sich die Geschichte deuten?
   g) Auch heute gibt es technische Entwicklungen, bei denen die Folgen nicht abzusehen sind. Nennen Sie hierfür ein Beispiel.

GEN-manipulierte Haustiere bringen die Kinder sicher zur Schule
Super-Wellensittiche vermitteln einsamen Menschen Schutz und Geborgenheit
Braver Hansiburli! Tut schön auf Frauerl aufpassen, gell?
Eigens gezüchtete genügsame „Arbeitsmenschen" verrichten die schwersten Tätigkeiten
Dort hinüber mit dem Zement, Robert!
Obst und Gemüse werden spottbillig
Die Rettung für die Landwirte: Kombination aus Bauer und Milchkuh
Der Landwirt
Glückliche Ehen durch gezielte Züchtung bestimmter Körperteile
Oh Du meine Königin!!!

Manfred Deix, 1989

Aufgaben

1. Überlegen Sie, welche Haltung zur Gentechnologie der Zeichner wohl einnimmt.
2. Formulieren und begründen Sie Ihre eigene Meinung zur Gentechnologie.

Moderatorin: Guten Abend, meine Damen und Herren, ich eröffne hiermit unsere Sendung „5 heiße Minuten“, diesmal zu dem Thema „Gentechnologie – Chancen und Risiken“. Ich begrüße Herrn Dr. Gelder von der Firma GenIndustry und Herrn Wehrmann von der Umweltorganisation ÖkoLogisch.
Zunächst, meine Herren: Was ist eigentlich Gentechnologie?

Gelder: Heutzutage ist es möglich, Gene, d.h. das Erbgut bei Pflanzen, Tieren und Menschen, zu verändern. Gentechnologie befasst sich mit den technischen Möglichkeiten, die sich aus diesen gezielten Veränderungen ergeben. Zur Zeit unterscheidet man in der Gentechnologie sechs Hauptforschungs- und Anwendungsgebiete: genetisch veränderte Pflanzen, neue Lebewesen, Bakterien als Helfer, neue Medikamente, Früherkennung von Krankheiten und Reparatur von Erbanlagen.

M: Warum sollen Pflanzen, die seit Millionen von Jahren so, wie sie sind, gut gewachsen sind, nun plötzlich verändert werden?

G: Wir wollen Pflanzen züchten, die größere Erträge abwerfen und gegen Kälte bzw. Hitze, Trockenheit, Gifte oder Schädlinge widerstandsfähig sind.

M: Das klingt doch gut und kann vielleicht helfen, nicht mehr so viele giftige Chemikalien zu verwenden und die Ernährungsprobleme auf der Welt zu lösen.

Wehrmann: Aber die Gefahren dabei werden übersehen. Immer wieder tauchen bei Gen-Pflanzen unerwartete, nicht erklärbare Eigenschaften und ungewollte Nebenwirkungen auf.

M: Könnten Sie Beispiele dafür nennen?

W: Genetisch behandelte Baumwollpflanzen werfen ihre Kapseln vor der Ernte ab, Pappeln blühen zum falschen Zeitpunkt, Kartoffeln werden ungewollt immer größer, die Farbe von Blättern und Blüten verändert sich auf nicht geplante Weise usw. Und auch die beabsichtigte größere Widerstandsfähigkeit gegenüber Schädlingen ist nicht unproblematisch.

M: Warum?

W: Ein Gen, das in den Pflanzen ein Gift gegen Insekten bilden soll, kann auch dafür sorgen, dass die Pflanze gegenüber anderen Schädlingen empfindlicher wird oder dass zusätzliche Stoffe gebildet werden, die Mensch und Umwelt schaden. So tötete Gen-Mais, d.h. genetisch veränderter Mais, nicht nur Schädlinge, sondern auch nützliche Insekten, sobald die sich über die vergifteten Schädlinge hermachten.

M: Kommen wir mal zu den größeren Tieren. Herr Gelder, was wollen Sie denn da verändern? Rennpferde mit sechs Beinen?

G: Möglich wäre das. Wir haben bereits einige neue Lebewesen geschaffen, z.B. die Riesenmaus oder das Rind-Schwein. Zur Zeit planen wir sog. Einnutzungstiere, z.B. Kühe, die besonders viel Milch produzieren oder deren Milch für den Menschen wichtige Spurenelemente enthält. Und wir können Lebewesen mit denselben Genen beliebig oft reproduzieren, also klonen.

W: Mit diesen Möglichkeiten stellt sich doch die Frage nach der Verantwortung des Menschen, Stichwort „Ehrfurcht vor dem Leben“. Haben Sie mal untersucht, welche Schmerzen Tiere bei Ihren Versuchen empfinden? Ich erinnere nur an den Versuch, Schweine mit menschlichen Wachstumsgenen fetter und größer wachsen zu lassen. Die Schweine, die da gezüchtet wurden, waren so schwer, dass deren Beine das eigene Körpergewicht nicht mehr tragen konnten.

M: Ist das nur ein einzelner misslungener Versuch, oder gibt es für diese Gefahren noch andere Beispiele?

W: In Santiago greifen Riesenratten Hühner und Ziegen an. Die Ratten sind so groß geworden, weil sie den Kot genmanipulierter Hühner fraßen.

G: Dies sind doch nur einzelne Beispiele! Fortschritt kostet eben seinen Preis.

M: Und da sind sie schon wieder um, die „5 heißen Minuten“. Vielen Dank, und zumindest ein Unterschied sollte jetzt jedem klar geworden sein: Der, der abends müde vor dem Fernseher sitzt, ist kein Gen-Techniker, sondern ein Gähn-Techniker!

Gelder und **Wehrmann** gemeinsam: Hahaha!

Aufgaben

1. Tragen Sie die Definition sowie die Hauptanwendungsgebiete der Gentechnologie aus dem Text zusammen.
2. Herr Gelder und Herr Wehrmann haben Argumente für und gegen die Gentechnologie genannt. Stellen Sie diese in einer Tabelle gegenüber.
3. Erörtern Sie die Argumente der Tabelle. Diskutieren Sie Ihre Meinungen im Plenum.

Zur Diskussion

Präimplantationsdiagnostik

Wir wollen sofort den Geschäftsführer sprechen! – Dieses Kind schreit Tag und Nacht und hat ständig die Hosen voll....!!
KLON-IT
AKTIENGESELLSCHAFT
BIO-TECHNIK
REPRODUKTIONS-MEDIZIN
FAMILIEN-PLANUNG
Glück ist machbar!

Aufgaben

1. Auf welches Problem will diese Karikatur aufmerksam machen?
2. Sammeln Sie Beispiele, worüber sich die Eltern später eventuell noch beschweren könnten.
3. Zeigen Sie die Probleme auf, die sich ergeben können, wenn die Biotechnologie tatsächlich aus der medizinischen Forschung in die Wirtschaft abwandert und den Gesetzen einer Aktiengesellschaft unterliegt.

Liebe Anna,
in meiner Not möchte ich mich heute an Dich wenden, vielleicht weniger um eine Antwort auf meine Frage von dir zu erwarten, als vielmehr um für mich selbst zu einer inneren Klärung zu kommen. Ich schreibe dir diesen Brief, damit du selbst entscheiden kannst, ob du dich auf ein Gespräch mit mir einlassen willst.
Du weißt ja, dass unser Sohn Paul seit seiner Geburt an einer unheilbaren Muskelkrankheit leidet. Am Anfang haben wir ja noch nicht gewusst, was da auf uns zukommt, und uns ganz unbeschwert auf dieses Kind gefreut. Die Freude ist geblieben, aber die vielfältigen Einschränkungen, die durch diese Krankheit auf uns und unserem Kind lasten, wiegen schon schwer. In den letzten Wochen habe ich mich viel mit Richard darüber unterhalten und wir haben beide festgestellt, dass wir gerne noch ein gesundes Kind hätten. Da es sich bei dieser Muskelerkrankung um eine erblich bedingte Krankheit handelt, besteht das Risiko, dass diese Schädigung wieder auftreten könnte. Noch ein Kind mit dieser Erkrankung könnten wir beide aber nicht mehr verkraften. Ich habe mich deshalb mit dem Arzt unterhalten. Der hat gesagt, dass diese Erbkrankheit statistisch gesehen nur bei jedem vierten unserer Nachkommen auftaucht, d.h. dass Richard und ich gesunde Kinder bekommen können. Des Weiteren hat mir der Arzt empfohlen, eine Befruchtung außerhalb des Mutterleibs vornehmen zu lassen. Die befruchteten Eizellen werden dann genetisch untersucht und nur die gesunden in die Gebärmutter eingesetzt. Die kranken, mit der Veranlagung für die Muskelkrankheit, werden vernichtet. Genau diese Methode wäre für unser Problem die Lösung, und wir wünschen uns doch so sehr noch ein gesundes Kind. Trotzdem quäle ich mich mit dieser „Auswahl“. Mit welchem Recht darf ich über Leben und Tod von so kleinen Lebewesen entscheiden? Paul freut sich doch eigentlich auch, dass er lebt ...

Deine Verena

↗ Verschiedene ethische Grundhaltungen, S. 108

Aufgaben

Zur Diskussion

1. Diskutieren Sie:
   a) Soll das Ehepaar auf ein weiteres Kind verzichten?
   b) Sollte im Falle einer erneuten Schwangerschaft eine vorgeburtliche Untersuchung vorgenommen werden? Was sollte bei Vorliegen der Erbkrankheit geschehen?
   c) Die Präimplantationsdiagnostik kann den Zeitpunkt der Diagnose, wie in dem Brief beschrieben, vorverlegen. Wenn das Vorliegen der Erkrankung bei einem Embryo festgestellt würde, was soll dann geschehen?

Definition

■ **Präimplantationsdiagnostik (PID)** Als Präimplantationsdiagnostik (PID) werden genetische Untersuchungen bezeichnet, die dazu dienen, bei einem im Reagenzglas gezeugten Embryo bestimmte Erbkrankheiten und Besonderheiten der Chromosomen zu erkennen, bevor der Embryo in die Gebärmutter eingepflanzt wird. Zweck der Diagnose ist es, eine Hilfe für die Entscheidung zu geben, ob der Embryo in die Gebärmutter eingepflanzt (implantiert) werden soll oder nicht.

Argumente für und gegen die PID

A Mit Hilfe der PID können Eltern mit einer genetischen Vorbelastung gesunde Kinder bekommen.

B Es ist nicht nachvollziehbar, dass die PID in Deutschland verboten ist, während sie im benachbarten europäischen Ausland weit reichend praktiziert wird.

C Da die PID letztlich einem Auswahlkatalog folgen wird, der die Welt in akzeptable und nicht akzeptable Behinderungen einteilt, ist sehr wohl ein Einfluss auf den Umgang mit Behinderten zu erwarten. Behinderungen werden dann als vermeidbares Leid thematisiert, als etwas Defizitäres, Mangelhaftes und Auszusortierendes.

D Die Statistik zeigt, dass die PID nur einen Teil möglicher Behinderungen erkennt. In manchen Fällen ist die Untersuchungsmethode selbst sogar der Auslöser für eine Schädigung des Embryos.

E Die PID lässt sich klar auf wenige, sehr schwere Behinderungen begrenzen.

F Dafür gibt es aber keinen Beleg. So gelten Schwangerschaften nach PID grundsätzlich als Risikoschwangerschaften. Die Wahrscheinlichkeit, dass es zu durch die PID nicht entdeckbaren Behinderungen kommt, ist groß. Hinzu kommt, dass die Bereitschaft der Paare, welche eine PID durchgeführt haben, ein behindertes Kind zu akzeptieren, geringer als bei normalen Schwangerschaften ist.

G Durch die PID werden Embryonen mit einem Gendefekt vorzeitig ausselektiert, was die Wahrscheinlichkeit auf gesunde Kinder erhöht und somit die Anzahl der Abtreibungen verringert.

H Die Realität zeigt, dass eine sehr begrenzte Zulassung der PID immer weiter zulasten des Embryos verschoben wird. In Frankreich gab es bis vor kurzem noch eine sehr enge Zulassung der PID, inzwischen ist dort die Erzeugung und Auswahl eines „Rettungskindes“ für die Stammzellenspende an ein krankes Geschwisterkind zulässig.

I Die rechtliche Situation in anderen Ländern kann keine Vorgabe für die gesetzlichen Normen in Deutschland sein, sonst könnten wir komplett auf eine eigene Gesetzgebung verzichten

J Die PID soll nur Eltern helfen, gesunde Kinder zu bekommen. Sie stellt kein Werturteil über Behinderungen oder Behinderte im Allgemeinen dar.

Aufgaben

2. Welche der oben genannten Argumente sprechen für, welche gegen eine PID?
3. Ordnen Sie jedem Pro-Argument das entsprechende Kontra-Argument zu.
4. Formulieren Sie Ihre eigene Meinung zu dem Thema PID.

Soziale Netzwerke – Segen oder Fluch?

Fallbeispiel

Bewerbungsgespräch

Fabrice, 19 Jahre, freut sich, dass er zu einem Vorstellungsgespräch bei einer großen Autofirma eingeladen ist. Seine Bewerbungsunterlagen sind perfekt. Er war extra beim Friseur und hat sich ordentlich angezogen. Er ist überpünktlich und kann sich gut präsentieren. Es hätte nicht besser laufen können.
Doch da dreht der Personalchef mit einem vielsagenden Grinsen den Bildschirm auf dem Schreibtisch zu ihm, und Fabrice bricht der Schweiß aus. Er sieht die Seiten seines Internet-Profils: Fotos mit Untertiteln wie: Auf der Ballermann-Party, besoffen und zugedröhnt, Fabrice im String, voll stoned, beim Kotzen, knutschend mit zwei betrunkenen Frauen, etc. Bei Aktivitäten stehen Sachen wie: Schulschwänzer, Langschläfer, Rudelficker etc.
Fabrice hat die Stelle dann doch nicht bekommen ...

Aufgaben

Zur Diskussion

1. Diskutieren Sie die Situation.
2. Kennen Sie ähnliche Fälle?
3. Fabrice gibt dem Sozialen Netzwerk die Schuld, dass er die Stelle nicht bekommen hat. Hat er Recht?
4. Was sind Ihrer Ansicht nach die schlimmsten Fehler, die man in einem Sozialen Netzwerk machen kann?

Thessas Internet-Party endet mit Polizeieinsatz

Der 16. Geburtstag von Thessa wurde ein Großkampftag für die Hamburger Polizei. 1.500 junge Menschen kamen, nachdem Thessa ein paar Freunde über ein Soziales Netzwerk eingeladen hatte und eine Filterfunktion übersehen hatte. Party-Chaoten zündeten Mülltonnen an, demolierten Autos, eine Gartenlaube brannte nieder. „Es flogen Steine, Flaschen und Feuerwerkskörper. Vorgärten wurden auseinandergenommen, Zäune niedergetrampelt“, so ein Polizeisprecher.

100 Beamte waren im Einsatz, sogar die Reiterstaffel kam. Elf Chaoten wurden festgenommen. Die Einsatzkosten zahlt vermutlich der Steuerzahler.

So, jetzt probier ich's mal: Sieben Wochen ohne chatten! Bin gespannt, ob ich es schaffe ...

Aufgaben

Zur Diskussion

5. Inwieweit können Sie die Entscheidung der jungen Frau nachvollziehen, eine Zeit lang auf Soziale Netzwerke zu verzichten?
6. Beschreiben Sie mögliche Konsequenzen, die sich aus diesem Verzicht ergeben könnten.

Die schlimmsten Fehler im Umgang mit Sozialen Netzwerken und wie man sie vermeiden kann

Tipps für den Umgang mit Sozialen Netzwerken

1. Fehler: Millionen Nutzer zur Party einladen!
Wer seine Freunde per Mausklick zur Party einladen möchte, muss den Status auf „privat" setzen. **Tipp:** Vermeiden Sie generell, Ihre private Wohnanschrift in das Profil zu schreiben.

keine private Wohnanschrift

2. Fehler: Zu viel Privates über sich veröffentlichen!
Adresse, Werdegang, Beziehungsstatus, Arbeitgeber oder Ihr Geburtsdatum – schreiben Sie nur Dinge über sich ins Profil, die Sie in der Öffentlichkeit lesen möchten.

nur Infos für die Öffentlichkeit

3. Fehler: Falsche Internet-Freunde!
Überlegen Sie gut, ob Sie Unbekannte zu Ihren Freunden im Sozialen Netzwerk machen. Fotos und Einladungen sind oft sehr privat. Menschen, die Sie noch nie in Ihrem Leben gesehen haben, lesen mit und sehen sich Ihre Fotos an.

Vorsicht bei Internet-Freunden

4. Fehler: Schlechtes über Internet-Freunde verbreiten!
Im Internet sollten die gleichen Maßstäbe wie im richtigen Leben gelten. Deshalb: Schreiben Sie nichts Schlechtes über andere! Und: Verraten Sie keine Geheimnisse über Ihre Freunde, die denen vielleicht peinlich sind.

keine Verleumdungen

5. Fehler: Wahllos mit Internet-Freunden treffen!
Seien Sie vorsichtig, wenn ein Online-Kontakt Sie treffen möchte. So sympathisch der Internet-Freund auch ist: Treffen Sie sich nur an belebten Orten (Café, Marktplatz) und geben Sie Freunden und Familie Bescheid. Oder: Nehmen Sie jemanden zum Treffen mit.

Vorsicht bei Treffen

Aufgaben

1. Benennen Sie für jeden Fehler mögliche Folgen.
2. Vor welchen weiteren Fehlern würden Sie Nutzer Sozialer Netzwerke noch warnen?
3. Stellen Sie eine Liste mit Verhaltensregeln für die Nutzer zusammen.
4. Machen Sie deutlich, weshalb trotz der Gefahren so viele Menschen dieses Medium nutzen.

NYC

Aufgaben

5. Machen Soziale Netzwerke unsozial? Diskutieren Sie diese Frage im Plenum.

Zur Diskussion

Basics

Der Turmbau zu Babel

In der Geschichte vom Turmbau zu Babel erlebt der Mensch, dass ihm Grenzen gesetzt sind. Gott setzt eine Grenze zwischen Schöpfer und Geschöpf. Er schützt die Menschen dadurch vor sich selbst, vor ihren Allmachtsphantasien und vor Selbstzerstörung. Der Bibeltext vom Turmbau zu Babel ist eine Mahnerzählung gegen die maßlose Selbstüberschätzung der Menschheit und gegen menschlichen Machbarkeitswahn.

Gentechnologie

Gentechnologie befasst sich mit den technischen Möglichkeiten, die sich aus der gezielten Veränderbarkeit von Genen, also dem Erbgut von Lebewesen ergeben.

Hauptanwendungsgebiete der Gentechnologie

1. genetisch veränderte Pflanzen
2. neue Lebewesen
3. Bakterien als Helfer
4. neue Medikamente
5. Früherkennung von Krankheiten
6. Reparatur von Erbanlagen

Präimplantationsdiagnostik (PID)

Als Präimplantationsdiagnostik (PID) werden genetische Untersuchungen bezeichnet, die dazu dienen, bei einem in einem Reagenzglas gezeugten Embryo bestimmte Erbkrankheiten und Besonderheiten der Chromosomen zu erkennen, bevor der Embryo in die Gebärmutter eingepflanzt wird.

Pro PID

Die PID kann Eltern mit einer genetischen Vorbelastung helfen, gesunde Kinder zu bekommen.

Contra PID

Durch die PID erfolgt eine genetische Selektion. Es wird zwischen lebenswertem und lebensunwertem Leben unterschieden.

Die schlimmsten Fehler im Umgang mit Sozialen Netzwerken

1. **Millionen Nutzer zur Party einladen!**
   Kontrollieren Sie vor Einladungen usw. den Privatsphäre-Status. Vermeiden Sie es generell, Ihre private Anschrift zu veröffentlichen.
2. **Zu viel Privates über sich veröffentlichen!**
   Schreiben Sie nur Dinge über sich ins Profil, die Sie in der Öffentlichkeit lesen möchten.
3. **Falsche Internet-Freunde!**
   Überlegen Sie gut, ob Sie Unbekannte zu Ihren Freunden im Sozialen Netzwerk machen. Menschen, die Sie noch nie in Ihrem Leben gesehen haben, lesen Privates mit und sehen sich Ihre Fotos an.
4. **Schlechtes über Internet-Freunde verbreiten!**
   Schreiben Sie nichts Schlechtes über andere! Und: Verraten Sie keine Geheimnisse über Ihre Freunde, die denen vielleicht peinlich sind.
5. **Wahllos mit Internet-Freunden treffen!**
   Treffen Sie sich mit Internet-Bekanntschaften nur an belebten Orten und geben Sie Freunden und Familie Bescheid. Oder: Nehmen Sie jemanden zum Treffen mit.

Kapitel 10

Ethisch handeln

Wie soll ich mich entscheiden?

Nele (17 Jahre, 1. Ausbildungsjahr als Einzelhandelskauffrau) ist seit einem halben Jahr mit Giuseppe (17 Jahre, 10. Klasse Realschule) befreundet. Nun stellt Nele fest, dass sie schwanger ist. Es muss auf Pauls Party passiert sein. Und Giuseppe hatte ihr doch hoch und heilig versprochen aufzupassen. Als Nele Giuseppe darauf anspricht, reagiert dieser abweisend und will damit nichts zu tun haben. Nele ist völlig verzweifelt und weiß nicht, was sie machen soll.

Eine Kollegin im Betrieb: *Mensch, lass es doch wegmachen. Das geht heute ganz problemlos – in deinem Fall sowieso. Bis in einem Jahr sieht alles ganz anders aus, dann kannst du immer noch Kinder bekommen.*

Giuseppe: *Mist! Warum warst du auch so blöd und hast nicht aufgepasst. Ich will damit nichts zu tun haben.*

Freundin Nina: *Ich würde das Kind auf jeden Fall bekommen. Es ist doch ein Mensch! Und es gibt doch heute viele Hilfsangebote für so junge Mütter wie dich. Geh doch mal zu einem Beratungsdienst, z. B. zu Pro familia oder zum Diakonischen Werk. Auch bei den Gesundheitsämtern gibt es Beratungsangebote.*

Neles Mutter: *Um Gottes willen, was bloß die Nachbarn denken werden. Dass du uns so was antun musst! Du bist doch noch viel zu jung! Ich war ja schon immer gegen diese Beziehung. Der Kerl taugt doch nichts.*

Neles Vater: *Das Kind bekommst du auf jeden Fall. Abtreibung ist Mord.*

Freundin Laura: *Du bist doch auch selbst schuld: Warum hast du denn nicht verhütet? Heute gibt's doch so viele Möglichkeiten. Und wenn doch mal etwas passiert ist, dann kann man ja bis 48 Stunden später bei einem Frauenarzt oder einem medizinischen Notdienst die „Pille danach" bekommen.*

Freundin Ellen: *Treib's ab. Deine Zukunft ist mit dem Kind vorbei. Du bist für immer gebunden. Und ob du mit Kind noch einen gescheiten Mann bekommst? Eher nicht.*

Aufgaben

Zur Diskussion

1. Diskutieren Sie die einzelnen Meinungen.
2. a) Entscheiden Sie, wie Sie sich an Neles Stelle verhalten hätten.
   b) Wie sind Sie zu Ihrer Entscheidung gekommen? Nach welchen Kriterien haben Sie Ihre Entscheidung getroffen?
3. Wie treffen Sie generell Ihre Entscheidungen?
4. Gibt es allgemeine Richtlinien, an denen Sie sich in Entscheidungssituationen orientieren?

Entscheidungen treffen

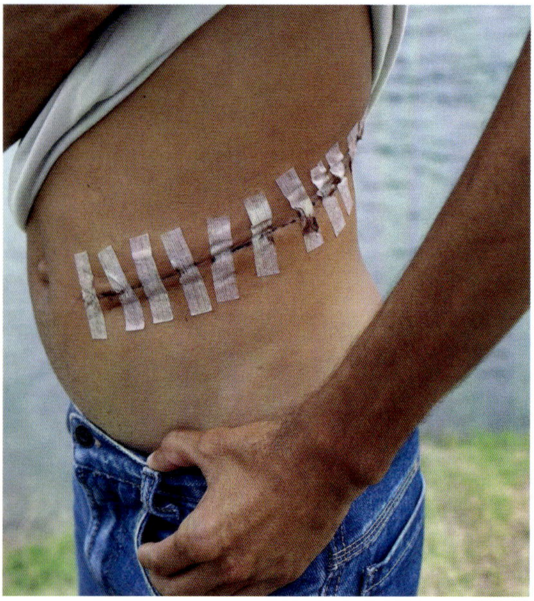

Nieren-Deal

Dem Brasilianer Alberty José da Silva erscheint es als die Chance seines Lebens: 6 000 Dollar!
Ein Vermögen für einen 38-jährigen Tagelöhner aus Recife, der mit zehn anderen Menschen eine Slumbaracke bewohnt. Der Mann, eines von 23 Kindern einer Prostituierten, verdient, wenn er Glück hat, zwei Dollar am Tag. Als er von dem Angebot hört, eine Niere zu verkaufen, überlegt er nicht lange. Die Niere ist für eine 48-jährige Amerikanerin bestimmt, der die Ärzte gesagt haben, ohne Spenderniere werde sie bald sterben. Seit 15 Jahren geht sie zur Dialyse, seit sieben Jahren wartet sie auf eine Spenderniere. Als ihr Mann von einer israelischen Firma hört, die weltweit Lebendorganspenden vermittelt, meldet er seine Frau an.
Er zahlt rund 60 000 Dollar, seine Frau und da Silva fliegen nach Durban, Südafrika, wo in einer modernen Klinik die Transplantation stattfindet.

Süddeutsche Zeitung

Aufgaben

Zur Diskussion

1. Diskutieren Sie folgende ethische Frage: Sollten Menschen ihre Organe für ein angemessenes Honorar verkaufen dürfen oder nicht?
2. Benennen Sie die Kriterien, die Ihnen bei Ihrer Entscheidungsfindung wichtig waren.

Definition

■ **Moral** Moral ist die Bezeichnung für die Verhaltens- und Einstellungsnormen, die einer Gesellschaft zugrunde liegen und von einer Mehrheit als verbindlich angesehen werden. Da Moral sich immer auf traditionelle und überlieferte Werte beruft, kann sie in einer sich wandelnden Gesellschaft sehr leicht als einengend empfunden werden.

↗ Entwicklung des moralischen Urteils, S. 24

■ **Ethik** Ethik ist die Lehre vom richtigen Handeln und Sollen. Der Ethik geht es darum, Grundsätze und Regeln zu finden, nach denen sich alle Menschen richten können, wenn sie vor der Frage stehen: Was soll ich tun? Wie soll ich mich meinen Mitmenschen gegenüber verhalten?

Sechs Schritte der ethischen Urteilsfindung

Schritt 1: Problemstellung

Problem

Was ist eigentlich das Problem? Welche Aspekte gehören zu dem Problem?
■ Dieser Schritt bewirkt, dass ich mich nicht in Nebensächlichkeiten verliere.

Schritt 2: Situationsanalyse

Analyse

Wie sind die Rahmenbedingungen der konkreten Situation? Welche Bedingungen sind unabänderlich (z.B. Gesetze, geographische Bedingungen)? Was kann ich beeinflussen, welche Handlungsspielräume habe ich?
■ Dieser Schritt verhindert unrealisierbare Entscheidungen.

Schritt 3: Alternativen

Welche Entscheidungsmöglichkeiten gibt es? Was sind die Folgen der einzelnen Entscheidungen?

Alternativen

- Dieser Schritt bewirkt, dass ich möglichst *alle* Entscheidungsmöglichkeiten bedenke.

Schritt 4: Normenprüfung

Nach welchen Kriterien soll ich mich entscheiden?
Nach was entscheide ich in anderen Lebenssituationen?
Was könnte eine gesellschaftliche Forderung sein?
Wer ist (und wie) von meiner Entscheidung betroffen?

Prüfen der Normen

- Dieser Schritt bewirkt, dass ich meine spätere Entscheidung vertreten kann.

Schritt 5: Die Entscheidung

Nachdem das Problem erfasst ist, die Rahmenbedingungen geklärt und die Handlungsalternativen bewusst gemacht worden sind, sollte ich mich für diejenige Alternative entscheiden, die ich mit meinem Gewissen vereinbaren kann.

Entscheiden

Schritt 6: Überprüfung

Wir alle machen Fehler, weil wir Menschen sind. Fehler kann man aber korrigieren. Daher sollte man bei einer falschen Entscheidung darüber nachdenken, was man bei der ethischen Urteilsfindung nicht berücksichtigt hat. Dann kann man die Entscheidung ändern.

Fehler prüfen

Aufgaben

1. Führen Sie die sechs Schritte der ethischen Urteilsfindung des Theologen Heinz Eduard Tödt am Fallbeispiel „Nieren-Deal" durch.

TODESSTRAFE FÜR
KINDERSCHÄNDER !!!

„Todesstrafe für Kinderschänder"

Vier Tage nach dem Fund der Leiche des ermordeten kleinen Mädchens haben 500 Demonstranten – darunter viele Neonazis – in Leipzig die Todesstrafe für Kinderschänder gefordert. Die Menschen riefen „Keine Gnade für Kinderschänder" und „Kinderschänder – Todesstrafe". Etwa hundert Teilnehmer trugen uniformähnliche Kleidung, wie sie in der rechtsextremen Szene üblich ist. Mit Megafonen gaben Neonazis Anweisungen für Schweigeminuten und Verhalten während der Kundgebung.

Aufgaben

2. Sind Sie für oder gegen die Todesstrafe? Treffen Sie Ihre Entscheidung anhand der sechs Schritte der ethischen Urteilsfindung,

Modelle philosophischer Ethik

Fallbeispiel

Wie weit darf die Polizei gehen?

Um seinen aufwändigen Lebensstil finanzieren zu können, lockte Magnus Gäfgen am 7. September 2002 den elfjährigen Bankierssohn Jakob von Metzler unter einem Vorwand in seine Wohnung und tötete ihn dort. Später versteckte er die Leiche an einem Weiher. Zuvor hatte er den Eltern des Jungen ein Erpresserschreiben mit einer Lösegeldforderung zukommen lassen.

Obwohl sein Opfer bereits tot war, nahm Gäfgen das geforderte Lösegeld an sich und wurde seitdem von der Polizei beschattet. Als er sich mehrere Stunden nicht um das – von der Polizei als noch lebend vermutete – Opfer kümmerte, wurde Gäfgen am 30. September 2002 im Parkhaus des Frankfurter Flughafens festgenommen.

In den Verhören sagt Gäfgen nichts Konkretes über den Zustand und den Verbleib des Opfers aus. Obwohl er weiß, dass er damit gegen die Menschenrechte (Artikel 3: Folter und Folterandrohung ist verboten) und das Grundgesetz verstößt (Artikel 1: Die Würde des Menschen ist unantastbar), ordnete der damalige Polizeivizepräsident Wolfgang Daschner an, durch massive Gewaltandrohungen die aus seiner Sicht mutmaßlich lebensrettende Aussage zum Aufenthaltsort des 11-Jährigen zu erzwingen. Gäfgen sagte daraufhin aus, sodass die Polizei die Leiche des Entführungsopfers finden konnte. Für diese Gewaltandrohung wurde Daschner später vor Gericht verurteilt.

Aufgaben

1. Beurteilen Sie das Verhalten Daschners jeweils aus rechtsstaatlicher, aus moralischer und aus ethischer Sicht.
2. Sammeln Sie Gründe, die für und gegen die Folterandrohung sprechen.

Verschiedene ethische Grundhaltungen

Gesinnungsethik

Motivation

Wichtig ist die Motivation, aus der ich handle. Sie ist wichtiger als die Wirkung meiner Handlung. Ich bin ein guter Mensch, wenn ich in guter Absicht handle.

Verantwortungsethik

Auswirkungen

Es ist nicht gleichgültig, wie ich mich verhalte, denn meine Handlungen haben Auswirkungen. Deshalb muss ich meine Handlungen vor allem an den tatsächlichen Ergebnissen und deren Verantwortbarkeit messen.

Prinzipienethik

Regeln

Ich mache mir grundsätzlich Gedanken über die Regeln, nach denen ich lebe. Es gibt für mich feste Prinzipien, die mir wichtig sind. Ich halte mich an diese Prinzipien – unabhängig davon, in welche Situation ich gerate.

Situationsethik

konkrete Situation

Ich handle situativ. Meine Entscheidungen richte ich an den konkreten Bedingungen der jeweiligen Situation aus. Da jedes Individuum und jede Situation einzigartig ist, sind allgemeine Prinzipien und Normen nicht hilfreich.

Utilitarismus

optimaler Nutzen

Die Entscheidung ist gut, die im Ergebnis den optimalen Nutzen für mich oder die Gesellschaft garantiert. Nach dem Philosophen John Stuart Mill ist das Ziel einer utilitaristischen Ethik das größtmögliche Glück für die größtmögliche Zahl von Menschen.

Aufgaben

1. Wie würden sich die Vertreter der einzelnen ethischen Positionen in der Situation Daschners verhalten? Treffen Sie für jede Position eine Entscheidung und begründen Sie diese entsprechend der jeweiligen Position.
2. Analysieren Sie in den folgenden Fallbeispielen die ethischen Grundhaltungen der Beteiligten und ordnen Sie die Positionen den genannten ethischen Grundhaltungen zu. (Mehrfache Zuordnungen sind möglich.)

Fallbeispiele

Schwimmbad oder Krankenhaus

Auf einer Sitzung des Gemeinderates in Ringsdorf geht es um die Frage, ob ein Schwimmbad oder ein Krankenhaus gebaut werden soll. **Gemeinderätin Wiegand** schlägt vor, die Lösung zu wählen, die mehr Menschen nutzt. Diese soll durch eine Befragung ermittelt werden.

Tyrannenmord

Es geht um die Frage, ob man einen Tyrannen, der ein Volk unterdrückt, töten darf oder nicht. **Frau Weichert** hält die Tötung eines Tyrannen moralisch nicht für gerechtfertigt. Sie ist Christin und ihre Gesinnung ist vom Geist der Zehn Gebote geprägt. **Frau Hartmann** dagegen findet einen Tyrannenmord richtig, weil es dem Volk anschließend besser geht. Wegen der positiven Folgen meint sie, eine solche Tat auch verantworten zu können.

↗ Zehn Gebote, S. 26

Schwein küssen

„Könntest du dir vorstellen, ein Schwein zu küssen?“ **Ebru** sagt: „Auf keinen Fall. Absolut nicht. Ich küsse keine Schweine. Dabei spielt es keine Rolle, wie gut sie riechen oder wie gut sie aussehen.“ Ebrus Freund **Vincent** sagt: „Ich kann nicht ausschließen, dass ich es täte. Es hängt von der Situation ab. Ich würde es vielleicht tun, wenn mir jemand Geld für eine Wette anbietet. Natürlich müsste die Summe schon groß genug sein, damit es mir das wert wäre, und das Schwein müsste schon gut aussehen.“

Spenden

Herr Knöpfle lehnt Spenden für Lebensmittellieferungen an Hungernde in Afrika ab, wenn nicht gleichzeitig wirksame Maßnahmen ergriffen werden, um das dortige Bevölkerungswachstum zu hemmen, da sonst zu erwarten wäre, dass zukünftig pro Jahr mehr Menschen leiden und verhungern, als dies jetzt der Fall ist. **Frau Gutmann** spendet Lebensmittel, weil sie den Armen in Afrika helfen will.

Bioethik

Dr. Reiter forscht und arbeitet auf dem Gebiet der modernen Biomedizin. Hier ergeben sich fast täglich schwerwiegende ethische Probleme. Um damit umgehen zu können, hat Dr. Reiter für sich einen Ansatz entwickelt, der sich auf die Akzeptanz von vier Prinzipien stützt: Nichtschaden, Wohltun, Respekt vor der Autonomie von Personen und Gerechtigkeit. Bei konkreten biomedizinischen Fragestellungen wägt Herr Reiter diese gegeneinander ab und trifft dann seine Entscheidung.

Fallbeispiele

A In der vollbesetzten Straßenbahn haben Sie gerade noch mit Mühe einen Sitzplatz bekommen. Eine alte Frau steigt ein. Geben Sie Ihren Platz frei?

B Es ist 10 Grad unter Null im Winter. Sie sehen einen Obdachlosen sturzbesoffen auf einer Parkbank liegen. Helfen Sie ihm?

C Sie sehen einen Lehrer, der schwer bepackt ist. Warten Sie einen Augenblick, um ihm die Tür aufzuhalten?

D In einer einsamen Gegend hören Sie eine Frau laut um Hilfe schreien. Schauen Sie nach, was los ist?

E Sie sehen in der Fußgängerzone, wie eine Mutter ihr kleines Kind schlägt. Mischen Sie sich ein?

F In Ihrem Betrieb wird eine Mitarbeiterin ständig ohne erkennbaren Grund gemobbt. Setzen Sie sich für die Mitarbeiterin ein?

G Sie sehen, wie ein Mann auf offener Straße einen dunkelhäutigen Menschen nur wegen seiner Hautfarbe übelst beschimpft. Ergreifen Sie Partei für den Beschimpften?

Aufgaben

1. Antworten Sie zu den Fallbeispielen jeweils mit Ja oder Nein und begründen Sie Ihre Position jeweils in Stichworten.

Das Gleichnis vom barmherzigen Samariter

↗ Doppelgebot der Liebe, S. 26

Vincent van Gogh (1853–1890)

Da stand ein Schriftgelehrter auf, um Jesus eine Falle zu stellen. „Lehrer“, fragte er scheinheilig, „was muss ich tun, um das ewige Leben zu bekommen?“ Jesus erwiderte: „Was steht denn darüber im Gesetz Gottes? Was liest du dort?“ Der Schriftgelehrte antwortete: „Du sollst den Herrn, deinen Gott, lieben, von ganzem Herzen, mit ganzer Hingabe, mit all deiner Kraft und mit deinem ganzen Verstand. Und auch deinen Mitmenschen sollst du lieben wie dich selbst.“ „Richtig!“, erwiderte Jesus. „Tu das, und du wirst leben.“

Aber der Mann gab sich damit nicht zufrieden und fragte weiter: „Wer gehört denn eigentlich zu meinen Mitmenschen?“

Jesus antwortete ihm mit einer Geschichte: „Ein Mann wanderte von Jerusalem nach Jericho. Unterwegs wurde er von Räubern überfallen. Sie schlugen ihn zusammen, raubten ihn aus und ließen ihn halb tot liegen. Dann machten sie sich davon. Zufällig kam bald darauf ein Priester vorbei. Er sah den Mann liegen und ging schnell auf der anderen Straßenseite weiter. Genauso verhielt sich ein Tempeldiener. Er sah zwar den verletzten Mann, aber er blieb nicht stehen, sondern machte einen großen Bogen um ihn. Dann kam einer der verachteten Samariter vorbei. Als er den Verletzten sah, hatte er Mitleid mit ihm. Er beugte sich zu ihm hinunter, behandelte seine Wunden mit Öl und Wein und verband sie.

Dann hob er ihn auf sein Reittier und brachte ihn in den nächsten Gasthof, wo er den Kranken besser pflegen und versorgen konnte.
Als er am nächsten Tag weiterreisen musste, gab er dem Wirt zwei Silberstücke und bat ihn: Pflege den Mann gesund! Sollte das Geld nicht reichen, werde ich dir den Rest auf meiner Rückreise bezahlen!
„Was meinst du?“, fragte Jesus jetzt den Schriftgelehrten. „Welcher von den dreien hat an dem Überfallenen als Mitmensch gehandelt?“ Der Schriftgelehrte erwiderte: „Natürlich der Mann, der ihm geholfen hat.“ „Dann geh und folge seinem Beispiel!“, forderte Jesus ihn auf.

Lukas 10,25-37

Aufgaben

1. Welche der folgenden Aussagen treffen die Kernaussage des Gleichnisses:
   A Ich soll gegen ausländische Menschen keine Vorurteile haben.
   B Ich soll jedem Menschen, der Hilfe braucht, helfen.
   C In Stresssituationen ist ein Wirtshausbesuch nicht schlecht.
   D Um ein Zusammenleben zwischen Menschen zu ermöglichen, ist es wichtig, dass die gesetzlichen Vorschriften immer eingehalten werden.
   E Für den Überfallenen wird jeder Mensch zum Nächsten, der bereit ist, ihm in seiner Not beizustehen.
   F Besonders Menschen, die bei der Kirche arbeiten, sollen den anderen helfen.
   G Man soll sich in die Lage dessen hinein versetzen, der Hilfe braucht.
   H Es kann Notsituationen geben, in denen es wichtiger sein kann, einem anderen zu helfen, als immer alle Gesetze einzuhalten.
   I Man soll sich nicht in einsamen Gegenden aufhalten.
2. Das Gleichnis vom barmherzigen Samariter zeigt, was die wichtigsten Merkmale einer christlichen Ethik sind. Versuchen Sie diese auszuformulieren.

Die christliche Ethik

↗ Die Werke der Barmherzigkeit, S. 143

Das Gleichnis vom barmherzigen Samariter macht deutlich, worin das Proprium, d.h. die spezifischen Wesensmerkmale der christlichen Ethik liegen:

Empathie

■ Die **Fähigkeit zur Empathie**, also die Fähigkeit, sich in einen anderen Menschen hineinzuversetzen und seine Situation auch einmal aus dessen Blickwinkel wahrzunehmen, ist eine elementare Voraussetzung für gelingende zwischenmenschliche Beziehungen.

Wohl des Menschen

■ Das **Wohl des Menschen** steht stets im Mittelpunkt aller ethischen Überlegungen. Diese Position kommt auch in dem viel zitierten Satz „Der Sabbat ist für den Menschen da, nicht der Mensch für den Sabbat“ (Markus 2,27) klar zum Ausdruck.

Nächstenliebe

■ Die **Nächstenliebe**, d.h. die uneingeschränkte Solidarität mit dem Mitmenschen ist das oberste Prinzip menschlichen Handelns. Alle Argumentationslinien der christlichen Ethik laufen letztlich in diesem einen Prinzip zusammen.

Aufgaben

3. Wie müsste man sich im Sinne einer christlichen Ethik in den einzelnen Fallbeispielen S. 110 verhalten? Begründen Sie jeweils Ihre Meinung.

Darf ein Christ ...?

Dietrich Bonhoeffer

Der Pfarrer und Universitätslehrer Dietrich Bonhoeffer zeigte sich bereits unmittelbar nach dem Machtantritt der Nationalsozialisten unter der Führung Adolf Hitlers als entschiedener und unerschrockener Gegner des nationalsozialistischen Unrechtssystems. Bald schon wird ihm die Lehrerlaubnis an der Universität entzogen; das Predigerseminar der Bekennenden Kirche, das er leitet, wird geschlossen.
1940 fragt ihn sein Schwager Hans von Dohnanyi, ob er der Widerstandsgruppe um Admiral Canaris beitreten will. Es ist klar, dass das Ziel dieser Gruppe die Ermordung Adolf Hitlers ist.

Aufgaben

1. Für den überzeugten Christen Dietrich Bonhoeffer ist dies eine schwierige ethische Entscheidung. Beschreiben Sie das Dilemma, in dem Bonhoeffer sich befindet.
2. Versuchen Sie sich in die Lage Bonhoeffers zu versetzen und treffen Sie eine Entscheidung!
   Wie würden Sie vermuten, dass Bonhoeffer sich entschieden hat?
   Begründen Sie jeweils Ihre Meinung.

↗ Gewissenskonflikt, S. 24f.

Bonhoeffer tritt der Widerstandsgruppe bei und arbeitet bei den Vorbereitungen zur Ermordung Hitlers aktiv mit. 1943, nach dem gescheiterten Attentat auf Hitler, wird Bonhoeffer verhaftet. Am 9. April 1945, nur wenige Tage vor Kriegsende, wird Bonhoeffer im KZ Flossenbürg erhängt.

... dem Rad in die Speichen fallen

Bei einem Rundgang im Gefängnishof Tegel wurde Dietrich Bonhoeffer von einem Mitgefangenen gefragt, wie er es als Christ und Theologe verantworten könne, am aktiven Widerstand gegen Hitler teilzunehmen und sogar dessen Mord zu planen. In der Kürze der Zeit und unter den Augen der Aufseher antwortete Bonhoeffer mit einem Bild.
Er sagte:
„Wenn ein betrunkener Autofahrer mit hoher Geschwindigkeit den Kurfürstendamm hinunter rast, kann es nicht die einzige und wichtigste Aufgabe eines Pfarrers sein, die Opfer des Wahnsinnigen zu beerdigen und deren Angehörige zu trösten. Viel wichtiger ist es, dem Betrunkenen das Steuerrad zu entreißen."

Aufgaben

1. „Übersetzen“ Sie dieses Bild.

Bild	Bedeutung in Wirklichkeit
Ein betrunkener Autofahrer	
rast den Kurfürstendamm hinunter und wird einen Unfall mit vielen Opfern verursachen.	
Es ist nicht die wichtigste Aufgabe eines Pfarrers, die Opfer des betrunkenen Autofahrers zu beerdigen und seine Angehörigen zu trösten.	
Dem Betrunkenen soll das Steuerrad entrissen werden.	

2. Geben Sie an, wie Bonhoeffer seine Entscheidung begründet.
3. Die folgenden Textbausteine fassen die ethische und theologische Position Bonhoeffers zusammen. Ordnen Sie die Bausteine zu einem sinnvollen Text und geben Sie die Argumentationslinie in eigenen Worten wieder.

A Ob dieser Widerstand legal ausgeübt wird, d.h. im Rahmen der bestehenden Gesetze, oder illegal, d.h. indem bewusst gegen Gesetze verstoßen und sogar ein Mordanschlag auf einen Diktator geplant wird (wie z.B. bei Dietrich Bonhoeffer), muss jeder für sich selbst entscheiden.

B Christen können jedoch auf Vergebung hoffen, weil Jesus für unsere Schuld am Kreuz gestorben ist.

C Ein Christ, der seinen Glauben ernst nimmt, muss Widerstand leisten, wenn Menschen wegen ihres Glaubens, ihrer Rasse, ihrer Sprache oder ihres Aussehens unterdrückt, verfolgt oder ermordet werden.

D Schuldig werden beide. Der, der sich „nur“ um die Bedrohten oder die Opfer kümmert, weil er nicht verhindert, dass der Diktator weiter morden lässt. Der, der Hitler ermorden will, weil er selbst zum Mörder wird.

E In der Bibel steht: „Tu deinen Mund auf für die Stummen und für die Sache aller, die verlassen sind“ (Sprüche 31,8); „Was ihr getan habt für einen meiner geringsten Brüder, das habt ihr für mich getan“ (Matthäus 25,40).

HANDELN
UND
BETEN?

Basics

Moral und Ethik

Moral: Bezeichnung für die Verhaltens- und Einstellungsnormen, die einer Gesellschaft zugrunde liegen und von einer Mehrheit als verbindlich angesehen werden. Da Moral sich immer auf traditionelle und überlieferte Werte beruft, kann sie in einer sich wandelnden Gesellschaft sehr leicht als einengend empfunden werden.

Ethik: Lehre vom richtigen Handeln und Wollen. Der Ethik geht es darum, Grundsätze und Regeln zu finden, nach denen sich alle Menschen richten können, wenn sie vor der Frage stehen: Was soll ich tun? Wie soll ich mich meinen Mitmenschen gegenüber verhalten?

Sechs Schritte der ethischen Urteilsfindung

1. Problemstellung
2. Situationsanalyse
3. Alternativen
4. Normenprüfung
5. Die Entscheidung
6. Überprüfung

Verschiedene ethische Grundhaltungen

- **Gesinnungsethik**
  Wichtig ist die Motivation, aus der ich handle. Sie ist wichtiger als die Wirkung meiner Handlung. Ich bin ein guter Mensch, wenn ich in guter Absicht handle.
- **Verantwortungsethik**
  Es ist nicht gleichgültig, wie ich mich verhalte, denn meine Handlungen haben Auswirkungen. Deshalb muss ich meine Handlungen vor allem an den tatsächlichen Ergebnissen und deren Verantwortbarkeit messen.
- **Prinzipienethik**
  Ich mache mir grundsätzlich Gedanken über die Regeln, nach denen ich lebe. Es gibt für mich feste Prinzipien, die mir wichtig sind. Ich halte mich an diese Prinzipien - unabhängig davon, in welche Situation ich gerate.
- **Situationsethik**
  Ich handle situativ. Meine Entscheidungen richte ich an den konkreten Bedingungen der jeweiligen Situation aus. Da jedes Individuum und jede Situation einzigartig ist, sind allgemeine Prinzipien und Normen nicht hilfreich.
- **Utilitarismus**
  Die Entscheidung ist gut, die im Ergebnis den optimalen Nutzen für mich oder die Gesellschaft garantiert. Nach dem Philosophen John Stuart Mill ist das Ziel einer utilitaristischen Ethik das größtmögliche Glück für die größtmögliche Zahl von Menschen.

Christliche Ethik

- Die Fähigkeit zur **Empathie**, also sich in die Lage eines anderen Menschen hineinversetzen zu können, ist eine elementare Voraussetzung für gelingende zwischenmenschliche Beziehungen.
- Das **Wohl des Menschen** steht stets im Mittelpunkt aller ethischer Überlegungen. Das kommt in Mk 2,27 klar zum Ausdruck.
- Die **Nächstenliebe**, d.h. die uneingeschränkte Solidarität mit dem Mitmenschen ist das oberste Prinzip menschlichen Handelns. Alle Argumentationslinien der christlichen Ethik laufen letztlich in diesem einen Prinzip zusammen.

Kapitel 11

Glück

ALSO DAS NENN ICH MAL GLÜCK IM UNGLÜCK!
RATZ-FATZ BESTATTUNGEN

Aufgaben

1. Glück im Unglück – finden Sie Beispiele aus Ihrer eigenen Erfahrung.
2. Sie sollen jemandem erklären, was Glück ist. Wie machen Sie das?
3. Erinnern Sie sich an Situationen in Ihrem bisherigen Leben, in denen Sie sich besonders glücklich oder unglücklich gefühlt haben?
4. Was war bisher Ihr größter Glücksmoment?
5. Was fehlt Ihnen noch zum absoluten Glück?

Glück – was ist das?

Glück bedeutet für mich …

1 *unabhängig zu sein*

2 *als ich mit Alkohol bei einer Polizeikontrolle durchgewinkt wurde*

3 *einen festen Glauben zu haben*

4 *ein Abend mit guten Freunden*

5 *wenn ich mit dem Paraglider abhebe*

6 *verliebt sein*

7 *als mein Bruder einen Unfall überlebte*

8 *wenn man alles hat, was man will*

9 *Schlagzeug zu spielen*

10 *allein in einer Sommernacht unter klarem Sternenhimmel*

11 *Sex, drugs and Rock'n Roll*

12 *einen Beruf gefunden zu haben, der mir Spaß macht*

13 *Reisen, neue Länder und Menschen kennen zu lernen*

14 *wenn Bayern München verliert*

15 *nicht unter einer Krankheit leiden zu müssen, nicht behindert zu sein*

16 *ein Lottogewinn*

17 *einen guten Partner fürs Leben gefunden zu haben*

18 *Zeit für mich selbst zu haben, ohne Verpflichtungen und Termine*

19 *gebraucht zu werden und anderen helfen zu können*

Aufgaben

1. a) Welche Aussagen leuchten Ihnen ein, welche nicht?
   b) Legen Sie gemeinsam ein Klassen-Ranking an der Tafel fest.
   c) Ergänzen Sie eigene Glücksvorstellungen, die nicht erwähnt werden.
2. Bestimmen Sie Voraussetzungen dafür, dass ein Mensch glücklich werden kann, und solche, die es eher verhindern.

GLÜCK

GLÜCK als
günstige Fügung

(unerwarteter Gewinn, heil aus einer Sache herauskommen usw.)

GLÜCK als
vorübergehender Zustand absoluter Hochstimmung

(verliebt sein, nach einer bestandenen Prüfung usw.)

GLÜCK als
Zustand des Wohlbefindens

(einfach zufrieden und ausgeglichen sein, gesund sein usw.)

Aufgaben

3. Ordnen Sie einzelne Glücksvorstellungen diesen drei Kategorien zu.

Glück als Prozess

Viele Philosophen bezweifeln, dass es etwas wie dauerhaftes Glück überhaupt geben kann, schon gar nicht auf direktem Weg.
Glück ist demnach vielmehr das Ergebnis eines gut gelebten Lebens: das heißt der Versuch, in Übereinstimmung mit dem inneren Selbst zu sein, ob nun auf einer Luxusyacht oder in einer Einzimmerwohnung; das heißt die Kunst, seine Talente und seine Individualität zu entfalten; das heißt das Vermögen, nach eigenen Werten denken und handeln zu können, authentisch zu sein, über ein gutes Selbstwertgefühl zu verfügen. Glück ist demnach weniger ein Zustand, sondern vielmehr ein Prozess. Es beruht auf innerer Veränderung und erfordert ständige Auseinandersetzung mit sich und den anderen.

Flow

Mit Flow bezeichnen Glücksforscher einen Moment höchsten Glücksgefühls, in dem man für ganz kurze Zeit in völligem Einklang mit sich selbst und der Welt zu sein scheint. Man hat das Gefühl, über sich selbst zu verfügen und sein Schicksal in die eigene Hand nehmen zu können. Bei diesen seltenen Gelegenheiten spürt man ein Gefühl von extremer Hochstimmung, von tiefer Freude und intensivem Glück.

Aufgaben

1. Beschreiben Sie für sich Situationen und Erfahrungen mit den folgenden drei Bereichen des Glücks:
   - ☐ glücklicher Zufall
   - ☐ glückliches Leben
   - ☐ intensives Hochgefühl des Glücks

Glück haben – glücklich sein

Wer ist ein glücklicher Mensch?

ZIEL
MITTELRHEIN MARATHON
1069

Aufgaben

1. Kennen Sie einen Menschen, den Sie als glücklichen Menschen bezeichnen würden? Was zeichnet ihn aus?
2. Beschreiben Sie einen Menschen, der in Ihren Augen ein glücklicher Mensch zu nennen wäre.

Glück haben

Glück-haben-Begriff

Der einfachste und direkte Weg zum Glück scheint das Beschenktwerden mit reichen materiellen Gütern zu sein, z.B. mit einem Lottogewinn. Ohne jede eigene Anstrengung ist man plötzlich mit Gütern ausgestattet, die das Leben leichter und vielleicht auch luxuriöser machen und die zudem noch soziales Ansehen einbringen. Wenn man noch Gesundheit dazu nimmt, ergibt sich die vielleicht am weitesten verbreitete, etwas naive Glücksauffassung.

Hiob – ein Mensch, der Glück hatte

Hiob ist ein frommer, rechtschaffener und gottesfürchtiger Mann, dessen Leben als Inbegriff dieses „glücklichen Lebens“ gelten kann. Die Liebe Gottes zu Hiob wird zeittypisch dadurch ausgedrückt, dass Hiob verschwenderisch mit äußeren Glücksgütern beschenkt wird. Weil Gott aber dann auf Veranlassung Satans Hiobs Treue zu ihm auf die Probe stellt, bricht über Hiob – für diesen völlig überraschend – das Unglück herein. Und „Unglück“ bedeutet für die beschriebene Denkweise den Verlust des Reichtums, aller Kinder, der Gesundheit und auch des Ansehens.

↗ Hiob, S. 152

Nach Hiobs Bewährung – er ist auch im größten Unglück nicht von Gott abgefallen – wendet Gott dessen Geschick und „mehrte den Besitz des Hiob auf das Doppelte“.
Die Geschichte Hiobs dient als Beispiel für den Glück-haben-Begriff. Hiob, der Gerechte, wurde von Gott mit allem gesegnet, was einen glücklichen Menschen ausmacht: viele Kinder, eine große Anzahl von Bediensteten, riesige Herden, Ansehen und Einfluss, Gesundheit und langes Leben.

Kritik am Glück-haben-Begriff

Aufgrund der eigenen Lebenserfahrung wird man sich bewusst, dass Glück in Befriedigung von Bedürfnissen nicht zu erreichen ist. Jeder erfüllte Wunsch bringt sofort einen neuen hervor und setzt eine Spirale der Wünsche in Gang, die tendenziell ins Unermessliche führt. Dazu kommt die Tatsache, dass das Gefühl schwer zu ertragen ist, das eigene Lebensglück hänge ganz von Umständen ab, die man nicht unter Kontrolle hat.

↗ Buddhas Lehre, S. 196

Glücklich sein

Das wahre Glück ist nicht in äußeren Gütern und leiblichen Genüssen zu finden, die von übergeordneten Mächten geschenkt oder verweigert werden können, sondern ist in der richtigen inneren Haltung des Menschen begründet, die schließlich zum richtigen Handeln führt.

Der Glücklich-sein-Begriff

Aufgaben

1. Beschreiben Sie Ihre besonderen Anlagen und Fähigkeiten. Wie müsste ein beruflicher Kontext gestaltet sein, in dem Sie diese bestmöglich verwirklichen könnten?
2. Ordnen Sie die folgenden Glücksgüter den beiden Glückskategorien „Glück haben" und „glücklich sein" zu und ergänzen Sie jeweils weitere.

körperliche Attraktivität | Einzug in ein neues Eigenheim | innere Zufriedenheit | mit sich selbst im Reinen sein | Beruf, der einen erfüllt | Glaubensgewissheit | Möglichkeit, seine Anlagen und Fähigkeiten ausleben zu können | Lottogewinn | Freude an Kleinem haben können | Gefühl, helfen zu können | positives Selbstbild | neues Auto | Geburt eines gesunden Kindes | Beförderung | Heilung von einer schweren Krankheit | Finden des Traumpartners, der Traumpartnerin | mit dem zufrieden sein können, was man hat | Kauf einer tollen Designerjacke, Bonus-Auszahlung von 5 000 € | selbstbestimmt leben zu können

↗ Kap. Wofür es sich zu leben lohnt

↗ Sinn von Arbeit, S. 86f.

SIE GLÜCKLICHER HABEN KEIN GELD
Finanz-Krise
ERL08

Aufgaben

3. Diskutieren Sie, ob die Aussage des reichen Mannes berechtigt ist.

Zur Diskussion

Paradies – ein Zustand höchsten Glücks

↗ S. 95

Am Anfang der Welt gab es einen Zustand höchsten Glücks, als Gott und Mensch im Paradies zusammenlebten. Diese Gemeinschaft hat der Mensch verloren, als er sich in freier Entscheidung dem Willen Gottes widersetzte: Der Verlust des Ur-Glücks ist der Preis der menschlichen Freiheit.

↗ Jesu Tod und Auferstehung, S. 162f.

Die Sehnsucht des Menschen nach dem Ur-Glück bleibt jedoch bestehen. Aus eigener Kraft kann die Gemeinschaft mit Gott aber nicht wieder hergestellt werden. Mit Jesus jedoch wurde die Trennung aufgehoben. Durch seinen Kreuzestod und seine Auferstehung wurde die Gemeinschaft mit Gott wiederhergestellt. In der Nachfolge Jesu haben die Menschen Teil an dieser Gemeinschaft; der Weg zum Paradies steht ihnen wieder offen.

Die Seligpreisungen – wen Jesus glücklich nennt

↗ Kap. Jesus Christus

1 Glücklich sind, die erkennen, wie arm sie vor Gott sind,
denn ihnen gehört die neue Welt Gottes. *Mt 5,3*
2 Glücklich sind die Trauernden,
denn sie werden Trost finden. *Mt 5,4*
3 Glücklich sind die Friedfertigen,
denn sie werden die ganze Erde besitzen. *Mt 5,5*
4 Glücklich sind, die nach Gerechtigkeit hungern und dürsten,
denn sie sollen satt werden. *Mt 5,6*
5 Glücklich sind die Barmherzigen,
denn sie werden Barmherzigkeit erfahren. *Mt 5,7*
6 Glücklich sind, die ein reines Herz haben,
denn sie werden Gott sehen. *Mt 5,8*

7 Glücklich sind, die Frieden stiften,
denn Gott wird sie seine Kinder nennen. *Mt 5,9*
8 Glücklich sind, die um der Gerechtigkeit willen verfolgt werden,
denn ihnen gehört das Himmelreich. *Mt 5,10*

Die Seligpreisungen – Jesu Weg zum Glück

Die Seligpreisungen zeigen, wen Jesus glücklich nennt

Im Neuen Testament finden sich in den „Seligpreisungen" der Bergpredigt zentrale Aussagen darüber, wen Jesus glücklich nennt, weil ihm die ewige Seligkeit zuteil werden wird.
In den Seligpreisungen verbindet sich der Zuspruch von Trost für Menschen in negativen Lebensumständen (arm, hungrig, weinend, gehasst) mit der Anleitung zu einem sittlich-religiösen Verhalten, wie es sich als Antwort des Menschen auf die Liebe Gottes ergibt: der uneigennützigen Nächstenliebe.
In allen Seligpreisungen überstrahlt das Licht des künftigen Reiches Gottes schon die Gegenwart der Glaubenden. Insofern sind die Seligpreisungen der Bergpredigt keineswegs Vertröstungen auf eine ferne Zukunft, sondern sie zeigen, was im Lichte der zukünftigen Welt heute wichtig und wesentlich ist.

Aufgaben

1. Die Seligpreisungen decken auf, was nach Jesu Meinung wesentlich ist, was Menschen zu glücklichen Menschen macht. Benennen Sie diese „Glücksgüter" und finden Sie jeweils konkrete Beispiele.

Definition

■ **selig** Die Worte „selig" und „glückselig" werden in der Bibel verwendet, wenn ein Mensch glücklich zu preisen, zu beglückwünschen ist. Im Neuen Testament hängen Heil und Glückseligkeit der Menschen unlösbar zusammen mit der Herrschaft Gottes, die mit Jesus auf Erden angebrochen ist. (Glück)selig ist also, wer Jesus und seine Botschaft aufnimmt und wer an ihn glaubt.

Schüler und Schülerinnen einer Berufsschulklasse haben begonnen, die Seligpreisungen in die heutige Sprache zu „übersetzen":

A Glücklich sind die, die bei Ungerechtigkeiten nicht ruhig bleiben, sondern sich überall für gerechte Verhältnisse einsetzen, denn Gott wird ihnen das nicht vergessen.

B Glücklich sind die, die etwas Schlimmes erlebt haben, denn Gott selbst wird sie trösten.

C Glücklich ist der, der etwas nicht so gut kann, denn dafür wird Gott gut zu ihm sein.

D Glücklich sind die, die sich um Benachteiligte kümmern, denn Gott wird sich besonders um sie kümmern.

Aufgaben

2. Ordnen Sie die Schülerformulierungen den jeweiligen Seligpreisungen und Bibelstellen zu. Formulieren Sie zu den übrigen Seligpreisungen ähnliche eigene Übersetzungen.
3. Bei welcher der Seligpreisungen könnten Sie sich besonders angesprochen fühlen?

Frau Rossbauer sucht das Glück

Die Gläser sind gespült, die flauschigen Fellhausschuhe im Schuhregal versteckt, auf dem Küchentisch stehen Butterkekse – alles ist bereit zum Vermessen meines Glücks. Plötzlich kommen mir Zweifel, ich bin nervös. War es wirklich eine gute Idee, den Glücksforscher zu mir nach Hause einzuladen? Alles, was er sehen wird, hat eine Bedeutung. Was wird er von dem vertrockneten Schnittlauch auf dem Balkon halten? Was, wenn er den Schrank unter der Spüle aufzieht und ihm die Pfandflaschen entgegenrollen? Vielleicht kommt am Ende heraus, dass ich nicht glücklich sein kann, so wie ich lebe.

Doch ich wollte es so. Ich wollte nicht mehr grübeln. Ich wollte es wissen: Bin ich glücklich?

Im April bin ich dreißig geworden. Auch wenn jeder sagt, das sei nur eine Zahl – die Drei brachte mich zum Nachdenken. Sollte ich jetzt aufs Land ziehen, Kinder kriegen oder irgendetwas anderes Großes beginnen? Eigentlich geht es mir gut. Meine Arbeit macht mir Spaß, es gibt Menschen, die mir wichtig sind und mit denen ich viel Zeit verbringe. Trotzdem ist da dieses Gefühl, diese Frage: Reicht das zum Glück?

Deshalb habe ich einen Glücksforscher eingeladen. Jan Delhey ist Professor für Soziologie an der Universität Bremen. Er erforscht, wie Lebensbedingungen menschliches Glück beeinflussen. Delhey hatte gefragt, ob wir uns in einem Café in seiner Nähe treffen könnten, in Berlin, wo seine Familie wohnt. Nein, ich wollte, dass er sieht, wie ich lebe, wollte alle Karten auf den Tisch legen. Ich rief ihn an. „Würden Sie auch zu mir nach Hause kommen?" „Na, ausnahmsweise. Wo wohnen Sie denn?" „In Neukölln."

Es klingelt.

Delhey stellt seinen Rucksack ab und setzt sich vor die Butterkekse an den Küchentisch. Hellblaues Hemd, blaue Jeans, kurze, dunkelblonde Haare. Er wirkt wie einer, der lieber in den Bergen wandert, als auf Konferenzen Vorträge zu halten. Wir trinken Kaffee und plaudern. Delhey erzählt, wie er die Lebensqualität der Menschen in unterschiedlichen Ländern vergleicht. Und davon, dass Glück und Lebenszufriedenheit eigentlich das Gleiche bedeuten. Im Englischen gebe es nur das Wort *happiness* – für beides. „Ich verwende gern eine Formel, um Lebensqualität zu bemessen", sagt Delhey. „**Haben** plus **Lieben** plus **Sein**." Mit Haben meint er Wohlstand. Lieben sind die sozialen Beziehungen, ein Partner und Freunde. Und Sein: Was man aus all den Gegebenheiten macht.

„Herr Delhey, können Sie mir sagen, ob ich glücklich bin?"

„Wir können uns ja mal umsehen", sagt er und stellt die Kaffeetasse auf den Tisch.

Wir besichtigen das Schuhregal im Flur, das Bad mit Stehwanne, das Wohn- und Arbeitszimmer. Delhey guckt sich ein wenig schüchtern um. Die Möbel sind aus Holz, selbst gebaut oder von Ikea. An den Wänden hängen Poster, Bilder von getrockneten Blumen, an den Fenstern geblümte Vorhänge, die meine Mutter genäht hat. An einer Wand kleben Fotos.

Die vertrockneten Kräuter auf dem Balkon bemerkt er gar nicht.

Mein **Haben**, urteilt der Professor: „Unauffällig." Er fragt, ob ich Vollzeit angestellt sei. Selbstständig, sage ich. Mein Verdienst ist nicht riesig, aber ich muss mir keine Sorgen um Miete und Essen machen. Trotzdem: Manchmal frage ich mich, ob ich nicht mehr verdienen müsste, und sicher ist das Geld als Selbstständige auch nicht.

Delhey erklärt, dass das Einkommen nur dann auf die Lebenszufriedenheit drückt, wenn Menschen weit unter dem Durchschnitt verdienen – wie Hartz-IV-Empfänger oder Geringstverdiener. Mehr zu verdienen würde mich vermutlich nicht glücklicher machen.

„Wichtig ist auch der Vergleich in seiner Bezugsgruppe", sagt Delhey. Das eigene Rudel, der Freundeskreis. Verdienen da alle wesentlich mehr, kann man sich unglücklich fühlen. Auch wichtig: das Wohnumfeld. Arm sein in Hollywood wäre nicht so toll. Meine

Freunde besitzen ähnlich wenig. Und ich wohne im Berliner Bezirk Neukölln: keine echten Gucci-Brillen, die täglich vor der Haustüre vorbeiziehen, keine Porsches, keine riesigen Gärten. Wunderbar. Neukölln macht glücklich.
Der Professor deutet auf meine Gitarre. Es sei gut, ein Hobby zu haben, eine Selbstverwirklichung. Er analysiert jetzt wohl mein **Sein**. Je aktiver ein Mensch ist, sagt er, desto zufriedener. Ich spiele eher schlecht, sage ich. In Wahrheit berühren mehr Staubkörner als Fingerkuppen die Gitarre: Faulheit. Aber ich habe einen kreativen Beruf, meint er. Einen, der abwechslungsreich ist und mich immer wieder neu fordert. Auch das sei ein Glücksfaktor. Mein Sein, bilanziert Delhey, ist sehr stark.
Fehlt noch das **Lieben**. Delhey studiert die Bilderwand. Mein Freund hängt da gar nicht – nur Bilder meiner Familie, von Freundinnen und Exfreunden, die meine besten Freunde sind. Na ja, Partner kann ja noch werden, sagt er. Ich deute auf das Fach im Regal, in dem mein Freund seine Klamotten parkt. Delhey lächelt. Wer einen festen Partner hat, ist im Schnitt zufriedener, sagt er. Ob das wirklich so einfach ist? Kein Partner, weniger Glück? „Im statistischen Mittel schon", sagt Delhey.
Die Lebensglückskurve, erklärt Delhey, verläuft wie ein U: Die glücklichste Zeit erleben Menschen in der Kindheit, danach sackt das Glück ab, bis zum Tiefpunkt mit etwa 45. Da ist die Belastung am größten, beruflich und meist auch durch die Familie. Außerdem muss man sich spätestens in diesem Alter von vielen Lebensträumen verabschieden: Wer bis dahin keine Familie hat, gründet keine mehr. Wer noch immer kein Rockstar ist, wird keiner mehr. Mit Mitte vierzig hängt man ganz unten im U. „Die berühmte Midlife-Crisis können wir in der Glücksforschung tatsächlich nachweisen", sagt Delhey. Danach gehe es aber wieder bergauf: Die Kinder werden selbstständig, der Beruf wird entspannter. Erst dann lernen die meisten Menschen, sich mit dem zu arrangieren, was sie haben. Damit glücklich zu sein.
Mit dreißig sei ich in einem Alter, in dem ich noch eine Familie gründen, Rockstar werden und Karriere machen könnte. Eigentlich will ich das alles. Allein das Träumen davon, meint Delhey, macht schon glücklich. Zu all den Statistiken, sagt der Professor, komme aber noch eine Unbekannte: die Veranlagung. Menschen, die alles haben – Wohlstand, Liebe und ein aktives Leben – können trotzdem todunglücklich sein. Und andere, die einsam ein bescheidenes Leben führen, jeden Tag frohlocken.
Aus Sicht des Soziologen scheint also alles in Ordnung zu sein: Ich habe einen Freund, einen kreativen Beruf und wohne in Neukölln, wo es Weniges gibt, worauf ich neidisch blicken könnte. Und mein Alter lässt auch noch Möglichkeiten offen.

Maria Rossbauer

Aufgaben

1. Ein Glücksforscher sieht sich in Ihrer Wohnung oder in Ihrem Zimmer um.
   a) Was würde er wahrnehmen?
   b) Wie würde er seine Wahrnehmungen möglicherweise interpretieren?
2. Beschreiben und erklären Sie die Glücksformel des Glücksforschers.
3. Wie glücklich sind Sie? Wie würden Sie Ihr momentanes Glücksbefinden in den folgenden Bereichen auf einer Skala von 1 - 10 jeweils einordnen?
   a) Haben
   b) Lieben
   c) Sein
   d) persönliches Glücksempfinden generell.

   Begründen Sie Ihre Einschätzungen.
4. Was müsste passieren, damit Sie noch glücklicher wären?

Basics

Drei Arten von Glück

- **Glück als günstige Fügung**
  (unerwarteter Gewinn, heil aus einer Sache herauskommen usw.)
- **Glück als vorübergehender Zustand absoluter Hochstimmung**
  (verliebt sein, nach einer bestandenen Prüfung, usw.)
- **Glück als Zustand des Wohlbefindens**
  (einfach zufrieden und ausgeglichen sein, gesund sein, usw.)

Glücklich sein

Das wahre Glück ist nicht in äußeren Gütern und leiblichen Genüssen zu finden, die von übergeordneten Mächten geschenkt oder verweigert werden können, sondern ist in der richtigen inneren Haltung des Menschen begründet, die schließlich zum richtigen Handeln führt.

Paradies – ein Zustand höchsten Glücks

Am Anfang der Welt gab es einen Zustand höchsten Glücks, als Gott und Mensch im Paradies zusammenlebten. Diese Gemeinschaft hat der Mensch verloren, als er sich in freier Entscheidung dem Willen Gottes widersetzte: Der Verlust des Ur-Glücks ist der Preis der menschlichen Freiheit.
Die Sehnsucht des Menschen nach dem Ur-Glück bleibt jedoch bestehen. Aus eigener Kraft kann die Gemeinschaft mit Gott aber nicht wieder hergestellt werden. Mit Jesus jedoch wurde die Trennung aufgehoben. Durch seinen Kreuzestod und seine Auferstehung wurde die Gemeinschaft mit Gott wiederhergestellt. In der Nachfolge Jesu haben die Menschen Teil an dieser Gemeinschaft; der Weg zum Paradies steht ihnen wieder offen.

Selig

Die Worte „selig“ und „glückselig“ werden in der Bibel verwendet, wenn ein Mensch glücklich zu preisen, zu beglückwünschen ist. Im Neuen Testament hängen Heil und Glückseligkeit der Menschen unlösbar zusammen mit der Herrschaft Gottes, die mit Jesus auf Erden angebrochen ist. (Glück)selig ist also, wer Jesus und sein Wort aufnimmt und wer an ihn glaubt.

Die Seligpreisungen – wen Jesus glücklich nennt

Im Neuen Testament finden sich in den „Seligpreisungen“ der Bergpredigt zentrale Aussagen darüber, wen Jesus glücklich nennt, weil ihm die ewige Seligkeit zuteil werden wird.
In den Seligpreisungen verbindet sich der Trost für Menschen in negativen Lebensumständen (arm, hungrig, weinend, gehasst) mit der Anleitung zu einem Verhalten, wie es sich als Antwort des Menschen auf die Liebe Gottes ergibt: der uneigennützigen Nächstenliebe.

- Glücklich sind, die erkennen, wie arm sie vor Gott sind, denn ihnen gehört die neue Welt Gottes. *Mt 5,3*
- Glücklich sind die Trauernden, denn sie werden Trost finden. *Mt 5,4*
- Glücklich sind die Friedfertigen, denn sie werden die ganze Erde besitzen. *Mt 5,5*
- Glücklich sind, die nach Gerechtigkeit hungern und dürsten, denn sie sollen satt werden. *Mt 5,6*
- Glücklich sind die Barmherzigen, denn sie werden Barmherzigkeit erfahren. *Mt 5,7*
- Glücklich sind, die ein reines Herz haben, denn sie werden Gott sehen. *Mt 5,8*
- Glücklich sind, die Frieden stiften, denn Gott wird sie seine Kinder nennen. *Mt 5,9*
- Glücklich sind, die um der Gerechtigkeit willen verfolgt werden, denn ihnen gehört das Himmelreich. *Mt 5,10*

Wofür es sich zu leben lohnt

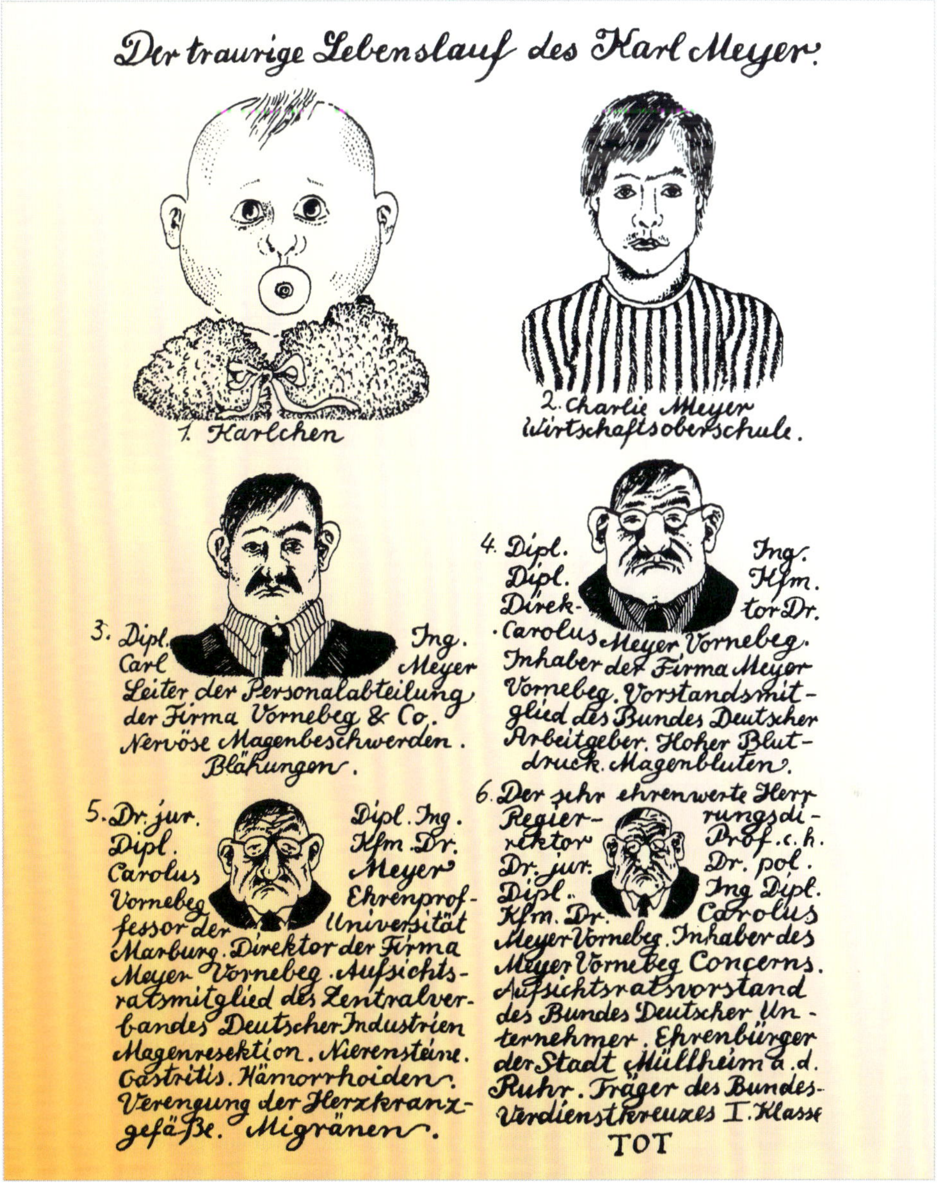
Der traurige Lebenslauf des Karl Meyer:
1. Karlchen
2. Charlie Meyer Wirtschaftsoberschule.
3. Dipl. Ing. Carl Meyer Leiter der Personalabteilung der Firma Vornebeg & Co. Nervöse Magenbeschwerden. Blähungen.
4. Dipl. Ing. Dipl. Kfm. Direktor Dr. Carolus Meyer Vornebeg. Inhaber der Firma Meyer Vornebeg. Vorstandsmitglied des Bundes Deutscher Arbeitgeber. Hoher Blutdruck. Magenbluten.
5. Dr. jur. Dipl. Ing. Dipl. Kfm. Dr. Carolus Meyer Vornebeg Ehrenprofessor der Universität Marburg. Direktor der Firma Meyer Vornebeg. Aufsichtsratsmitglied des Zentralverbandes Deutscher Industrien Magenresektion. Nierensteine. Gastritis. Hämorrhoiden. Verengung der Herzkranzgefäße. Migränen.
6. Der sehr ehrenwerte Herr Regierungsdirektor Prof. e.h. Dr. jur. Dr. pol. Dipl. Ing. Dipl. Kfm. Dr. Carolus Meyer Vornebeg. Inhaber des Meyer Vornebeg Concerns. Aufsichtsratsvorstand des Bundes Deutscher Unternehmer. Ehrenbürger der Stadt Müllheim a.d. Ruhr. Träger des Bundesverdienstkreuzes I. Klasse
TOT

Aufgaben

1. Beschreiben Sie den Lebenslauf von Karl Meyer. Wie würden Sie dessen Leben nennen? Erfüllt, traurig, erfolgreich ...?
2. Angenommen, Karl Meyer blickt auf seinem Sterbebett auf sein Leben zurück. Wie könnte diese rückblickende Bewertung aussehen?
3. Welche Ziele hat Karl Meyer in seinem Leben verfolgt? Worin sah er den Sinn seines Lebens?
4. Welche Ziele verfolgen Sie in Ihrem Leben?
5. In Todesanzeigen liest man oft: „ ... ist nach einem erfüllten Leben von uns gegangen." Versuchen Sie ein solches erfülltes Leben zu skizzieren.

Welchen Sinn gebe ich meinem Leben?

Luca, 19 J., 2. Ausbildungsjahr als Einzelhandelskaufmann:
Jeden Morgen um 6.00 Uhr aufstehen, acht Stunden im Betrieb, abends müde, und das 38 Stunden die Woche und noch mindestens 40 Jahre lang. Was für einen Lebenssinn soll das denn haben?

Leonie, 24 J., Erzieherin:
Meinen Lebenssinn habe ich in meinem Beruf gefunden. Ich arbeite in einem Kinderheim und merke, dass ich den Kindern wirklich helfen kann. Vielen geht es von ihrer Herkunft her nicht so gut, und ich kann mit dazu beitragen, dass es ihnen ein bisschen besser geht. Gebraucht zu werden und anderen helfen zu können – dabei geht es mir richtig gut!

Vincenzo, 20 J., Mechatroniker:
Ich male gerne und habe gemerkt, dass mir mein gelernter Beruf keinen Spaß macht. Von meinen Bildern habe ich zwei verkauft und demnächst habe ich meine erste Ausstellung in der Bezirkssparkasse. Ich bin glücklich, wenn ich malen kann. Ich denke, dass der Sinn des Lebens darin bestehen kann, das zu machen, was man gut kann.

Vanessa, 18 J., Kassiererin im Supermarkt:
Ich will einmal eine richtige Familie haben, wo alles gut ist. Ich hätte gern einen Mann, der so gut verdient, dass ich zu Hause bleiben kann, vielleicht sogar in einem eigenen Haus, und mich um die Kinder und den Haushalt kümmern. Darin könnte ich schon meinen Lebenssinn sehen.

Jonas, 21 J., Versicherungskaufmann:
Ich finde, das wichtigste Ziel im Leben ist, möglichst viel Geld zu verdienen. Wenn man genügend Geld hat, kann man sich auch viel leisten. Je mehr Geld man hat, umso mehr kann man sich kaufen, um so besser lebt man und umso mehr wird man von den anderen auch geachtet.

Selina, 22 J., Fitnesstrainerin:
Ich will ein Leben mit möglichst viel Spaß und Action. Zwei, drei Sachen habe ich schon ausprobiert, wo ich gemerkt habe, dass mich das voll anmacht. Einmal das Bungeejumping, der Kick, wenn man da volle Kanne auf die Erde zurast und immer das kleine bisschen Ungewissheit, ob das Seil auch wirklich hält, und dann das geile Gefühl, wenn man wieder nach oben gerissen wird, das ist unbeschreiblich. Oder beim Freestyleclimbing, wenn es auf Leben und Tod geht. Für solche extremen Situationen lebe ich.

Aufgaben

1. Zeigen Sie auf, worin für diese sechs Menschen jeweils der Sinn des Lebens besteht.
2. Welche Vorstellungen können Sie nachvollziehen, welche sehen Sie eher kritisch? Begründen Sie Ihre Meinung.
3. Versuchen Sie die Frage nach dem Sinn des Lebens für sich persönlich zu klären. Nehmen Sie sich Zeit dazu und formulieren Sie ein kurzes Statement.

Aufgaben

1. Zeichnen Sie für sich einen „Wertekreis“ mit verschiedenen Kreisausschnitten. Jeder Kreisausschnitt steht für einen der folgenden Bereiche:
   - ☐ Familie,
   - ☐ Karriere und Wohlstand,
   - ☐ Spaß und Action,
   - ☐ anderen helfen,
   - ☐ tun, was man gut kann.

   Sie können weitere Kreiausschnitte ergänzen.
   Zeichnen Sie die einzelnen Kreisausschnitte jeweils so groß, wie sie wichtig für Sie sind.

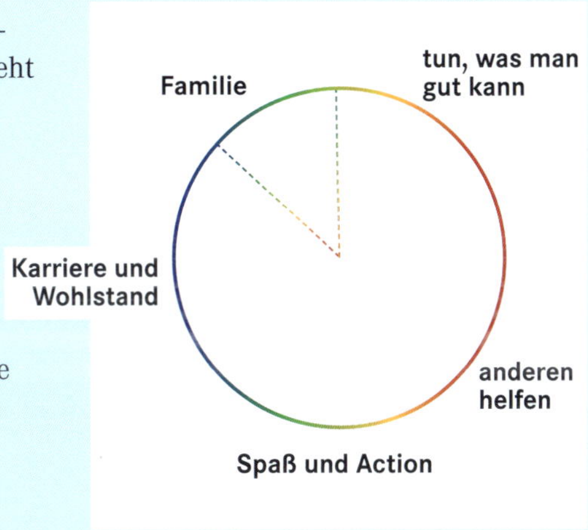

Familie
tun, was man gut kann
Karriere und Wohlstand
anderen helfen
Spaß und Action

↗ Glück haben – glücklich sein, S. 118f.

Ziele sind vom Lebensalter abhängig

Einen guten Beruf ausüben

Jemanden haben, der einem etwas vorliest

Ein Haus besitzen

Sich von Erwachsenen nichts mehr sagen lassen

Einen festen Partner haben

Playmobil

Unabhängig sein

Etwas zu sagen haben

Spaß und Action

Kinder haben

Eine gesicherte Altersversorgung haben

Zeit haben

Besuch bekommen

Geliebt werden

Führerschein

In ferne Länder reisen

Wenig körperliche Beschwerden haben

Angesehen sein

Ein Auto haben

Eine gute Ausbildung bekommen

Jemanden zum Spielen haben

Viele Spielsachen haben

Teil einer Clique sein

5 Jahre
18 Jahre
30 Jahre
45 Jahre
75 Jahre

Aufgaben

2. Ordnen Sie die Wünsche den einzelnen Lebensaltern zu. Manche Wünsche können auch in mehreren Lebensphasen wichtig sein. Ergänzen Sie zu jedem Lebensalter weitere mögliche Wünsche.

Werte und Normen

Mitleid
Anstand
Hilfsbereitschaft
Toleranz
Kontaktfähigkeit
Haus
Bildung
Ehrgeiz
Selbstbewusstsein
Ehre
Höflichkeit
Disziplin
Glaubensstärke
Anstand
Familie
Stärke
Bescheidenheit
Freundschaft
Mut
Strebsamkeit
Pünktlichkeit
Nächstenliebe
Kreativität
Verantwortung
Gehorsam
Besitz
Religiosität
Ehrlichkeit
Sparsamkeit
Respekt
Gesundheit
Durchsetzungsfähigkeit

Blut ist dicker als Wasser.

Kreativität und Mut sind wichtiger als Wissen, denn Wissen ist begrenzt.

Man kommt nicht zu spät.

Was letztendlich zählt, sind gute Freunde.

Gegenüber anderen Religionen sollte man tolerant sein.

Armen Menschen muss man helfen.

Eigener Herd ist Goldes wert.

Das Berufsleben ist ein hartes Geschäft – entweder man spielt mit oder man geht unter.

Geliehenes muss man zurückgeben.

Ein gläubiger Mensch kommt besser mit Schicksalsschlägen zurecht.

Man sollte mehr Obst und Gemüse essen.

Der Zweite ist der erste Verlierer.

Wichtig sind Sparsamkeit und Bildung, aber keine Sparsamkeit bei der Bildung.

An einer roten Ampel muss man halten.

Selbstbewusstsein ist die Mutter der Bescheidenheit.

Aufgaben

1. Nennen Sie jeweils Beispiele für Werte und Normen. Worin unterscheiden sie sich? In welcher Beziehung stehen Werte und Normen zueinander?
2. Bringen Sie die oben genannten 32 Werte in ein persönliches Ranking von dem für Sie wichtigsten bis zu dem für Sie unwichtigsten Wert. Wenn Sie wollen, können Sie eigene Werte ergänzen.

Durch Normen werden Werte konkret.

↗ Kap. Gewissen

↗ Entscheidungen treffen, S. 106

Werte und Normen

Menschen orientieren sich in ihrem Verhalten an bestimmten Werten. Diese Werte stehen für das, was man für erstrebenswert hält, z.B. Höflichkeit.
Normen sind Verhaltensregeln, die sagen, was man tun soll. Sie helfen, Werte im täglichen Leben umzusetzen. Hinter jeder Norm, z.B. „Man soll in einem Restaurant das beiliegende Besteck benutzen", steht ein Wert, z.B. Höflichkeit. Manchmal sind es sogar mehrere Werte (Sauberkeit, Hygiene).
Menschen können gleiche oder ähnliche Werte vertreten, aber auf verschiedene Weise im Alltag umsetzen. So kann sich der Wert Gesundheit in der Norm zeigen, nicht zu rauchen oder Sport zu treiben.

Aufgaben

3. Ordnen Sie den oben genannten 15 Normen mögliche Werte zu.
4. Welche Werte und Normen sind Ihnen bei der Erziehung Ihrer Kinder wichtig? Begründen Sie diese.

Christliche Normen

Die wichtigsten christlichen Normen sind die Zehn Gebote, die Goldene Regel und das Doppelgebot der Liebe. Diese Normen wollen ein Leben in Freiheit schützen. Sie sind Richtschnur für das Verhältnis zwischen Gott und Menschen (Gebote 1-3) und der Menschen untereinander (Gebote 4-10). Mit der Doppelgebot der Liebe fasst Jesus die Zehn Gebote zusammen. Der Vorteil der goldenen Regel besteht darin, dass das Handeln nicht durch feste Normen bestimmt ist, sondern durch die Situation, in der sich der Handelnde befindet.

↗ Um Gottes Willen: Was soll ich tun?, S. 26f.

Die Zehn Gebote (2. Mose 20)

1. Keine anderen Götter neben Gott haben
2. Gottes Namen nicht missbrauchen
3. Den Feiertag heiligen
4. Eltern ehren
5. Nicht töten
6. Nicht ehebrechen
7. Nicht stehlen
8. Nicht lügen

9./10. Nicht neidisch sein

Das Doppelgebot der Liebe
(Markus 12,28-31)

1. Gottesliebe
2. Nächstenliebe

↗ Gleichnis vom barmherzigen Samariter, S. 110f.

Die goldene Regel
(Matthäus 7,12)
So wie ihr von den Menschen behandelt werden möchtet, so behandelt sie auch

↗ Bergpredigt, S. 81

Aufgaben

1. Beschreiben Sie, was mit diesen Normen erreicht werden soll bzw. welche Werte jeweils damit umgesetzt werden sollen.
2. Ordnen Sie die folgenden Werte den genannten Normen der Zehn Gebote zu, mehrfache Zuordnungen sind möglich:

Mitmenschlichkeit | Achtung | kein Neid | Freiheit | Würde | Halt | Respekt | Selbstverantwortung | Ehrlichkeit | Dankbarkeit | Ordnung | Achtung vor allem Leben | keine Habgier | Verantwortung für mich und andere | Toleranz | Nächstenliebe | Sicherheit | Überlegtes Reden | Ruhe | Selbstachtung | Altersversorgung | Treue | Eigentum | Gottesliebe | Wahrhaftigkeit | Zeit | Respekt vor dem Besitz anderer | Zuverlässigkeit

Sinn-Krisen

↗ Arbeitslosigkeit, S. 92f.

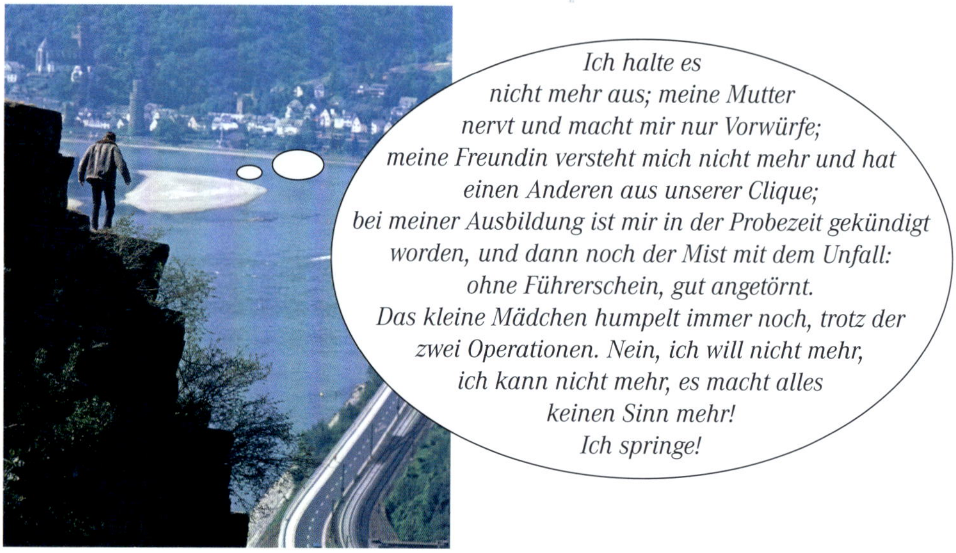
Ich halte es
nicht mehr aus; meine Mutter
nervt und macht mir nur Vorwürfe;
meine Freundin versteht mich nicht mehr und hat
einen Anderen aus unserer Clique;
bei meiner Ausbildung ist mir in der Probezeit gekündigt
worden, und dann noch der Mist mit dem Unfall:
ohne Führerschein, gut angetörnt.
Das kleine Mädchen humpelt immer noch, trotz der
zwei Operationen. Nein, ich will nicht mehr,
ich kann nicht mehr, es macht alles
keinen Sinn mehr!
Ich springe!

Aufgaben

1. Beschreiben Sie die Situation auf dem Bild.
2. Der Jugendliche sieht keinen Sinn mehr im Leben. Was sind die Gründe dafür?
3. Was würden Sie dem Jungen sagen, um ihn abzuhalten zu springen und zu überzeugen, dass das Leben für ihn trotzdem noch einen Sinn hat? Spielen Sie dieses Gespräch.

Mein Leben ist wertvoll

Interview mit dem evangelischen Pfarrer Helmut Gollwitzer

Was würden Sie dem Jugendlichen sagen, der sich überlegt, seinem Leben ein Ende zu setzen, um ihn zu überzeugen, dass sein Leben trotz aller Rückschläge noch lebenswert ist?
Ich würde ihm sagen: „Komm bitte mit, ich brauche dich notwendig, ganz notwendig."

Das würde der wohl kaum so einfach glauben.
Ich würde ihm sagen: Komm mit, du wirst sehen, dass es sich lohnt, dort, wo ich dich hinführe, zu helfen. Du wirst sehen, es gibt so viele Menschen, denen es mindestens so schlecht geht wie dir, die aber nicht sterben wollen. Die trotz vieler Schicksalsschläge noch Hoffnung haben, die das allein aber nicht mehr geregelt bekommen. Und die brauchen dich. Für die bist du notwendig. Da kannst du was dazu tun. Ich brauche dich, anderen Menschen zum Leben zu helfen.

Was bringt es einem, der keinen Sinn mehr im Leben sieht, anderen zu helfen?
Leben, das für mich sinnlos ist, ist für andere keineswegs sinnlos. Für andere ist das Leben voll Hoffnung. Und diese Hoffnung ist ihnen bedroht. Ich kann helfen, dass anderen die Hoffnung des Lebens nicht genommen wird. Ich kann für die Hoffnung anderer da sein, und ich werde gebraucht. Und das macht dann auch mein mir bisher wertloses Leben wertvoll. Weil mein Leben für andere wichtig ist, darum wird es jetzt auch für mich wichtig.

Aufgaben

4. Worin besteht für Helmut Gollwitzer der Sinn des Lebens?
5. Sammeln Sie Argumente, weshalb ein Leben, das für mich völlig sinnlos erscheint, für andere sinnvoll sein kann.
6. Überlegen Sie für sich selbst: In welcher Weise kann sich auch mein Lebenssinn ändern, wenn ich anderen helfe?

Samuel Koch – „Hier, Gott, hast du meinen Körper"

Samuel Koch studierte an der Hochschule für Musik, Theater und Medien in Hannover. 2010 war er, dessen Leben stets von Bewegung und Leistungssport bestimmt war, Wettkandidat in der ZDF-Sendung *Wetten, dass...?*. Gegenstand der Wette war, dass Samuel Koch nacheinander über fünf Autos verschiedener Größe springen sollte, die ihm entgegenfuhren. Er sprang mit Sprungstiefeln im Vorwärtssalto über jeweils ein Fahrzeug. Zum Unfall kam es beim vierten Fahrzeug, das von seinem Vater gesteuert wurde. Samuel Koch stürzte und blieb regungslos am Boden liegen. Die Sendung wurde daraufhin abgebrochen.

In seinem Buch „Zwei Leben" das stark von seiner Religiosität geprägt ist, schildert Koch den Moment, in dem sich sein Leben in zwei Hälften teilt. *„Wieder der Psalm 23 in meinem Kopf und meinem Herzen. Ich gebe meinem Vater das Zeichen. Und ob ich schon wanderte im finsteren Tal ... er bestätigt es mir ... fürchte ich kein Unglück ... linker Fuß ... denn du bist bei mir ... rechter Fuß, linker Fuß, Einsprung, Absprung – hoch in den Salto! Ein Knall. Nacht."*

Samuel Koch kommt mit schwersten Verletzungen an der Halswirbelsäule in die Uniklinik Düsseldorf. Die Ärzte versetzen ihn in ein künstliches Koma. Als Samuel Tage später aufwacht, ist er an Armen und Beinen gelähmt.
Monatelang wird Koch in einer Schweizer Spezialklinik behandelt. Sein Stoffwechsel und sein vegetatives Nervensystem funktionieren nicht mehr richtig. Speichelfluss und Tränenflüssigkeit haben nachgelassen. Hungergefühle kennt Koch so gut wie gar nicht mehr. Die Toilette hat er seit seinem Unfall nicht mehr benutzt. Koch leidet in dieser Zeit unter unerträglichen Schmerzen, die oft so groß sind, dass er das Bewusstsein verliert. Koch in seinem Buch:
„Ich halte es gar nicht aus!, möchte ich manchmal herausschreien. Ich will wieder gehen können! Ich will wieder Sand unter meinen Füßen spüren, jemanden umarmen, einen Spaziergang machen, mich ins Gras legen."

Samuel Koch ist ein religiöser Mensch. Aber auch er, der gläubige Christ, wird von Zweifeln gequält – wo Gott steckt, warum er ihm das antut, ob es ihn überhaupt gibt. Es hat zwar nicht lange gedauert, bis Samuel wieder lachen konnte. Mit seinen Freunden, seinen drei Geschwistern. Ein langer Kampf sei es jedoch für ihn gewesen, bis er sich wieder auf den Urgedanken des christlichen Glaubens besinnen konnte: „Dein Wille geschehe." *„Mein Körper ist futsch und ich kann damit im Moment nichts mehr anfangen. Deshalb gebe ich ihn ab: Hier, Gott, hast du meinen Körper, meinen Geist – ich habe keinen Plan mehr. Aber du hoffentlich schon. Mach damit, was du willst, und am liebsten sofort."*
Inzwischen ist Samuel Koch aus der Reha in der Schweiz entlassen. So schnell wie möglich will er wieder am Leben teilnehmen. So gut es geht. Aber Koch ist ein Pflegefall. Er wird rund um die Uhr betreut. Noch wohnt er bei seinen Eltern. Aber das soll sich ändern. Gerade erst hat er sein Studium an der Hochschule für Musik, Theater und Medien in Hannover wieder aufgenommen. Doch sein Körper macht nur kleine Fortschritte. Wenn überhaupt. Samuel Koch ist ungeduldig. Niemand kann sagen, welche Fähigkeiten er zurückerlangen kann, sagen seine Ärzte. Und vor allem nicht, wann das passieren könnte.
Aber Samuel Koch will die Hoffnung nicht aufgeben. Dass er es bis hierhin geschafft hat, ohne durchzudrehen, macht ihm Mut, schreibt er. Er träumt von dem Tag, an dem er wieder rennen kann. Oder die Hände hinter dem Kopf verschränken. Einfach so. *„Spätestens im Himmel werde ich all das wieder tun können, da bin ich sicher."*

Aufgaben

Zur Diskussion

1. Diskutieren Sie im Plenum die Frage nach dem Sinn des Lebens bzw. warum es sich zu leben lohnt, am Beispiel von Samuel Koch.

Mut zu Veränderungen

Fallbeispiel

Das kann doch nicht alles sein!

Karolin ist wie gewohnt um sechs Uhr aufgestanden, hat sich angezogen, das Frühstück für ihre Familie gerichtet, Mann und Kindern die Pausenbrote eingepackt, die Küche aufgeräumt, die Betten gemacht. Jetzt ist es kurz vor halb neun: Karolin steht auf dem Weg zu ihrer Arbeitsstelle im Stau, auch dies nichts Ungewöhnliches. Die Chefin wird die Augenbrauen hochziehen, wie immer, wenn Karolin zu spät kommt. Es ist ihr letzter Arbeitstag vor dem Urlaub. Am Abend sind die Meyers zu bewirten, ein befreundetes Ehepaar, das im Urlaub ihr Haus beaufsichtigen wird. Ach ja, der Urlaub! Karolin überschlägt, welche Vorbereitungen noch zu treffen sind ... Und plötzlich der Gedanke: Warum tue ich das eigentlich alles? Will ich so leben, wie ich lebe? Das kann doch nicht alles sein?!

Aufgaben

1. Inwieweit können Sie die Gedanken von Karolin nachvollziehen?
2. Stellen Sie sich vor, Sie möchten Karolin beraten: Soll sie warten, dass der „Lebenssinnkrisenanfall" vorbei geht? Welche realistischen Alternativen hat sie?

Anfrage an Prof. Daniel Umkehr, Verhaltenspsychologe

Warum tun wir uns eigentlich so schwer, wenn wir einer ungeliebten Berufstätigkeit nachgehen, aus unserer beruflichen Tretmühle herauszutreten? Was hält uns davon ab, das vorgegebene Lebenskonzept von Berufsarbeit zu hinterfragen?

Es sind vor allem drei Ängste, die uns von einem eigenen, selbstbewussten Weg abhalten:

Angst vor Unsicherheit und vor dem Unbekannten

In unserer „Sicherheitsgesellschaft" genießt die Besitzstandswahrung die höchste Anerkennung. Ökonomische bzw. materielle Sicherheitsbedürfnisse werden höher bewertet als das Bedürfnis, persönlich zu wachsen. So haben wir Angst, durch Veränderungen das zu gefährden, was wir schon besitzen.

Angst vor Versagen bzw. Misslingen

Wir befürchten, dass andere uns ablehnen oder auslachen, wenn wir einen Fehler machen – vor allem, wenn wir etwas Neues begonnen haben. Zum anderen haben wir Ängste vor dem Misslingen, wenn wir erkennen, dass der neue Weg uns nicht gut tut und vielleicht nochmals verändert werden muss.

Angst vor Ablehnung

Wir haben Angst, dass andere uns ablehnen, wenn wir uns wirklich so zeigen, wie wir sind und andere Berufs- und Lebenswege gehen wollen. Die Angst, von anderen abgelehnt zu werden, kann dazu führen, dass wir uns nicht trauen, unsere Meinung zu sagen und unsere wahren Gefühle zu zeigen.

Aufgaben

3. Worin sieht Prof. Umkehr die Hauptgründe, dass Menschen sich schwer tun, ihr Leben grundsätzlich zu ändern?
4. Können Sie diese Einschätzung teilen?
5. Sammeln Sie weitere Gründe, die eine Veränderung erschweren.

Veränderungen sind möglich

Meist überfallen uns solche existenziellen Fragen wie bei Karolin zum unpassenden Zeitpunkt und werden rasch abgetan. Karolin entscheidet sich an diesem Tag erstmals für eine andere Möglichkeit: Sie nimmt die Frage ernst. Es gibt plötzlich nichts Wichtigeres, als über ihr derzeitiges Leben nachzudenken. Sie muss jetzt allein sein, fährt in ein kleines Café am Fluss und ruft von dort aus im Geschäft an, es gehe ihr nicht gut, sie könne heute nicht mehr kommen. Das ist nicht einmal gelogen. Wenig später kritzelt Karolin auf einem Schreibblock. Sie notiert, womit sie ihre Zeit verbringt. Täglich sechs Stunden Parfüm verkaufen ist ein Posten, gefolgt von kochen, waschen, putzen, spülen, bügeln, einkaufen, Gartenarbeit, Hausaufgaben nachsehen, Chauffeurdienste für die Kinder, Gespräche mit ihrem Mann, gemeinsame Unternehmungen, auch mit Freunden, sportliche Aktivitäten, lesen, reisen, schlafen, fernsehen, träumen ... Karolin versieht die einzelnen Positionen mit Punkten. Was ihr am wenigsten wichtig ist, bekommt einen Punkt, die wesentlichen Aspekte hingegen bis zu sechs Punkten. Karolin stellt fest, dass der größte Teil ihrer Lebenszeit mit „Niedrigpunkte-Beschäftigungen“ ausgefüllt ist. Tätigkeiten, die sie im Grunde nicht mag. Andererseits gibt es viele Dinge, die sie gerne mit vielen Punkten bewerten würde, und die in ihrem Tätigkeitsplan überhaupt nicht auftauchen.

Das ist der Beginn einer Wende in ihrem Leben. Im Urlaub lässt sie die neuen Einsichten reifen, spricht auch mit der Familie darüber und trifft – ein Glücksfall – auf Verständnis. Gemeinsam tüfteln sie ein System aus, mit dessen Hilfe sich Karolins Ein-Punkt-Arbeiten im Haushalt auf alle Familienmitglieder verteilen. Nach ihrer Rückkehr hört Karolin sich nach geeigneten Möglichkeiten einer Umschulung um. Sie überrascht die Chefin mit der Kündigung und beginnt eine Ausbildung zur Erzieherin. Ein Praktikum in einer Schule für lernbehinderte Kinder bestätigt sie darin, dass sie die richtige Entscheidung getroffen hat. Karolin verändert sich zunehmend unter diesem Ziel, für das sie ganzen Einsatz bringt: Die vage Unzufriedenheit, die sich mit den Jahren in ihr Leben eingeschlichen hatte und sie zu einer chronischen Nörglerin zu machen drohte, verschwindet. Karolin sagt heute nicht nur, dass sie zufrieden ist, sondern sie strahlt es aus. Sie wirkt wohltuend auf ihre Umgebung. Ob sie nach der Ausbildung eine Stelle finden wird, weiß sie noch nicht. Aber jetzt und hier vermittelt sie den Eindruck, zur rechten Zeit am rechten Ort zu sein, weil sie so lebt, wie es ihrer Persönlichkeit entspricht.

↗ Glücklich sein, S. 119

↗ Der Mensch als Arbeiter in der Schöpfung Gottes, S. 89

Aufgaben

1. Karolin gelingt eine grundsätzliche Veränderung ihres beruflichen Lebens. Zählen Sie die Voraussetzungen dafür auf.
2. Erstellen Sie eine ähnliche Liste wie Karolin für Ihre täglichen Tätigkeiten und bewerten Sie diese entsprechend. Zu welchem Ergebnis kommen Sie?
3. Die berufliche Veränderung geht bei Karolin einher mit einer Veränderung ihrer Persönlichkeit. Beschreiben Sie diese Veränderung und zeigen Sie den Zusammenhang auf.

Basics

Die Frage nach dem Sinn des Lebens

- Die Frage nach dem Sinn des Lebens kann offenbar nur der Mensch stellen.
- Vielen Menschen stellt sich die Frage nach dem Sinn des Lebens im Alltag in der Regel nicht, solange die eigene Lebensführung nicht in Frage gestellt wird.
- Häufig kommt es zu einer existenziellen Sinnkrise, wenn das vorhandene Sinnkonzept erschüttert wird, z. B. durch Enttäuschungen, Unglücke oder die Anforderungen eines neuen Lebensabschnitts.
- Die Folge ist oftmals der Beginn oder die Wiederaufnahme der Reflexion über den Lebenssinn, zu denen dann auch Fragen wie die nach dem Glück oder gar dem Sinn des Leidens gehören.

Werte und Normen

- Menschen orientieren sich in ihrem Verhalten an bestimmten **Werten**. Diese Werte stehen für das, was man für erstrebenswert hält, z.B. Höflichkeit.
- **Normen** sind Verhaltensregeln, die sagen, was man tun soll. Sie helfen, Werte im täglichen Leben umzusetzen. Hinter jeder Norm, z.B.: „Man soll in einem Restaurant das beiliegende Besteck benutzen", steht ein Wert, z.B. Höflichkeit, manchmal sind es sogar mehrere Werte (Sauberkeit, Hygiene).
- Menschen können gleiche oder ähnliche Werte vertreten, aber auf verschiedene Weise im Alltag umsetzen. So kann sich der Wert Gesundheit in der Norm zeigen, nicht zu rauchen oder Sport zu treiben.

Christliche Normen

↗ S. 28

- **Die Zehn Gebote** (2. Mose 20,1-17)
- **Doppelgebot der Liebe** (Matthäus 22,37-39)
- **Goldene Regel** (Matthäus 7,12)

Der Sinn des Lebens aus christlicher Sicht

- Aus christlicher Sicht ist der Mensch von Anfang an dadurch ausgezeichnet, dass er in einer besonderen Beziehung zu Gott steht. Das heißt, es gibt im Menschen immer schon etwas, das über ihn hinaus weist.
- Dies ist z.B. dadurch begründet, dass Gott den Menschen als sein Ebenbild geschaffen hat. Als Partner Gottes ist der Mensch dazu aufgerufen, die Schöpfung zu bewahren und seinen persönlichen Fähigkeiten entsprechend weiterzuentwickeln. Damit ist das Leben des Menschen von Beginn an ein sinnerfülltes Leben, und es behält diesen universalen Sinn auch dann, wenn konkrete Projekte und Lebensentwürfe an der Wirklichkeit scheitern.
- Auf diese Weise kann er den von Gott empfangenen Lebenssinn auch an andere weitergeben und selbst ein Stück weit dazu beitragen, den in der Schöpfungsordnung begründeten Sinnzusammenhang in der Welt aufscheinen zu lassen.

Kapitel 13

Gerechtigkeit

Zum Ziele einer gerechten Auslese lautet die Prüfungsaufgabe für Sie alle gleich: Klettern Sie auf den Baum!

Aufgaben

1. Beschreiben Sie in einem Satz, was der Zeichner mit seiner Karikatur über Gerechtigkeit sagen will.
2. Beantworten Sie für sich die folgenden Fragen schriftlich und diskutieren Sie anschließend Ihre Antworten im Plenum.

a) Was ist für Sie Gerechtigkeit?
b) Was ist wirklich ungerecht?
c) Was kennzeichnet einen gerechten Menschen?
d) Worin besteht ein gerechter Lohn?
e) Woran erkennt man, dass Gerechtigkeit herrscht?

Zur Diskussion

Wie würden Sie entscheiden?

Ein Team von Möbelpackern macht einen Umzug. Sie stehen unter Zeitdruck. Die Männer bekommen für den Umzug zusammen 500 Euro.

Ihr Verhalten ist unterschiedlich:

A ist kräftig und strengt sich an, er schafft sehr viel.
B ist nicht so kräftig, strengt sich aber an und erbringt eine normale Arbeitsleistung.
C strengt sich nicht an, ist aber kräftig und erbringt auch noch eine normale Arbeitsleistung.
D ist weder kräftig noch strengt er sich an und schafft entsprechend wenig.
E ist körperlich für das Möbelpacken nicht geeignet, kann aber das Verstauen der Möbel gut und umsichtig planen. Er steht auf dem Wagen und dirigiert recht geschickt, aber ohne sich sonderlich anzustrengen, das Aufladen.

Aufgaben

1. Versuchen Sie die 500 Euro gerecht auf die fünf Arbeiter zu verteilen. Begründen Sie Ihre Entscheidung.

Gerechtigkeitsgrundsätze

I Jedem das Gleiche
Alle Menschen werden gleich behandelt, ohne Berücksichtigung ihrer individuellen Besonderheiten wie Rang, Ansehen, Fähigkeiten, Anstrengungen oder Leistung.

II Jedem gemäß seinen Bedürfnissen
Ohne Ansehen von Person, Handlungen oder Verdiensten soll jeder Mensch das zugemessen bekommen, was er benötigt, um ein menschenwürdiges oder gar glückliches Leben zu führen.

III Jedem nach seiner Leistung
Dieses Prinzip berücksichtigt vor allem das Ergebnis einer Handlung.

IV Jedem nach seinem Einsatz
Hier geht es weniger um das Resultat einer Handlung als vielmehr um den Grad der persönlichen Anstrengung.

Aufgaben

1. Ordnen Sie die folgenden Aussagen den vier Gerechtigkeitsgrundsätzen zu. Formulieren Sie jeweils eine eigene Aussage und diskutieren Sie die Vor- und Nachteile der vier Grundsätze.

Zur Diskussion

A Es bleibt die Frage, wer berechtigt sein soll, Leistung und damit auch die Zuteilung von Gütern zu beurteilen.
B Sozialleistungen müssten dann nach dem „Gießkannen-Prinzip" verteilt werden.
C Es zählt nicht das Resultat, sondern allein, wie sehr man sich anstrengt.
D Dieses Prinzip nähert sich dem jüdisch-christlichen Begriff der Nächstenliebe.
E Nach diesem Grundsatz müsste ein unsportlicher Schüler, der sich sehr anstrengt, hart trainiert und dann in einer persönlichen Bestleistung 3,80 m weit springt, eine bessere Note bekommen als ein sportlicher Schüler, der gelangweilt in Straßenkleidung 4,20 m weit springt.
F Wer viel verdient, zahlt den gleichen Steuersatz wie jemand, der wenig verdient.
G Wer hat sich noch nie von seinem Lehrer oder Vorgesetzten in seiner Leistung unterschätzt gefunden?
H Dieses Gerechtigkeitskonzept versucht vor allem, Leiden zu vermindern oder gar zu vermeiden.
I Diese Formel wollte der klassische Marxismus umsetzen.
J Der Tod ist das gerechteste Wesen, denn er trifft jeden Menschen gleich.
K Dieser Ansatz wird vor allem in der Marktwirtschaft sehr geschätzt.

Gerechtigkeit bei Jesus

↗ Seligpreisungen, S. 120f.

↗ Gleichnisse, S. 158f.

Eugène Burnand (1850–1921)

Aufgaben

2. Lesen Sie das Gleichnis von den Arbeitern im Weinberg, Matthäus 20,1-16.
3. Warum wird die Entlohnung von einigen Arbeitern als ungerecht empfunden? Nach welchen Gerechtigkeitsgrundsätzen entlohnt der Weinbergbesitzer, welche Gerechtigkeitsgrundsätze gelten bei Gott?

Gerechtigkeit bei Gott

Home
Me
Father

Das Gleichnis vom verlorenen Sohn

Jesus erzählt: Ein Mann hatte zwei Söhne. Eines Tages sagte der Jüngere zu ihm: „Vater, ich will jetzt schon meinen Anteil am Erbe ausbezahlt haben, denn ich will in die Welt hinaus." Da teilte der Vater sein Vermögen unter ihnen auf. Nur wenige Tage später packte der jüngere Sohn alles zusammen und verließ sein Elternhaus. Endlich konnte er so leben, wie er wollte. Er gab sein ganzes Geld für schicke Kleider, gutes Essen und teure Partys aus, bis er schließlich von seinem ganzen Erbe keinen Pfennig mehr hatte. Zu allem Unglück brach in dieser Zeit eine große Hungersnot aus. Dem jüngeren Sohn ging es sehr schlecht. In seiner Verzweiflung bettelte er so lange bei einem Bauern, bis er ihn zum Schweinehüten auf die Felder schickte. Oft quälte ihn der Hunger so, dass er froh gewesen wäre, etwas vom Schweinfutter zu bekommen. Aber selbst davon erhielt er nichts.
Da dachte er: „Bei meinem Vater hat jeder Arbeiter mehr als genug zu essen und ich sterbe hier vor Hunger. Ich will zu meinem Vater zurückgehen."
Und er machte sich auf, zurück zu seinem Vater. Der erkannte ihn schon von weitem. Voller Mitleid lief er ihm entgegen, fiel ihm um den Hals und küsste ihn. Der aber sagte: „Vater, ich habe so vieles falsch gemacht. Sieh mich nicht länger als deinen Sohn an, ich bin es nicht mehr wert. Aber kann ich nicht als Arbeiter bei dir bleiben?"
Sein Vater aber befahl den Knechten: „Beeilt euch! Holt den schönsten Anzug, den wir im Haus haben, und gebt ihn meinem Sohn. Bringt auch einen kostbaren Ring und Schuhe für ihn! Schlachtet das Kalb, das wir gemästet haben! Wir wollen feiern! Mein Sohn ist zurückgekommen. Mein Sohn war tot, jetzt lebt er wieder. Er war verloren, jetzt ist er wiedergefunden." Und sie begannen ein fröhliches Fest.
Inzwischen kam der ältere Sohn nach Hause. Er hatte auf dem Feld gearbeitet und hörte schon von weitem die Tanzmusik. Erstaunt fragte er einen Knecht: „Was wird denn hier gefeiert?" „Dein Bruder ist wieder da", antwortete er ihm. „Dein Vater hat sich darüber so gefreut, dass er das Mastkalb schlachten ließ. Jetzt feiern sie ein großes Fest."
Der ältere Sohn wurde wütend und wollte nicht ins Haus gehen. Da kam sein Vater zu ihm heraus und bat: „Komm und freu dich mit uns!" Doch er entgegnete ihm bitter: „Das ist doch ungerecht! All die Jahre habe ich mich für dich geschunden. Alles habe ich getan, was du von mir verlangt hast. Aber nie hast du mir auch nur eine junge Ziege gegeben, damit ich mit meinen Freunden einmal so richtig hätte feiern können. Und jetzt, wo dein Sohn zurückkommt, der dein Geld mit Huren durchgebracht hat, jetzt lässt du sogar das Mastkalb schlachten!"
Sein Vater redete ihm zu: „Mein Sohn, du bist immer bei mir gewesen. Was ich habe, gehört auch dir. Darum komm, wir haben allen Grund zu feiern, denn dein Bruder war tot, jetzt hat er ein neues Leben begonnen. Er war verloren, jetzt ist er wiedergefunden!"

Lukas 15,11-32

Aufgaben

1. Beschreiben Sie das Gerechtigkeitsempfinden des älteren Sohnes.
2. Der Vater handelt nach einer anderen Gerechtigkeit. Versuchen Sie dessen Gerechtigkeitsempfinden zu beschreiben.

In dem Gleichnis geht es um die Frage der *Gerechtigkeit Gottes* in Auseinandersetzung mit der *Gnade Gottes*. Wie der Vater im Gleichnis entscheidet sich Gott nicht für die von Menschen erwartete Gerechtigkeit. Gottes Gerechtigkeit ist eine andere, eine Gerechtigkeit, die von Gnade und Barmherzigkeit geprägt ist.

↗ Liebe in der Bibel, S. 32f.

Aufgaben

1. Ordnen Sie die folgenden Aussagen den beiden Gerechtigkeitsvorstellungen **„Menschlicher Gerechtigkeitsbegriff"** und **„Gerechtigkeit bei Gott"** zu. Welche Aussagen entsprechen sich?

A Wer mehr arbeitet, soll auch mehr verdienen.
B Wenn jemand einen anderen verletzt und beleidigt hat, soll man ihn bestrafen, damit er sich ändert.
C Gott ist dem Menschen gnädig, wenn dieser an ihn glaubt.
D Wenn jemand gegen Gesetze verstößt, muss er bestraft werden.
E Wenn jemand einen andern verletzt und beleidigt hat, soll man diesem verzeihen, damit er sich ändert.
F Gott liebt den Menschen, wenn dieser Gutes tut.
G Gerechtigkeit Gottes bedeutet, dass die Guten belohnt und die Sündigen bestraft werden.
H Jeder soll das bekommen, was er zum Leben braucht.
I Gerechtigkeit Gottes bedeutet, dass alle belohnt werden, die an ihn glauben.
J Zuerst kommt die Leistung, danach der Lohn dafür.
K Je mehr Gutes man tut, umso mehr wird man von Gott geliebt.
L Gott liebt den Menschen, damit dieser Gutes tut.
M Zuerst kommt die Liebe Gottes, danach kann der Mensch sich aus Dankbarkeit entsprechend verhalten.
N Gott ist dem Menschen gnädig, wenn dieser gute Werke tut.
O Die Liebe zum Menschen steht über den Gesetzen.
P Gottes Liebe kann man sich nicht mit guten Taten erkaufen, man bekommt sie geschenkt.

Die Gerechtigkeit Gottes

Lange hatten sich die Menschen vor Gottes Gerechtigkeit gefürchtet. Sie hatten gedacht: Ich mache so viel Falsches. Ich verstoße immer wieder gegen Gottes Gebote. Deshalb wird ein gerechter Gott mich bestrafen müssen.
Doch dann hatte Martin Luther erkannt: Gottes Gerechtigkeit ist eine andere. Gottes Gerechtigkeit ist von Gnade und Barmherzigkeit geprägt. Gott liebt die Menschen von vornherein. Er liebt sie auch dann, wenn sie Fehler machen. Wenn der Mensch die Liebe Gottes annimmt, kann dies für ihn Anlass für ein anderes Verhalten, für einen Neuanfang sein.

↗ Paradies – ein Zustand höchsten Glücks, S. 120

Armut und Ungerechtigkeit

Wenn man die ganze Menschheit auf ein Dorf mit 100 Einwohnern reduzieren und dabei die Proportionen aller auf der Erde lebenden Völker beibehalten würde, wäre dies Dorf wie folgt zusammengesetzt:

Aufgaben

1. Jede Person repräsentiert ein Prozent der Weltbevölkerung. Bestimmen Sie jeweils den Prozentsatz von
   a) Bewohnern der jeweiligen Kontinente
   b) Frauen und Männern
   c) Weißen und Nichtweißen
   d) Christen und Nichtchristen
   e) Analphabeten
   f) Unterernährten
   g) Menschen, die in maroden Hütten leben
   h) Superreichen, die 60% des gesamten Weltreichtums besitzen.

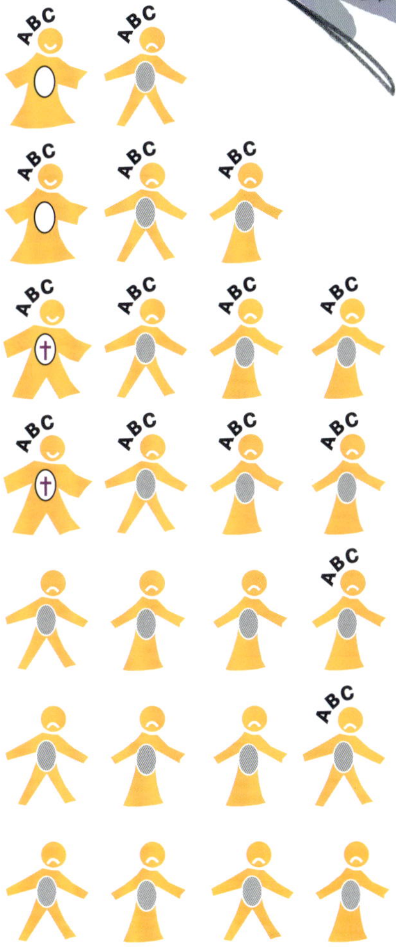
ABC

Sie sollten Folgendes bedenken:

- Wenn Sie heute Morgen aufgestanden sind und eher gesund als krank waren, haben Sie ein besseres Los gezogen als 1 Million Menschen, welche die nächste Woche nicht mehr erleben werden.
- Wenn Sie noch nie in einem Krieg oder in Gefangenschaft waren, wenn Sie noch nie gefoltert wurden oder über längere Zeit unter schmerzhaftem Hunger litten, dann sind Sie glücklicher als 500 Millionen Menschen der Welt.
- Falls sich in Ihrem Kühlschrank Essen befindet, Sie angezogen sind, ein Dach über dem Kopf haben und ein Bett zum Hinlegen, sind Sie reicher als 75 Prozent der Einwohner dieser Welt.
- Wenn Sie das lesen, haben Sie besonderes Glück, denn Sie gehören nicht zu den 1,5 Milliarden Menschen, die nicht lesen können.
- Falls Sie ein Konto bei der Bank, etwas Geld im Geldbeutel oder gespart haben, gehören Sie zu den 8 Prozent der wohlhabenden Menschen auf dieser Welt.
- Falls Sie in die Kirche gehen können ohne die Angst, dass Ihnen gedroht wird, dass man Sie verhaftet oder umbringt, sind Sie glücklicher als 3 Milliarden Menschen.

Mann — Frau

weiß — nicht weiß

† Christ

ABC des Schreibens und Lesens mächtig

Mann unterernährt — Frau unterernährt

leben in maroden Hütten

$ super reich, besitzen 60% des gesamten Weltreichtums

Afrikaner — Amerikaner

Asiat — Europäer

Nichts zu machen!
Das Boot ist voll!!!
DEUTSCHLAND

Aufgaben

1. Interpretieren Sie diese Karikatur. Was will der Zeichner damit sagen? Inwieweit können Sie diese Meinung teilen?
2. Was verstehen Sie unter dem Begriff „Ausländerproblematik“?

„Ausländerproblematik“

Was als Ausländerproblematik durch die Medien geht, hat zwei Ursachen:

Arbeitsmigranten

Das „Wirtschaftwunder“ der späten 50er-Jahre brachte Vollbeschäftigung und bald auch Arbeitskräftemangel mit sich. Deshalb wurden die fehlenden Arbeiter aus dem Ausland angeworben. Bald erwies sich aber, dass diese Arbeitskräfte nicht nur vorübergehend gebraucht wurden, viele holten ihre Familien nach, und so entstand das Problem der Integration ausländischer Mitbewohner. Mit Veränderung der wirtschaftlichen Situation seit Mitte der 70er-Jahre und dem Anwachsen der Arbeitslosenzahlen verschärfte sich die ablehnende Einstellung vieler Deutscher gegenüber den ausländischen Nachbarn. Ein weiteres Problem tat sich mit der Wiedervereinigung und der damit verbundenen erheblich größeren Problematik auf dem Arbeitsmarkt des Ostens auf. Gerade hier finden Vereinfachungen und grobe Parolen rechtsgerichteter Gruppen wie „Die Ausländer nehmen den Deutschen die Stellen weg!“ oder noch brutaler „Ausländer raus!“ immer wieder offene Ohren bei denen, die für sich selbst wenig Chancen für die Zukunft sehen.

Asylbewerber

↗ Gewalt, S. 77

Erstmals in der deutschen Verfassungsgeschichte enthält das Grundgesetz ein Recht auf Asyl: „Politisch Verfolgte genießen Asylrecht.“ Als Mitte der 70er-Jahre eine weltweite Stagnation der Wirtschaft einsetzte, wirkte sich dies unmittelbar auch auf die Verhältnisse in den Ländern der Dritten Welt aus. Die Asylbewerberzahlen stiegen rapide an, und es entstand für diese Menschen, deren Asylanträge zu über 80 Prozent abgelehnt wurde, die Bezeichnung Wirtschaftsflüchtlinge. Schließlich wurde das Grundgesetz geändert und es entstand der heute gültige Art. 16a GG, gemäß dem sich ein Flüchtling nicht mehr automatisch auf das Asylrecht berufen kann, sondern nachweisen muss, dass er wirklich Verfolgung unterliegt.
Hintergrund für die Ablehnung der Asylbewerber ist, dass sie Sozialhilfe erhalten und der Staat für ihre Unterbringung aufkommt, kurz gesagt: Asylbewerber kosten Geld. Dies ist für rechtsgerichtete Gruppen und Neonazis hinreichend Grund dafür, diese

Menschen zu verfolgen und immer wieder tätlich anzugreifen; doch auch bei der übrigen Bevölkerung herrscht oft nur wenig Verständnis für die Situation der Asylsuchenden. Im Umgang mit solchen „Armutsflüchtlingen" ist allerdings zu bedenken, dass ein hoher Anteil der Armut in der Welt darauf zurückgeht, dass die Länder der nördlichen Hemisphäre ihren hohen Lebensstandard zu einem großen Teil aus der Armut der südlichen finanzieren – dass unsere weltweite Wirtschaftspolitik uns die Flüchtlinge geradezu in die Arme treibt. Wenn wir nicht genug zu essen hätten und wüssten, in anderen Ländern gibt es Nahrung und vieles darüber hinaus im Überfluss – würden wir nicht auch versuchen, dorthin zu kommen?

Die Werke der Barmherzigkeit

Jesus nennt sechs Werke der Barmherzigkeit, die einen Gerechten im Sinne Gottes auszeichnen:

↗ Christliche Ethik, S. 110f.

1. **Hungrige speisen**
2. **Durstige tränken**
3. **Fremde beherbergen**
4. **Nackte kleiden**
5. **Kranke pflegen**
6. **Gefangene besuchen**

Die Bedeutung dieser Werke der Barmherzigkeit liegt darin, dass man das Barmherzige nicht tut, um für diese guten Werke belohnt zu werden, sondern weil man mit dem Notleidenden mit leidet und sich mit ihm identifiziert.

Die Werke der Barmherzigkeit heute

Diese neuen Werke basieren auf einer Umfrage, welches Werk der Barmherzigkeit heute besonders wichtig sei. Das Ergebnis sind folgende Werke der Barmherzigkeit heute:

Einem Menschen sagen:

1. **Du gehörst dazu.**
2. **Ich höre dir zu.**
3. **Ich rede gut über dich.**
4. **Ich gehe ein Stück mit dir.**
5. **Ich teile mit dir.**
6. **Ich besuche dich.**

Wie gerecht ist ein Land?

Wie gerecht es in einem Land zugeht, kann man auch daran ablesen, wie gerecht mit Minderheiten wie Ausländern (Arbeitsmigranten, Asylbewerber) und Randgruppen wie Behinderten, Homosexuellen, Drogenabhängigen, aber auch Arbeitslosen umgegangen wird.

Aufgaben

1. Wie gerecht würden Sie, gemessen an diesem Kriterium, die Situation in Deutschland auf einer Skala von 1 bis 10 einschätzen (10 = sehr gerecht, 1 sehr ungerecht)? Begründen Sie Ihre Bewertung anhand von Beispielen.
2. Beschreiben Sie für die folgenden Minderheiten jeweils Situationen, die in Deutschland immer wieder vorkommen und die von den Betroffenen als ungerecht empfunden werden könnten: Ausländer, Behinderte, Homosexuelle, Hartz-IV-Bezieher.
3. Beschreiben Sie für jede Gruppe eine Situation die von einer „barmherzigen Gerechtigkeit" geprägt ist.

	Ausländer	**Behinderte**	**Homosexuelle**	**Hartz-IV-Empfänger**
Situation, die von den Betroffenen als ungerecht empfunden werden könnte				
Situation von barmherziger Gerechtigkeit geprägt				

Basics

Gerechtigkeitsgrundsätze

- **Jedem das Gleiche**
Alle Menschen werden gleich behandelt, ohne Berücksichtigung ihrer individuellen Besonderheiten wie Rang, Ansehen, Fähigkeiten, Anstrengungen oder Leistung.

- **Jedem gemäß seinen Bedürfnissen**
Ohne Ansehen von Person, Handlungen oder Verdiensten soll jeder Mensch das zugemessen bekommen, was er benötigt, um ein menschenwürdiges oder gar glückliches Leben zu führen.

- **Jedem nach seiner Leistung**
Dieses Prinzip berücksichtigt vor allem das Ergebnis einer Handlung.

- **Jedem nach seinem Einsatz**
Hier geht es weniger um das Resultat einer Handlung als vielmehr um den Grad der persönlichen Anstrengung.

Gleichnis vom verlorenen Sohn (Lukas 15,11–32)

In dem Gleichnis geht es um die Frage der Gerechtigkeit Gottes in Auseinandersetzung mit der Gnade Gottes. Wie der Vater im Gleichnis entscheidet sich Gott nicht für die von Menschen erwartete Gerechtigkeit. Gottes Gerechtigkeit ist eine andere, eine Gerechtigkeit, die von Gnade und Barmherzigkeit geprägt ist.

Luther: Die Gerechtigkeit Gottes

Lange hatten sich die Menschen vor Gottes Gerechtigkeit gefürchtet. Sie hatten gedacht: Ich mache so viel Falsches. Ich verstoße immer wieder gegen Gottes Gebote. Deshalb wird ein gerechter Gott mich bestrafen müssen.
Doch dann hatte Martin Luther erkannt: Gottes Gerechtigkeit ist eine andere. Gottes Gerechtigkeit ist von Gnade und Barmherzigkeit geprägt. Gott liebt die Menschen von vornherein. Er liebt sie auch dann, wenn sie Fehler machen. Wenn der Mensch die Liebe Gottes annimmt, kann dies für ihn Anlass für ein anderes Verhalten, für einen Neuanfang sein.

Die Werke der Barmherzigkeit

Jesus nennt sechs Werke der Barmherzigkeit, die einen Gerechten im Sinne Gottes auszeichnen. Die Bedeutung dieser Werke der Barmherzigkeit liegt darin, dass man das Barmherzige nicht tut, um für diese guten Werke belohnt zu werden, sondern weil man mit dem Notleidenden mit leidet und sich mit ihm identifiziert.

1. **Hungrige speisen**
2. **Durstige tränken**
3. **Fremde beherbergen**
4. **Nackte kleiden**
5. **Kranke pflegen**
6. **Gefangene besuchen**

Die Werke der Barmherzigkeit heute
Diese neuen Werke basieren auf einer Umfrage, welches Werk der Barmherzigkeit heute besonders wichtig sei. Das Ergebnis sind folgende „Werke der Barmherzigkeit heute“:

Einem Menschen sagen:

1. **Du gehörst dazu.**
2. **Ich höre dir zu.**
3. **Ich rede gut über dich.**
4. **Ich gehe ein Stück mit dir.**
5. **Ich teile mit dir.**
6. **Ich besuche dich.**

Kapitel 14

Gott

Gott? Gibt es den überhaupt?

Jesus Christus offenbart. Gott hat sich in

das Göttliche liegt im Menschen. Es gibt keinen Gott,

Gott spielt keine Rolle, es geht um den richtigen Weg der Erleuchtung.

Es gibt viele Götter (Polytheismus).

Es gibt nur einen Gott (Monotheismus).

Sein Name ist unaussprechlich.

Es gibt keine Gebete zu Gott, sondern die Meditation.

Gott ist eine Wesenseinheit von Gott Vater, Sohn (Jesus Christus) und Heiligem Geist (Trinität).

Gott ist ein barmherziger Vater und Erlöser-Gott.

Gott ist der allmächtige, weise, barmherzige, einzigartige, stolze Schöpfer, Richter und Friedensstifter.

Gott ist ein persönlicher, dem Bund mit seinem Volk stets verpflichteter Gott.

Gott ist in allem Lebendigen und Nichtlebendigen (Pantheismus).

Gott gehört alles, z.B. Lebewesen, Bäume, Sonne, Mond, das ganze Universum.

Vielgestaltige und vielgesichtige Götter mit vielen Erlösungswegen.

Aufgaben

1. Ordnen Sie die obigen Aussagen zu Gott den fünf Weltreligionen Christentum, Judentum, Islam, Buddhismus, Hinduismus zu. Mehrfachzuordnungen sind möglich.
2. Worin sehen Sie die Hauptunterschiede im Gottesverständnis der verschiedenen Religionen, wo die Gemeinsamkeiten?
3. Sammeln Sie weitere Positionen, die Menschen zum Thema „Gott“ haben können.
4. Versuchen Sie Ihre Position zum Thema „Gott“ zu formulieren und zu begründen.

Gibt es Gott überhaupt?

Aufgaben

1. Analysieren und interpretieren Sie die beiden Diagramme: Was stellen sie dar? Was sagen sie aus?
2. a) Beschreiben Sie die Unterschiede zwischen Männern und Frauen.
   b) Versuchen Sie mögliche Erklärungen für diese Unterschiede zu finden.
3. Ordnen Sie sich selbst einer Antwortgruppe zu und begründen Sie Ihre Position.

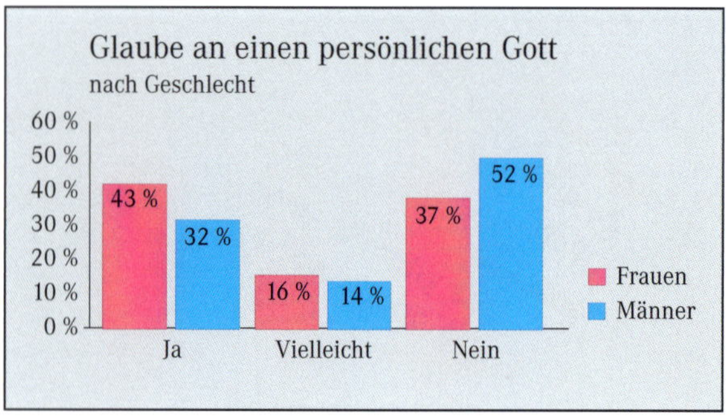

Glaube an einen persönlichen Gott
nach Geschlecht
60 %
50 %
40 %
30 %
20 %
10 %
0 %
43 %
32 %
16 %
14 %
37 %
52 %
Ja
Vielleicht
Nein
Frauen
Männer

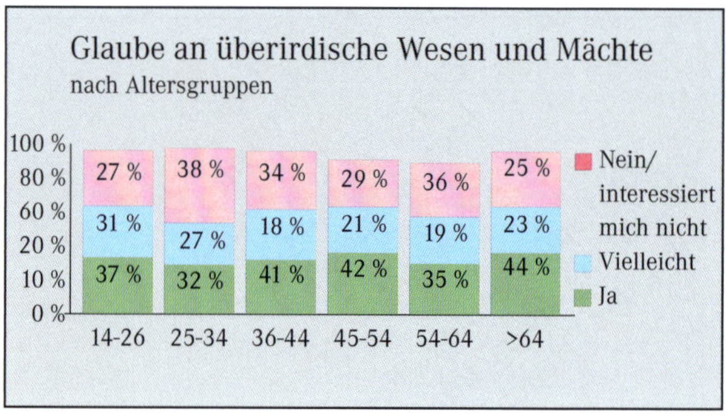

Glaube an überirdische Wesen und Mächte
nach Altersgruppen
100 %
80 %
60 %
20 %
10 %
0 %
27 %
31 %
37 %
38 %
27 %
32 %
34 %
18 %
41 %
29 %
21 %
42 %
36 %
19 %
35 %
25 %
23 %
44 %
14-26
25-34
36-44
45-54
54-64
>64
Nein/ interessiert mich nicht
Vielleicht
Ja

Quelle: Kursbuch Religion Oberstufe

Begriffe

■ **Agnostiker** *(von griech.: „nicht" und „erkennen")* Ein Agnostiker ist ein Mensch, der nur glaubt, was sich beweisen und überprüfen lässt. Ein Agnostiker sagt weder, dass es einen Gott gibt, noch dass es keinen Gott gibt, weil sich beide Aussagen nicht beweisen lassen.

■ **Atheist** *(von griech.: „nicht" und „Gott")* Ein Atheist bestreitet, dass es einen Gott oder irgendetwas Göttliches gibt. Gegensatz: Theist.

■ **Theist** *(von griech.: „theos" = „Gott")* Der Theist bejaht die Existenz eines persönlichen und außerweltlichen Gottes. Gegensatz: Atheist.

■ **Deist** *(von lat.: „deus" = „Gott")* Der Deist ist der Auffassung, dass Gott existiert und die Welt erschaffen hat, aber sie seither ihren eigenen Gesetzen überlässt – wie ein Uhrmacher, der sich um die in Gang gesetzten Uhren nicht mehr kümmert.

Aufgaben

Zur Diskussion

4. Diskutieren Sie die Vor- und Nachteile der vier Positionen.
5. Wo würden Sie sich einordnen? Auch Mischformen sind möglich. Begründen Sie Ihre Auffassung!
6. Stellen Sie sich vor, ein Agnostiker, ein Atheist, ein Theist und ein Deist würden die folgenden Situationen erleben. Wie würden diese sich jeweils verhalten bzw. was würden sie jeweils dazu sagen? Begründen Sie die jeweiligen vermuteten Reaktionen.

A Ihre Mutter ist unheilbar krank. Sie ist verzweifelt, weil sie bald sterben muss. Sie stehen an ihrem Bett und versuchen sie zu trösten.

B Ein Betrunkener liegt am Straßenrand und bittet Sie um Hilfe.

C Sie werden gefragt, worin Sie den Sinn des Lebens sehen.

„Ich glaube nicht, dass es einen Gott gibt, weil ...

Argumente gegen Gott

... Naturwissenschaft und Glaube unvereinbar sind“

■ „Die Erkenntnisse der modernen Naturwissenschaften lassen sich mit einem Gottesglauben, der ja weitgehend auf märchen- und mythenhaften Annahmen beruht, nicht vereinbaren. Gottesglaube ist vielleicht in früheren Epochen ein angemessener Erklärungsversuch der Wirklichkeit gewesen, zu Beginn des 21. Jahrhunderts ist er jedoch endgültig überholt.“

ALLEIN...

... der Glaube an Gott in der Geschichte nicht viel Positives bewirkt hat“

■ „Gottesglaube hat in erster Linie Grausamkeiten und Ungerechtigkeiten hervorgebracht (Kreuzzüge, Hexenverbrennungen, Religionskriege ...). Aus diesem Grund macht es wenig Sinn, an einen Gott zu glauben.“

... es soviel Leid auf der Welt gibt“

■ „Wenn es einen Gott gäbe, warum würde er dann so viel menschliches Leid zulassen (behinderte Menschen, verhungernde Kinder, Naturkatastrophen, unverschuldete Krankheiten, soziale Ungerechtigkeiten, Kriege, Folter ...)?“

Aufgaben

1. Gewichten Sie die drei Argumente. Welches erscheint Ihnen am überzeugendsten, welches weniger überzeugend?
2. Sammeln Sie Argumente, mit denen ein gottesgläubiger Mensch diese drei Argumente gegen Gott widerlegen könnte.

Gegen diese Argumente spricht:

Gegenargumente

■ Die berechtigte Kritik an der Institution Kirche ist eigentlich kein Argument, das die Möglichkeit der Existenz Gottes widerlegt.

■ Gott schenkt dem Menschen Freiheit. Das bedeutet, dass der Mensch auch die Freiheit hat, sich in seinem Handeln bewusst gegen Gott zu entscheiden.

■ Die meisten Hilfseinrichtungen für arme, behinderte oder alte Menschen gehen auf christliche Nächstenliebe zurück.

■ Naturwissenschaftliche Forschung kann ethische, Sinn- und Lebensfragen nicht beantworten.

GANZ ALLEIN

Aufgaben

3. Vergleichen Sie diese Gegenargumente mit Ihren eigenen Gegenargumenten.
4. Diskutieren Sie diese Gegenargumente vor dem Hintergrund der drei Argumente gegen Gott. Welche leuchten Ihnen ein, welche weniger?
5. Interpretieren Sie die beiden Zeichnungen.

Zur Diskussion

Ist Gott beweisbar?

Welche Sätze kann man wissenschaftlich beweisen?	bewiesen	nicht bewiesen
Das duale Ausbildungssystem in Deutschland ist das effektivste der Welt.		
7 x 7 = 49		
Bis zum Jahr 2030 wird sich die Klimatemperatur der Erde um durchschnittlich 1,5 Grad erhöhen.		
Du bist mein Freund.		
Der Satz des Pythagoras gehört zu den unveränderlichen mathematischen Gesetzen.		
Karl der Große lebte von 747 bis 814 n.Chr.		
Ich liebe dich.		
Die Erdoberfläche besteht zu 71% aus Wasser.		
Gott gibt es nur in den Köpfen der Menschen.		
Rauchen führt zu Krebserkrankungen.		
Ein Porsche ist ein super Auto.		
Berlin ist die Hauptstadt Deutschlands.		

Aufgaben

1. Entscheiden Sie für jeden Satz, ob er beweisbar ist.
2. Warum kann man manche Sätze beweisen und andere nicht?
3. Beschreiben Sie die Art der Sätze, die sich wissenschaftlich beweisen und die sich nicht beweisen lassen.

Kann man die Existenz Gottes beweisen?

Wenn man sich über die Existenz eines göttlichen Wesens Gedanken macht, kommt man zu der Frage, ob man die Existenz Gottes denn beweisen könne. Ein Gottesbeweis ist der Versuch, das Dasein Gottes, ohne Hinzunahme der Offenbarung, philosophisch zu beweisen.

Gottesbeweise

kosmologisch

■ **Der kosmologische Gottesbeweis** (von griechisch kósmos = Schmuck, Ordnung, Weltall) schließt aus der Tatsache, dass es in der Welt Bewegung gibt und dass jedes Bewegte seinerseits von einem anderen bewegt wird, auf die Notwendigkeit eines ersten Bewegers, und der wird Gott genannt. Eine Variante des kosmologischen Gottesbeweises geht davon aus, dass alles in der Welt eine Ursache hat, es eine endlose Kette von Ursachen aber nicht geben könne. Also müsse es eine erste Ursache geben, Gott.

teleologisch

■ **Der teleologische Gottesbeweis** (von griechisch télos = Ziel, Endzweck) geht von der Ordnung, Zweckmäßigkeit und Zielstrebigkeit der Welt und vor allem auch der Natur aus. Aus dem Staunen über die kleinen und großen „Wunder der Natur", die nicht zufällig entstanden sein können, schließt dieser Gottesbeweis auf die Notwendigkeit eines Weltordners oder Weltschöpfers.

ethnologisch

■ **Der ethnologische Gottesbeweis** (von griechisch éthnos = Volk) schließt aus der Beobachtung, dass alle Völker und Kulturen – weitgehend unabhängig voneinander – Vorstellungen von göttlichen Wesen entwickelt haben, dass dann an dieser Vorstellung etwas dran sein müsse.

Aufgaben

Zur Diskussion

4. Diskutieren Sie die einzelnen „Beweise". Welche leuchten Ihnen ein, welche sehen Sie eher kritisch?
5. Finden Sie zu jedem Beweis einen Gegenbeweis.
6. Was wäre für Sie ein Beweis für die Existenz Gottes?

1. Ordnen Sie diesem Foto einen Gottesbeweis von S. 148 zu. Begründen Sie Ihre Zuordnung.

Aufgaben

Theologische Einwände

Der Mensch kann mit seinen Möglichkeiten Gott nicht beweisen.

■ Gegen die Gottesbeweise gibt es theologische Einwände grundsätzlicher Art: Können Menschen mit ihrem endlichen Verstand ein unendliches, alles umfassendes und allem zugrunde liegendes Wesen überhaupt beweisen? Hieße Gott „beweisen" nicht auch immer, sich Gott verfügbar und kontrollierbar machen? Und liefe dies nicht zumindest dem biblischen Gottesglauben völlig zuwider? Heutige Theologen lehnen die sogenannten Gottesbeweise aus diesen Gründen meist ab.

Die Existenz Gottes ist nicht beweisbar, sie ist aber auch nicht widerlegbar.

■ Festzuhalten ist, dass man mit logischen Argumenten die Existenz Gottes ebenso wenig beweisen wie widerlegen kann. Beides, die Existenz wie die Nicht-Existenz Gottes, ist logisch möglich. Es kann nur um die Frage gehen, auf welche Sicht der Wirklichkeit sich der Einzelne in seinem Leben aus welchen Gründen praktisch einlassen, d.h. wiederum, woran er „sein Herz hängen" will (Martin Luther). Die Entscheidung für oder gegen Gott oder auch die Entscheidung, das Thema zu verdrängen oder sich bewusst nicht zu entscheiden, muss jeder für sich selbst treffen.

2. Formulieren Sie in einem Satz die theologischen Einwände gegen „Gottesbeweise".
3. Inwieweit beeinflusst der Glaube an die Existenz Gottes bzw. die Nicht-Existenz Gottes die jeweilige persönliche Lebensgestaltung?
4. Ordnen Sie beiden Glaubenhaltungen konkrete Lebenskonsequenzen zu.

Aufgaben

Stufen des religiösen Urteils

Fallbeispiel

Sara hat ein Problem

Sara ist eine junge Krankenschwester, die soeben ihre Abschlussprüfung mit Erfolg bestanden hat. Bevor sie in drei Monaten ihren Freund heiraten wird, unternimmt sie mit ihrem kleinen Auto eine Urlaubsreise nach Schweden.

Auf der Autofähre passiert es: Aufgrund eines technischen Defektes öffnet sich die Autoklappe, Wasser dringt in die Fähre und in Minuten versinkt das Schiff. Sara und einige andere Passagiere schwimmen hilflos im eiskalten Wasser. Einer nach dem anderen versinkt im starken Sog. Sara weiß, dass sie keine Chance hat. Da beginnt sie zu beten. Sie fleht zu Gott um Hilfe und verspricht ihm, im Fall ihrer Rettung nach Afrika zu gehen und ihr ganzes Leben für kranke, hungernde Menschen dort einzusetzen. Falls ihr Freund sie nicht begleiten will, wird sie ihn nicht heiraten. Stunden später wird Sara von einem Rettungsschiff geborgen. Sie ist die einzige Überlebende des Schiffunglücks. Nach ihrer Rückkehr wird ihr eine sehr gut bezahlte Stelle in einer Privatklinik angeboten. Aus 200 Bewerbern wurde sie aufgrund ihrer Fähigkeiten ausgewählt. Sara denkt an das Versprechen, das sie Gott gegeben hat. Sie weiß nicht, wie sie sich verhalten soll.

↗ Entwicklung des moralischen Urteils, S. 23

Aufgaben

1. Geben Sie Saras Situation, ihre Gedanken und Gefühle in eigenen Worten wieder.
2. Schreiben Sie für sich auf, wie Sie sich an Saras Stelle verhalten würden, und begründen Sie Ihre Meinung.

Zur Diskussion

3. Diskutieren Sie die Meinungen in Ihrer Klasse in Bezug auf Gemeinsamkeiten und Unterschiede, auch unter geschlechtsspezifischem Aspekt.

Stufen des Glaubens

Verschiedene Stufen der Vorstellungen vom Wirken Gottes

1. Gott regiert die Welt so, wie er will.
Gott leitet, führt und steuert die Menschen. Der Mensch kann nur darauf reagieren. Gott bestraft und belohnt, wie er will.

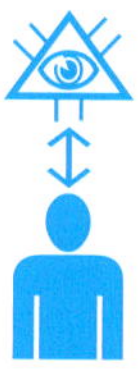

2. Gottes Verhalten kann durch das Verhalten der Menschen beeinflusst werden.
Je nachdem, wie sich der Mensch verhält, reagiert Gott darauf mit positiven oder negativen Folgen.

3. Gott nimmt keinen direkten Einfluss auf die Welt.
Der Mensch ist in seinem Handeln frei und für sein Tun selbst verantwortlich. Der göttliche Bereich, wenn es ihn denn gibt, ist vom menschlichen Bereich getrennt.

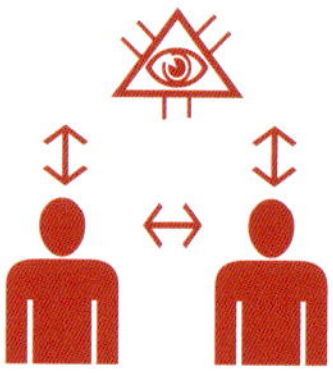

4. Die Freiheit des Menschen ist die Grundbedingung für religiöses Handeln.
Die Freiheit des Menschen wird nicht mehr so verstanden, dass es eine Trennung zwischen Gott und der Welt im Sinne von zwei gegeneinander isolierten Bereichen gibt. Gott und der Mensch stehen in einer Beziehung zueinander: Gott gibt dem Menschen die Freiheit zum Handeln und der Mensch fragt deshalb in seiner Freiheit nach dem Göttlichem und richtet sein Handeln danach aus.

Aufgaben

4. Erklären Sie jeweils die wichtigsten Merkmale der einzelnen Stufen anhand der Skizzen.
5. Erörtern Sie die Vor- und Nachteile eines solchen Stufenmodells.

Meinungen zu Saras Problem

■ **Marvin, 18 Jahre:** Sara soll machen, was sie denkt, dass für sie das Richtige ist. Ich glaube schon, dass es einen Gott gibt, aber ich kann mir nicht vorstellen, dass er so direkt auf die Menschen einwirkt.

■ **Katharina, 12 Jahre:** Es ist egal, was Sara macht. Gott macht sowieso, was er will.

■ **Fritz, 19 Jahre:** An Saras Stelle würde ich nach Afrika gehen. Zum einen aus Dankbarkeit, dass Gott mich gerettet hat, aber dann hätte ich auch ein bisschen Angst, dass ich in meinem weiteren Leben nicht so glücklich wäre, wenn ich dieses Versprechen nicht gehalten hätte.

■ **Eva, 24 Jahre:** Sara braucht ihr Versprechen nicht zu halten, weil Gott die Angst der Menschen nicht ausnutzt. Gott liebt die Menschen. Er will, dass auch sie ihn lieben können und diese Liebe auch an andere weitergeben. Wenn Sara sich aus ihrem Glauben heraus entscheidet, Menschen zu helfen, ist es egal, in welcher Position sie das tut.

Aufgaben

Zur Diskussion

1. Diskutieren Sie diese Antworten vor dem Hintergrund der vier Stufen der Vorstellungen vom Wirken Gottes.
2. Auf welcher Stufe würden Sie Ihre Vorstellung einordnen? Es kann auch Zwischenstufen geben und die Stufen können auch wechseln.

Als junger Mann kommt Martin Luther in ein schreckliches Gewitter. Er verspricht Gott in seiner Todesangst, dass er ins Kloster geht, wenn er das Gewitter überlebt. Er wird gerettet und hält sein Versprechen. – Nach der Reformation verlässt er das Kloster wieder und sagt: Der Mensch ist in seinem Handeln befreit und fühlt sich daher Gott verpflichtet.

↗ Die Gerechtigkeit Gottes, S. 139

Aufgaben

3. Deuten Sie diese beiden Verhaltensweisen vor dem Hintergrund der verschiedenen Vorstellungen vom Wirken Gottes.

Hiob

Hiob war ein reicher Grundbesitzer. Er hatte eine große Familie, sieben Söhne und drei Töchter. Er führte ein frommes und vorbildliches Leben und an Ansehen und Wohlstand übertraf er alle Nachbarn. Doch plötzlich traf den Gottesfürchtigen ein Schicksalsschlag nach dem anderen. Räuberbanden stahlen sein Vieh und erschlugen seine Knechte. Hiob verlor seinen gesamten Reichtum. Durch ein einstürzendes Haus kamen alle seine Kinder um. Doch damit nicht genug: Hiob selbst erkrankte schwer, er wurde von Lepra befallen.
Als Hiobs Freunde von seinem Unglück hörten, besuchten sie ihn, um ihn zu trösten. Entsetzt sahen sie ihn im Staub liegen, den Körper voller Geschwüre. Schweigend setzten sie sich zu ihm, sieben Tage und sieben Nächte.
Da brach **Hiob** schließlich das Schweigen und klagte: Warum gibt Gott den Menschen Leid, warum gibt er Leben voller Bitterkeit und Mühe?

↗ Hiob, S. 118

Seine Freunde antworteten. Sie versuchten, Hiob sein Leid zu erklären.
1. Freund: „Denk einmal nach: Ging je ein Mensch zugrunde, der treu und ehrlich war und ohne Schuld?“
2. Freund: „Wie glücklich ist der Mensch, den Gott zurechtweist! Wenn er dich jetzt erzieht, lehn dich nicht auf!“
Hiob: „Ihr enttäuscht mich. Belehrt mich doch: Wo habe ich mich vergangen? Was habe ich falsch gemacht? Wo habe ich Schuld auf mich geladen? Sagt es mir doch!“
3. Freund: „Was fragst du nach deiner Schuld? Dein Unglück bedeutet nicht, dass Gott nicht bei dir ist. Gott hält zu dir gerade in deinem Leid. Wenn du das erkennst, kannst du dein Elend besser bewältigen.“
Hiob: „Was seid ihr doch für kluge Leute. Dann antwortet mir doch: Was habe ich verbrochen, dass solches Leid über mich kam? Warum schickt Gott mir so viel Unglück?“
4. Freund: „Ich wünschte, dass Gott jetzt selber spräche und dir die rechte Antwort gäbe. Er würde dir sein Handeln offenbaren, das für unser Wissen unbegreiflich ist.“
Hiob: „Wenn ich nur wüsste, wo sich Gott befindet und wie ich dorthin gelangen kann. Ich würde ihn fragen, ich würde ihn anklagen, ich würde einen Streit mit ihm führen als einer, dem nichts vorzuwerfen ist.“
Da sprach **Gott** selbst aus einem Sturm heraus: „Wer bist du, dass du meinen Plan anzweifelst? Du redest von Dingen, die du nicht verstehst. Wo warst du denn, als ich die Erde machte? Wenn du es weißt, dann sag es mir doch! Haben sich dir je die Tore des Todes aufgetan? Weißt du des Himmels Ordnungen oder bestimmst du seine Herrschaft über die Erde? Wer gibt die Weisheit in das Verborgene? Wer gibt verständige Gedanken? Du weißt doch alles! Oder etwa nicht?“
Hiob antwortete Gott: „Herr, ich bin zu wenig. In meinem Unverstand habe ich geredet von Dingen, die mein Denken übersteigen. Ich erkenne, dass du alles vermagst, und nichts, das du dir vorgenommen hast, ist dir zu schwer. Ich kannte dich ja nur vom Hörensagen, jetzt aber hat mein Auge dich geschaut.“

Aufgaben

1. Analysieren Sie die Hiob-Geschichte unter folgenden Leitbegriffen: *Situation und Anklage Hiobs* | *Antworten der vier Freunde* | *Antwort Gottes* | *Reaktion Hiobs.*
2. Der Künstler Hanns H. Heidenheim hat seinen Holzschnitt „Hiob“ genannt. Welche Deutungsmöglichkeiten fallen Ihnen dazu ein?

Das Thema des Hiobbuchs ist das Problem des Leidens eines Unschuldigen (= Theodizee), dargestellt am Schicksal Hiobs. Hiob zeigt uns, dass es nicht falsch ist, seinen Glauben zu hinterfragen. Allerdings lassen sich auch die besten Antworten auf die Frage nach dem Leid in der Welt nicht durch den Verstand, sondern in der Begegnung mit dem „lebendigen Gott" finden.

Das Buch Hiob

Definition

■ **Theodizee** (von griechisch *theos* „Gott" und *dike* „Gerechtigkeit", wörtl. „Rechtfertigung Gottes"). Die Theodizee-Frage ist ein klassisches philosophisches und theologisches Problem. Man versteht darunter die Frage, warum ein allmächtiger, gütiger und allwissender Gott so viel Leid und Böses in der Welt zulässt.
In der Bibel versucht u.a. das Buch Hiob, Antworten auf diese Frage zu geben.

Antwortversuche auf die Theodizee-Frage

Ausgehend von dem Buch Hiob haben die Menschen folgende Antworten auf die Frage nach dem Leid in der Welt versucht:

Leid als Erziehungsmaßnahme

■ Gott ist gut und allmächtig. Alles, was geschieht, will er auch so. Das Böse, das Leiden ist nur Mittel zum Zweck: Gott will damit die Menschen prüfen, strafen und erziehen, damit sie sich bessern.

Leid als Schuld menschlichen Verhaltens

■ Was die Menschen einander an Leid zufügen, dürfen wir Gott nicht vorwerfen. Gott lässt es zu, denn er gibt den Menschen die Freiheit, sich für Gutes oder Böses zu entscheiden. Demnach sind die Menschen schuld am Leid in der Welt und nicht Gott.

Leid als Bewährung

■ Gott ist stark, aber seine Stärke ist anders als die Macht von Menschen. Seine Kraft beendet Leid in der Welt nicht, aber sie verändert es: Gott ist immer auf der Seite derer, denen Leid und Unrecht geschieht. So sind wir auch im größten Leid nicht allein. Mit Gottes Hilfe können wir es bewältigen.

Leid als Teil des Geheimnisses Gottes

■ Wir können Gott nicht verstehen, und wir können das Leid auf der Welt nicht erklären. Wir wissen nicht, warum Gott das Leid zulässt. Wir können Gott aber fragen, und wir können uns bei ihm auch beklagen.

Aufgaben

1. Welcher Antwort können Sie am ehesten zustimmen? Welcher nicht? Begründen Sie Ihre Meinung.
2. Ordnen Sie folgende Erklärungsmuster den vier Antworten zu:
   A Hiob leidet, weil er gesündigt hat. Hiob soll seine Schuld erkennen, bereuen und demütig zu Gott umkehren.
   B Hiob leidet, weil Gott ihn prüft und erzieht. Hiob soll hinter dem Leid Gottes guten Willen suchen und über die erteilte Lehre nachsinnen.
   C Hiob leidet nicht sinnlos. Allerdings wird Hiob für die Erklärung des Leids auf später vertröstet.
   D Hiob leidet, aber Gott wird einen Grund dafür haben, der dem menschlichen Verstand ein Geheimnis bleibt. Hiob soll Gott um die nötige Einsicht bitten. Sein Aufbegehren gegen Gottes verborgene Absicht ist Unrecht.
3. Inwieweit entsprechen diese Antworten den Antworten der Freunde Hiobs?
4. „Die verschiedenen Antworten auf die Theodizee-Frage führen zu unterschiedlichen Konsequenzen im Umgang mit Leid." Versuchen Sie Beispiele für diese Aussage zu finden.

Basics

Wichtige Begriffe

■ **Agnostiker:** Ein Mensch, der nur glaubt, was bewiesen und überprüft werden kann und der deshalb die Frage nach der Existenz Gottes offen lässt.

■ **Atheist:** Ein Mensch, der bestreitet, dass es einen Gott oder eine göttliche Weltordnung gibt.

■ **Theist:** Ein Mensch, der an die Existenz eines persönlichen und außerweltlichen Gottes glaubt.

■ **Deist:** Ein Mensch, der glaubt, dass Gott existiert und die Welt erschaffen hat, aber nicht aktiv in das Weltgeschehen eingreift.

Argumente gegen Gott

■ **1. Argument:** Naturwissenschaft und Gottesglaube sind unvereinbar.

■ **2. Argument:**
Der Gottesglaube hat in seiner bisherigen Geschichte wenig Positives bewirkt.

■ **3. Argument:**
Wenn es einen Gott gäbe, würde dieser das viele menschliche Leid, das es auf der Welt gibt, nicht zulassen.

Gottesbeweise

Ein Gottesbeweis ist der Versuch, die Existenz Gottes, ohne Hinzunahme der Offenbarung, philosophisch zu beweisen.

■ **Der kosmologische Gottesbeweis:**
Alles hat eine Ursache, d.h. auch das ganze Weltall muss eine Ursache haben, und die kann man Gott nennen.

■ **Der teleologische Gottesbeweis:**
Das ganze Weltall und die komplizierten Lebensbedingungen auf der Erde können nicht zufällig entstanden sein, sondern sind ohne Plan und Ziel eines Schöpfers nicht denkbar.

■ **Der ethnologische Gottesbeweis:**
Daraus, dass alle Völker und Kulturen unabhängig voneinander den Glauben an ein göttliches Wesen entwickelt haben, schließt man, dass es einen Gott geben muss.

Stufen des Glaubens

1. Gott regiert die Welt so, wie er will.
2. Gottes Verhalten kann durch das Verhalten der Mensch beeinflusst werden.
3. Gott nimmt keinen direkten Einfluss auf die Welt.
4. Die Freiheit des Menschen ist die Grundbedingung für religiöses Handeln.

Die Theodizee-Frage

Unter der Theodizee-Frage versteht man die Frage, warum ein allmächtiger, gütiger und allwissender Gott so viel Leid und Böses in der Welt zulässt.

Das Buch Hiob

Das Thema des Hiobbuches ist das Problem des Leidens eines Unschuldigen (= Theodizee), dargestellt am Schicksal Hiobs.

Antwortversuche auf die Theodizee-Frage

1. Leid als Erziehungsmaßnahme
2. Leid als Folge schuldhaften menschlichen Verhaltens
3. Leid als Bewährung
4. Leid als Teil des Geheimnisses Gottes

Kapitel 15

Jesus Christus

Lovis Corinth (1858–1925)

Hochzeit zu Kana

Kapernaum

Nazareth

Golgatha

Wanderprediger

Bethlehem

Emmausjünger

Pontius Pilatus

Passafest in Jerusalem

Letztes Mahl

Taufe

Himmelfahrt

Aufgaben

1. Versuchen Sie das Jesusbild von Lovis Corinth zu interpretieren.
2. Bringen Sie die Begriffe in die zeitlich richtige Reihenfolge und erklären Sie jeden Begriff mit einem Satz.
3. Formulieren Sie spontan einen Satz, der zum Ausdruck bringt, was Sie von Jesus halten.
4. Recherchieren Sie, welche Rolle Jesus im Judentum und Islam spielt.

Hat Jesus wirklich gelebt?

Das so genannte Turiner Grabtuch ist Gegenstand vielfacher wissenschaftlicher Untersuchungen und Kontroversen. Es handelt sich dabei um ein mehr als vier Meter langes Stück Leinen mit dem schattenhaften Bild eines Gekreuzigten, von dem vermutet wird, dass es das Grabtuch Jesu war. Das Leinentuch zeigt den Körperabdruck eines Mannes mit Verletzungen an Kopf, Händen und Füßen sowie einer Stichwunde in Herznähe.

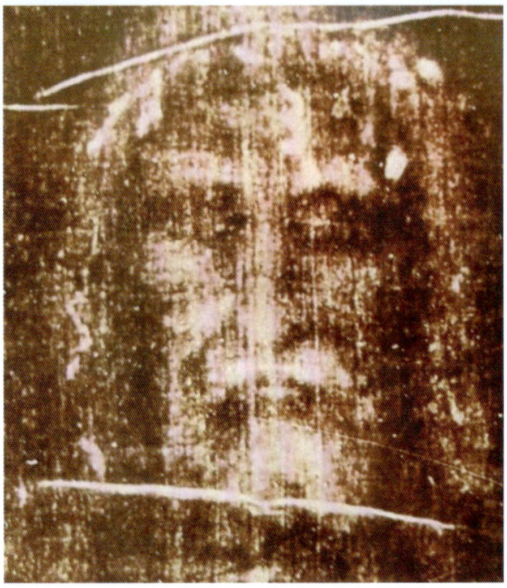

Quellen zum Leben Jesu

Unser Wissen über das Leben Jesu beruht auf dem, was im Laufe der Jahrhunderte über ihn überliefert wurde. Solche Überlieferungen nennt man in der Geschichtswissenschaft Quellen. Die Quellen zu Jesus lassen sich in christliche und nicht-christliche Quellen unterteilen.

Christliche Quellen

Die Evangelien

Evangelien

↗ Die Evangelien, S. 172f.

Die größte Zahl der Quellen stammt aus der christlichen Überlieferung. Die Hauptquelle ist natürlich das Neue Testament, vor allem die Evangelien. Die vier Evangelien nach Matthäus, Markus, Lukas und Johannes wurden eigens verfasst, um vom Leben Jesu zu berichten. Ihre Entstehung wird in die Zeit von 70 bis 100 n. Chr. datiert.

Die Apostelgeschichte

Apostelgeschichte

In der Apostelgeschichte, die dem Autor des Lukasevangeliums zugeschrieben wird, werden die Anfänge der christlichen Kirche berichtet. Dabei gibt es immer wieder Hinweise auf das Leben Jesu. Wichtig ist die Apostelgeschichte vor allem wegen der Hinweise, wie die ersten Christen das Leben und Sterben Jesu deuten.

Apokryphe Evangelien

Apokryphen

Wir kennen weitere christliche Texte, die nicht in die Bibel aufgenommen wurden, vor allem die so genannten apokryphen Evangelien (von griech. apokryphos = verborgen), wie das Thomasevangelium oder das Philippusevangelium. Diese apokryphen Evangelien sind meist jünger als die biblischen und oft nur in Bruchstücken erhalten.

Nicht-christliche Quellen

Neben den christlichen Quellen gibt es auch einzelne Notizen über Jesus bei nichtchristlichen Autoren. Der Wert dieser Quellen liegt darin, dass sie den Vorwurf entkräften, eine historische Figur Jesus von Nazareth habe es nie gegeben, sondern sei eine Erfindung der Urchristen.

Jüdische Quellen

Der jüdische Historiker **Flavius Josephus (37-100 n. Chr.)** berichtet in seiner „Weltgeschichte des jüdischen Volkes“ zweimal von Jesus. **Flavius Josephus**

Römische Quellen

- Der römische Anwalt und Staatsmann **Plinius der Jüngere (61-114 n. Chr.)** schreibt in seinen Briefen an Kaiser Trajan über die Situation der Christen im römischen Reich. Jesus von Nazareth als historische Persönlichkeit wird nur am Rande gestreift, weil es Plinius' Aufgabe als römischer Beamter war, sich um die Christen zu kümmern, nicht aber darum, woher ihr Glaube kam. **Plinius**
- Der Geschichtsschreiber **Tacitus (55-120 n. Chr.)** schildert in seinen „Annalen“ die Christenverfolgung unter Nero und erwähnt, dass der Jude Christus von Pontius Pilatus hingerichtet wurde. **Tacitus**
- **Sueton (70-130 n. Chr.)** schreibt in seinem Buch „Leben des Kaisers Claudius“, wie die Juden aus Rom vertrieben wurden, und erwähnt dabei auch Christus. **Sueton**

Aufgaben

1. Übertragen Sie die folgende Tabelle und ordnen Sie die Quellen A bis K jeweils ein:

Quellen zum Leben Jesu			
Christliche Quellen		Nicht-christliche Quellen	
biblische Texte:	**außerbiblische Texte:**	**jüdische Sicht:**	**römische Sicht:**
...	...	...	...

A Jesus wurde in Bethlehem geboren, einer kleinen Stadt in Judäa. Herodes war damals König. *Matthäusevangelium 2,1*

B Um diese Zeit lebte Jesus, ein weiser Mensch, wenn man ihn überhaupt einen Menschen nennen darf. Er war nämlich der Vollbringer ganz unglaublicher Taten und der Lehrer aller Menschen, die mit Freuden die Wahrheit aufnahmen. *Josephus, Jüdische Altertümer*

C Jesus sagte: „Wenn ein Blinder einen anderen Blinden führt, fallen beide in die Grube.“ *Thomasevangelium*

D An diesem Sonntagabend hatten sich alle Jünger versammelt. Aus Angst vor den Juden ließen sie die Türen fest verschlossen. Plötzlich war Jesus bei ihnen. Er trat in ihre Mitte und grüßte sie: „Friede sei mit euch!“ Dann zeigte er ihnen die Wunden in seinen Händen und an seiner Seite. *Johannesevangelium 20,19-20*

E Die Juden, die, von Christus aufgehetzt, fortwährend Unruhe stifteten, vertrieb er aus Rom. *Sueton, Kaiser Claudius*

F Dieser Name [Christen] stammt von Christus, der unter Tiberius vom Prokurator Pontius Pilatus hingerichtet worden war. *Tacitus, Annalen*

G Jesus reiste durch die ganze Provinz Galiläa, predigte in den Synagogen und befreite viele aus der Gewalt dämonischer Mächte. *Markusevangelium 1,39*

H Der Hohepriester Ananus versammelte den Hohen Rat zum Gericht und klagte an Jakobus, den Bruder Jesu, des so genannten Christus. *Josephus, Jüdische Altertümer*

I Diese so genannten Christen versammelten sich gewöhnlich an einem bestimmten Tag vor Sonnenaufgang und brachten Christus wie einem Gott Lieder dar. *Plinius, Briefe*

J Jesus trat zum ersten Mal öffentlich auf, als er ungefähr dreißig Jahre alt war. Die Leute kannten ihn als den Sohn Josefs. *Lukasevangelium 3,23*

K Es waren drei, die allezeit mit Jesus wandelten: Maria, seine Mutter, und ihre Schwester und Magdalena, die man seine Gefährtin nennt. *Philippusevangelium*

Jesus erzählt Gleichnisse

Das Gleichnis vom verlorenen Schaf (Lukas 15,4ff.)

Aufgaben

1. Beschreiben Sie die einzelnen Szenen der Bildgeschichte.
2. Was könnte Jesus seinen Zuhörern mit diesem Gleichnis über Gott sagen wollen?
3. Jesus erzählt häufig Gleichnisse. Warum tut er dies? Warum sagt er nicht direkt, was er meint?

Jesus spricht vom Reich Gottes in Gleichnissen

↗ Bergpredigt, S. 81

Jesus beschreibt das Gottesreich häufig mit einer besonderen bildlichen Redeform, den Gleichnissen. Gleichnisse sind erzählte Bilder, die veranschaulichen sollen, wie das Reich Gottes ist. Jesus wählt diese Redeweise, weil das Reich Gottes sich nur in Bildern und Vergleichen beschreiben lässt.

Die Gleichnisse Jesu kann man wie folgt unterteilen:

Gleichnis

- Das **Gleichnis im engeren Sinn** gebraucht ein Bild, das auf eine alltägliche, jedermann bekannte Sache hinweist, z.B. den Hirten, der sein davongelaufenes Schaf sucht (Lk 15,4ff.).

■ Die **Parabel** erzählt in Form einer frei erfundenen Geschichte von einem unerwarteten, überraschenden Geschehen, das nicht alltäglich ist. Die Parabel konzentriert sich meist auf den wesentlichen Punkt, den „Brennpunkt", wie z.B. bei dem Gleichnis von den Arbeitern im Weinberg (Mt 20,1-16).

Parabel

↗ Gerechtigkeit bei Jesus, S. 137

■ Die **Beispielerzählung** schildert einen ungewöhnlichen Musterfall, ein „Beispiel", das die Zuhörer nachahmen sollen, z.B. das Gleichnis vom barmherzigen Samariter (Lk 10,25ff.).

Beispielerzählung

Mögliche Auslegung von Gleichnissen

1. **Unterscheidung von Bild- und Sachhälfte:** Jedem Detail der Erzählung (Bildhälfte) wird eine sachgerechte Deutung (Sachhälfte) zugeordnet. Der Vater steht z.B. für Gott.

Bild-/Sachhälfte

2. **Ganzheitliche Deutung:** Es geht nicht darum, das Gleichnis zu „übersetzen". Das Gleichnis wirkt vielmehr als Ganzes und regt uns dadurch zum Nachdenken an. Das gesamte Bild des Gleichnisses spiegelt das Reich Gottes wider, ist aber gleichzeitig keine vollständige Beschreibung davon.

ganzheitliche Deutung

Das Gleichnis vom Senfkorn

Jesus: Das Reich Gottes kann man mit einem winzigen Senfkorn vergleichen. Am Anfang ist es ganz klein. Wenn es in fruchtbaren Boden gesät wird, wächst es schnell heran und wird größer als andere Sträucher. Es bekommt starke Zweige, in denen die Vögel Schutz suchen und sogar ihre Nester bauen können. *Matthäus 13,31-32*

Aufgaben

1. Legen Sie das Gleichnis vom Senfkorn mit Hilfe der Unterscheidung in Bild- und Sachhälfte aus. Ordnen Sie den Elementen der Bildhälfte die folgenden entsprechenden Sacherklärungen zu:
Menschen, die so leben, wie Jesus es gesagt hat | das Reich Gottes breitet sich immer mehr aus | finden Halt für ihr Leben | Reich Gottes | Menschen | Gottes Wort kommt durch Jesus in die Welt | am Anfang wenig Anhänger

Bildhälfte	**Sachhälfte**
Senfkorn	
Das Senfkorn wird gesät	
am Anfang klein	
fruchtbarer Boden	
wächst heran	
Vögel	
finden Schutz und bauen Nester	

2. Versuchen Sie das Gleichnis vom Senfkorn ganzheitlich zu deuten. Welche Vorstellung vom Reich Gottes spiegelt sich hier wider?
3. Lesen Sie die folgenden Gleichnisse in diesem Religionsbuch:
   - das Gleichnis vom barmherzigen Samariter, S. 110-111
   - das Gleichnis vom verlorenen Sohn, S. 138
   - das Gleichnis vom verlorenen Schaf, S. 158
   - das Gleichnis vom Senfkorn (oben).

   Bestimmen Sie für jedes Gleichnis die Gleichnisform und formulieren Sie jeweils die zentrale Aussage.

Jesus vollbringt Wunder

A Es gibt keine Wunder. Alles hat natürliche Ursachen.
B Es ist erwiesen, dass auch heute Dinge passieren, die mit dem Verstand nicht erklärt werden können. Deshalb glaube ich, dass es Wunder gibt.
C Jesus war ein besonderer Mensch und konnte Wunder tun.
D Ein paar von den Wundern von Jesus können ja passiert sein. Vielleicht die einfachen, wie z.B. einige Krankenheilungen. Aber einen verwesenden Toten zum Leben auferwecken – ganz bestimmt nicht.
E Jesus hat nur Tricks gemacht. Wenn man heute einen guten Zauberer sieht, kann man sich bei vielen Sachen auch nicht vorstellen, wie die funktionieren.
F Die Wundererzählungen sind vielleicht nur bildlich oder symbolisch gemeint. Man muss sich überlegen, was sie wirklich bedeuten sollen.
G Alles, was sich die Menschen damals nicht erklären konnten, war für sie ein Wunder. Wir wissen heute besser Bescheid. Deshalb fällt es uns schwer zu glauben, dass Jesus diese Wunder wirklich getan hat.
H Ich möchte ja gern glauben, dass Jesus Wunder getan hat. Aber ich kann es mir einfach nicht vorstellen.
I Mein Freund (19 J.) hatte Knochenkrebs. Alle Ärzte haben gesagt, er hätte nur noch 3 Monate zu leben, es gäbe keine Chance mehr. Er hatte 150 Metastasen im ganzen Körper, in der Lunge, im Kopf. Aber plötzlich breiteten sich die Metastasen nicht mehr aus und gingen sogar zurück. Keiner weiß warum. Heute ist er wieder ganz gesund. Seitdem glaube ich an Wunder, an Dinge, die man nicht erklären kann.

Aufgaben

1. Bewerten Sie die einzelnen Aussagen mit 0 bis 5 Punkten (5 = volle Zustimmung, 0 = völlige Ablehnung).
2. Formulieren Sie eine eigene Aussage zum Thema „Wunder Jesu“.
3. Jemand erzählt, wie er in einem Boot plötzlich die Ruder verloren hatte und hilflos aufs offene Meer hinaus trieb. Er sei in Todesangst gewesen und hätte nur noch auf ein Wunder hoffen und zu Gott beten können. „Und, hat Gott geholfen, ist ein Wunder passiert?“, wurde er gefragt. „Ach nein“, antwortete er, „bevor Gott eingreifen konnte, kam die Küstenwache und hat mich gerettet!“ – Nehmen Sie zu dieser Aussage Stellung.

Die Wunder Jesu

Von allen Tätigkeiten Jesu bereiten uns die Wunder die größten Probleme. Nach unserem modernen Verständnis sind die physikalischen und biologischen Abläufe der Welt durch gesetzmäßige Vorgänge geregelt. Wunder durchbrechen diese Gesetzmäßigkeiten. Wer die Naturgesetze für unumstößlich hält, der wird die Wunder Jesu nicht glauben können und eine mit den Naturwissenschaften verträgliche Erklärung suchen. Auf der anderen Seite gibt es Menschen, für die gerade die Wunder Jesu ein Beweis seiner Göttlichkeit und Einmaligkeit sind, weil nur Gott die Naturgesetze durchbrechen kann. Doch beide Positionen sind Extreme, die einer sachlichen Überprüfung nicht Stand halten.

Die Wunder Jesu kann man wie folgt unterteilen:

- **Exorzismen** sind Heilungen, in denen Jesus in einer Art Kampf Dämonen austreibt.
- **Heilungen**, die durch eine (unbewusste) Übertragung der Kräfte Jesu geschehen.
- **Rettungswunder** schildern die unerwartete Rettung aus Bedrängnis.
- **Geschenkwunder** bescheren Menschen wundersame Gaben.

Wunder Jesu
Exorzismen
Heilungen
Rettungswunder
Geschenkwunder

Aufgaben

1. Ordnen Sie die folgenden Wunder Jesu den genannten vier Kategorien zu.

A **Jesus heilt die Schwiegermutter des Petrus.** Das Fieber verschwindet durch Auflegung seiner Hand. (Mt 8,14-15)

B **Die Speisung der 5 000.** Fünf Brote und zwei Fische reichen, um 5 000 Menschen satt zu machen. (Mt 14,13-21)

C **Die Heilung des Besessenen von Gerasa.** Jesus befreit einen Mann von seinen Dämonen. (Mk 5,1-20)

D **Die Sturmstillung.** Die Jünger haben Todesangst. Jesus befiehlt dem Meer und dem Sturm zu schweigen. (Mk 4,35-41)

E **Der wunderbare Fischzug.** Dank Jesu Hilfe fangen seine Jünger eine unglaubliche Menge Fische. (Lk 5,1-11)

F **Die Auferweckung der Tochter des Jaïrus.** Jesus erweckt ein zwölfjähriges Mädchen durch Handauflegen wieder zum Leben. (Mk 5,21-43)

G **Die Heilung eines Gelähmten.** Jesus befiehlt einem Gelähmten aufzustehen, und dieser ist geheilt. (Mt 9,1-8)

H **Die Befreiung von einem bösen Geist.** Jesus treibt durch seine Ansprache die Dämonen eines Mannes aus. (Mk 1,21-28)

I **Die Heilung eines Blinden.** Jesus streicht einem Blinden einen Brei aus Erde auf die Augen und der Blinde kann wieder sehen. (Joh 9,1-7)

J **Die Heilung der zehn Aussätzigen.** Jesus schickt zehn Leprakranke zu den Priestern, um sich bestätigen zu lassen, dass sie wieder gesund sind. Auf dem Weg dahin werden sie geheilt. (Lk 17,11-19)

K **Das Wein-Wunder.** Bei der Hochzeit zu Kana verwandelt Jesus Wasser zu Wein. (Joh 2,1-11)

L **Die Auferweckung des Lazarus.** Jesus ruft den toten Lazarus aus seinem Grab heraus und dieser wird wieder lebendig. (Joh 11,1-44)

M **Heilung eines besessenen Knaben.** Durch seine Ansprache befreit Jesus ein epileptisches Kind von seinen Dämonen. (Mt 17,14-20)

Jesu Tod und Auferstehung

Jesu Weg ans Kreuz

Aufgaben

1. Jesu Weg ans Kreuz ist in den Evangelien sehr einheitlich beschrieben. Bringen Sie die folgenden Stationen in eine sinnvolle Reihenfolge:

A Das Volk fordert die Freilassung des Barabbas und nicht die von Jesus.
B Todesurteil durch den Hohen Rat wegen Gotteslästerung.
C Judas verrät Jesus mit einem Kuss.
D Verfahren Jesu vor der jüdischen Obrigkeit, dem Hohen Rat.
E Beschluss der „führenden Leute", Jesus zu töten.
F Kreuzigung und Tod zwischen zwei Verbrechern auf dem Hügel Golgatha.
G Verfahren vor der römischen Obrigkeit.
H Abendmahl. Während des Abendmahls: Ankündigung des Verrats und des Todes. Ankündigung der Verleugnung des Petrus.
I Verleugnung des Petrus.
J Jesus geht mit seinen Jüngern in den Garten Gethsemane.
K Todesurteil durch den römischen Statthalter Pilatus wegen Volksaufhetzung.
L Gefangennahme Jesu im Garten Gethsemane.

Gründe für den Tod Jesu

Aufgaben

2. Für den Tod Jesu gibt es **religiöse** und **politische** Gründe. Ordnen Sie die folgenden Sätze diesen zwei Begründungen zu:

1 Ein Aufstand, der zum Eingreifen der Römer führt und den besser gestellten Juden nur Nachteile bringt, muss unbedingt vermieden werden.
2 Den Anspruch, der Messias zu sein, bewertet der Hohe Rat als Gotteslästerung.
3 Es geht dem Hohen Rat nicht so sehr um die religiöse Position, die Jesus vertritt, sondern um die persönliche Autorität oder Vollmacht, mit der er auftritt.
4 Der Hohe Rat fordert die Todesstrafe gegen Jesus.
5 Viele Bewohner Jerusalems, die an den Geschäften im Tempel gut verdienen, ärgert es, dass Jesus gegen diese Geschäfte ist.
6 Die neue Bewegung um Jesus sorgt für politische Unruhe, vor allem, wenn die Menschen in Jesus den Messias sehen, der die römische Herrschaft zu Fall bringen soll.

Mathias Grünewald, Isenheimer Altar ca. 1512–1516 (Detail)

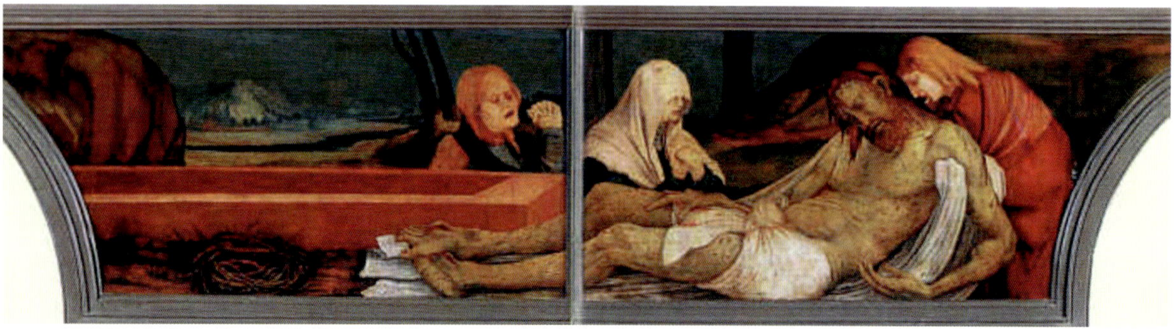

Das Grab ist leer: Jesus lebt

Ganz früh am Sonntagmorgen gingen die Frauen mit den Salben, die sie zubereitet hatten, zum Grab. Der Stein, mit dem man es verschlossen hatte, war zur Seite gerollt. Zögernd betraten sie die Grabhöhle. Sie war leer. Verwirrt überlegten sie, was sie jetzt tun sollten. Da traten zwei Männer in glänzend weißen Kleidern zu ihnen. Die Frauen erschraken und wagten nicht, die beiden anzusehen. „Warum sucht ihr den Lebenden bei den Toten?“, wurden sie von den Männern gefragt. „Er ist nicht hier; er ist auferstanden! Habt ihr vergessen, was er euch in Galiläa gesagt hat: ‚Der Menschensohn muss den Gottlosen ausgeliefert werden. Sie werden ihn kreuzigen, aber am dritten Tag wird er von den Toten auferstehen.‘“ Da erinnerten sich die Frauen an diese Worte Jesu. So schnell sie konnten, liefen sie in die Stadt zurück, um den elf Jüngern und den anderen Freunden Jesu zu berichten, was sie erlebt hatten. Zu den Frauen gehörten Maria aus Magdala, Johanna und Maria, die Mutter von Jakobus. Aber den Jüngern erschien das alles so unwahrscheinlich, dass sie den Frauen nicht glaubten.
Nur Petrus sprang auf und lief zum Grab. Als er hineinschaute, fand er außer den Leinentüchern nichts. Nachdenklich ging er in die Stadt zurück. *nach Lukas 24,1-12*

Mathias Grünewald, Isenheimer Altar ca. 1512–1516 (Detail)

Aufgaben

1. Beantworten Sie zu diesem Bibeltext schriftlich die folgenden Fragen:
   a) Wer kommt zuerst zum Grab?
   b) Warum kommen die Betreffenden jeweils zum Grab?
   c) Was war mit dem Verschlussstein?
   d) Was sehen die Besucher bzw. die Besucherinnen im oder am Grab?
   e) Welche Aussagen über Jesus werden gemacht?
   f) Was tun die Besucher bzw. die Besucherinnen?

Die Auferstehung Jesu

↗ Die christliche Auferstehungshoffnung, S. 58f.

Die ältesten biblischen Aussagen zu Jesu Tod sind Formeln, die sein Sterben und seine Auferweckung bezeugen. In den Evangelien gibt es zwei Erzähltraditionen: das leere Grab in Jerusalem drei Tage nach der Hinrichtung und die Erscheinungen Jesu vor den Jüngerinnen und Jüngern.
Die Faktizität der Auferstehung wurde immer wieder in Frage gestellt. Die neuere Theologie hält dagegen, dass nicht das genaue „Wie“ der Auferstehung wichtig sei, sondern die Botschaft davon.
In der Botschaft von der Auferstehung erfährt der Mensch Zuspruch und Anspruch Jesu Christi, durch die er in seiner ganzen Existenz getroffen wird. Dies gilt auch, wenn eine physische Auferstehung Jesu nicht nachgewiesen werden kann.

Basics

Quellen zum Leben Jesu

Christliche Quellen		Nicht-christliche Quellen	
biblische Texte: • Evangelien • Apostelgeschichte	außerbiblische Texte: • apokryphische Evangelien	jüdische Sicht: • Josephus Flavius	römische Sicht: • Plinius • Tacitus • Sueton

Gleichnisse Jesu

1. Das **Gleichnis im engeren Sinn** gebraucht ein Bild, das auf eine alltägliche, jedermann bekannte Sache hinweist. Beispiel: der Hirte, der sein davongelaufenes Schaf sucht (Lk 15,4ff.).
2. Die **Parabel** erzählt in Form einer frei erfundenen Geschichte von einem unerwarteten, überraschenden Geschehen, das nicht alltäglich ist. Beispiel: Gleichnis von den Arbeitern im Weinberg (Mt 20,1-16).
3. Die **Beispielerzählung** schildert einen ungewöhnlichen Musterfall, ein „Beispiel", das die Zuhörer nachahmen sollen. Beispiel: Gleichnis vom barmherzigen Samariter (Lk 10,25ff.).

Auslegung der Gleichnisse

1. **Unterscheidung von Bild- und Sachhälfte:** Jedem Detail der Erzählung (Bildhälfte) wird eine sachgerechte Deutung (Sachhälfte) zugeordnet. Der Vater steht z.B. für Gott.
2. **Ganzheitliche Deutung:** Es geht nicht darum, das Gleichnis zu „übersetzen". Das Gleichnis wirkt vielmehr als Ganzes und regt uns dadurch zum Nachdenken an. Das gesamte Bild des Gleichnisses spiegelt das Reich Gottes wider, ist aber gleichzeitig keine vollständige Beschreibung davon.

Wunder Jesu

■ **Exorzismen** sind Heilungen, in denen Jesus in einer Art Kampf Dämonen austreibt, z. B. Heilung eines epileptischen Jungen (Mt 17,14-20).
■ **Heilungen**, die durch eine (unbewusste) Übertragung der Kräfte Jesu geschehen, z.B. Heilung eines Blinden (Joh 9,1-7).
■ **Rettungswunder** schildern die unerwartete Rettung aus Bedrängnis, z.B. die Sturmstillung (Mk 4,35-41).
■ **Geschenkwunder** bescheren Menschen wundersame Gaben, z,B. die Speisung der 5000 (Mt 14,13-21).

Gründe für den Tod Jesu

■ **Religiöse Gründe:** Weil Jesus als Sohn Gottes und Messias auftritt, verurteilt ihn die jüdische Obrigkeit, d.h. der Hohe Rat, wegen Gotteslästerung zum Tode.
■ **Politische Gründe:** Die Juden dürfen keine Todesstrafe aussprechen, deshalb überstellt der Hohe Rat Jesus an die römischen Behörden. Da diese sich nicht in die religiösen Angelegenheiten der Juden einmischen, wird der Anklagepunkt nun in Volksaufhetzung geändert.

Auferstehung

In der Botschaft von der Auferstehung erfährt der Mensch Zuspruch und Anspruch Jesu Christi in seiner ganzen Existenz. Das gilt unabhängig von ihrer wissenschaftlichen Beweisbarkeit.

Kapitel 16

Die Bibel

Am Anfang schuf Gott
Himmel und Erde.

Ich bin der Gott deiner Vorfahren,
der Gott Abrahams, Isaaks
und Jakobs.

Hört, ihr Israeliten! Der Herr
ist unser Gott, der Herr allein.
Ihr sollt ihn von ganzem Herzen
lieben, mit ganzer Hingabe,
mit all eurer Kraft.

Das Fleisch von folgenden Tieren
dürft ihr essen: Von den Land-
tieren sind euch alle erlaubt, die
vollständig gespaltene Hufe oder
Pfoten haben und wiederkäuen.

Liebe deinen Mitmenschen
wie dich selbst.

Ich bin der Weg, die Wahrheit und
das Leben. Niemand kommt zum
Vater denn durch mich.

Vater unser
im Himmel!
Dein Name werde
geheiligt.

Durch Mose gab uns Gott das Gesetz
mit seinen Forderungen.
Aber duch Jesus schenkte er uns
seine vergebende Liebe und Treue.

Setze neben Gott nicht einen
anderen Gott. Du sitzt sonst da,
getadelt und verlassen.

Christus, Marias Sohn, ist nichts als
ein Gesandter, vor dem andere Gesandte
dahingegangen sind.

Gott ist der, der die Himmel und
die Erde und was dazwischen ist
erschuf – in sechs Tagen.

Und erlahmet nicht in der Verfolgung
des Volkes der Ungläubigen!

Aufgaben

1. Ordnen Sie die Texte jeweils der Bibel, der Tora oder dem Koran zu. Mehrfachzuordnungen sind möglich.
2. Ein Nichtchrist fragt Sie: Was steht in der Bibel? Wie ist sie entstanden? Geben Sie in wenigen Sätzen eine Antwort.
3. Was ist Ihre Lieblingsgeschichte in der Bibel?
4. Nennen Sie Gründe, weshalb Menschen in der Bibel lesen.
5. In welchen Situationen könnte man in der Bibel lesen?
6. Vervollständigen Sie die folgenden Sätze:
   a) Ich lese in der Bibel, weil ... *oder* Ich lese nicht in der Bibel, weil ...
   b) Wenn jemand in der Bibel liest, ist das für mich ...

Die Entstehung der Bibel

Aufgaben 1. Die Bilder illustrieren fünf wichtige Phasen auf dem Weg zur Entstehung der Bibel. Beschreiben Sie diese Phasen und bringen Sie sie in eine sinnvolle Reihenfolge.

Altes Testament		Neues Testament		Die Bibel erhält ihre heutige Form	
vor 1000 v.Chr.	...	um das Jahr 30 n.Chr.	...	um 1000	...
nach 1000 v.Chr.	...	nach 30	...	um 1500	...
nach 500 v.Chr.	...	nach 50	...	um 1700	...
um 100 n.Chr.	...	nach 100	...	heute	...

- Die Evangelien, die Briefe der Apostel und die Offenbarung des Johannes werden zum Neuen Testament zusammengestellt.
- Martin Luther übersetzt die Bibel ins Deutsche. Durch die Erfindung des Buchdrucks wird seine Bibelübersetzung in großer Zahl verbreitet.
- Die Geschichten von Jesus werden in vier Evangelien in griechischer Sprache aufgeschrieben. Die Apostel schreiben Briefe an die ersten Gemeinden.
- Menschen erzählen an Oasen, Rastplätzen und heiligen Stätten von ihren Erfahrungen mit Gott.
- In Klöstern schreiben Mönche in kunstvoller Schrift Bibeln ab.
- Die Schriften werden überarbeitet und in einen Zusammenhang gestellt.
- Die Bibel ist das am weitesten verbreitete Buch der Welt. Sie ist in mehr als 2500 Sprachen übersetzt und jedes Jahr werden rund 400 Millionen Exemplare verbreitet.
- Jesus lebt, predigt und wirkt.
- Schreiber und gelehrte Priester schreiben die mündlich überlieferten Geschichten meist in hebräischer Sprache auf.
- Die Geschichten von Jesus werden mündlich weitererzählt.
- Die fortlaufenden Texte werden in einzelne Kapitel und die Kapitel wiederum in einzelne nummerierte Verse unterteilt.
- Der Inhalt des Alten Testaments bzw. der jüdischen Bibel wird endgültig festgelegt.

Aufgaben 2. Übertragen Sie die Tabellen und ordnen Sie den Jahreszahlen die entsprechenden Ereignisse zu.

Die Bücher der Bibel

Die Bibel besteht aus zwei großen Teilen, dem Alten Testament (AT) und dem Neuen Testament (NT). Das AT ist ungefähr dreimal so umfangreich wie das NT.
In den über tausend Jahren der schriftlichen Abfassungszeit der Bibel ist eine ganze Bibliothek entstanden. Das AT umfasst 39 Bücher (vom 1. Buch Mose bis zum Propheten Maleachi). Das NT umfasst 27 Bücher (vom Matthäusevangelium bis zur Offenbarung des Johannnes).

Die Bibel ist eine ganze Bibliothek von Büchern

ALTES TESTAMENT
NEUES TESTAMENT
1. Mose
2. Mose
3. Mose
4. Mose
5. Mose
Josua
Richter
RUT
1. Samuel
2. Samuel
1. Könige
2. Könige
1. Chronik
2. Chronik
Esra
Nehemia
Ester
GESCHICHTSBÜCHER
Matthäus
Markus
Lukas
Johannes
Apostelgeschichte
EVANGELIEN / GESCHICHTS-BUCH
Hiob
Psalmen
Sprichwörter
Prediger
Hohelied
VERSCHIEDENE SCHRIFTEN
Römer
1. Korinther
2. Korinther
Galater
Epheser
Philipper
Kolosser
1. Thessalonicher
2. Thessalonicher
1. Timotheus
2. Timotheus
Titus
Philemon
Hebräer
Jakobus
1. Petrus
2. Petrus
1. Johannes
2. Johannes
3. Johannes
Judas
BRIEFE
Jesaja
Jeremia
Klagelieder
Hesekiel
Daniel
Hosea
Joël
Amos
Obadja
Jona
Micha
Nahum
Habakuk
Zefanja
Haggai
Sacharja
Maleachi
PROPHETENBÜCHER
Offenbarung
APOKALYPSE

Aufgaben

1. Ordnen Sie die folgenden Bücher dem AT oder dem NT zu und bestimmen Sie, zu welcher Büchergattung das Buch jeweils gehört (z.B.: 2. Buch Mose: AT, Geschichtsbücher):

Rut | Amos | Matthäusevangelium | Hohelied Salomos | 4. Buch Mose | Brief an die Römer | Apostelgeschichte des Lukas | Daniel | Lukasevangelium | Brief des Jakobus | Psalmen | 2. Buch der Chronik | Brief an Philemon | Hiob | Jeremia | 1. Buch Samuel | Markusevangelium | Jona | Josua | Brief an die Kolosser | Sprüche Salomos | Jesaja | Johannesevangelium

Altes und Neues Testament

Testament bedeutet Bund

Die Bibel besteht aus dem Alten und dem Neuen Testament. Das Alte Testament erzählt die Geschichten vom Bund Gottes mit dem Volk Israel. Das Neue Testament berichtet vom neuen Bund Gottes mit allen Menschen, den Jesus Christus zwischen Gott und uns Menschen vermittelt hat. Im Neuen Testament stehen demnach die Geschichten von Jesus und den ersten christlichen Gemeinden.

Die wichtigsten Inhaltsbereiche der Bibel

Die Königszeit

Höhepunkte der Erzählungen von den Königen Israels sind die spannenden Geschichten von König David *(1. Samuel 16 – 1. Könige 2)*.

Die Evangelien

↗ Kap. Jesus Christus

Das Neue Testament beginnt mit den vier Evangelien: Matthäus, Markus, Lukas und Johannes. Sie berichten von Jesus, seinen Worten und Taten, von seinem Leiden, seinem Tod und seiner Auferstehung. Im Matthäusevangelium steht die berühmteste Rede Jesu: die Bergpredigt *(Matthäus 5-7)*.

Die Propheten

Gegen die Könige traten oft Propheten auf, die an die Gebote Gottes erinnerten und König und Volk zur Umkehr aufforderten. Wichtige Propheten waren Elia *(1. Könige 17-21)*, Jesaja, Jeremia und Amos. Das Buch Jona erzählt von der Flucht, dem Schiffbruch, der Rettung und der Predigt des Propheten in der großen Stadt Ninive *(Jona 1-4)*.

Die Briefe

Von Paulus stammen die meisten Briefe des Neuen Testaments. Sie wurden an christliche Gemeinden oder an Einzelpersonen geschrieben, wie der Philemonbrief, in dem es um einen entlaufenen Sklaven geht.

Lehrbücher

↗ Hiob, S. 152f.

Zu den schönsten Texten der Bibel gehören die 150 Psalmen *(vor allem 8, 23, 90, 104, 139)* und das Buch Hiob, in dem von einer Wette zwischen Gott und Satan erzählt wird.

Die Vätergeschichten

↗ S. 25

Nach den Urgeschichten beginnt etwas Neues: Gott beruft Abraham und macht ihn zum Stammhalter eines großen Volkes. Abraham, Isaak und Jakob nennt man die Erzväter *(1. Mose 12-35)*.

Die Offenbarung

Das letzte Buch der Bibel ist die Offenbarung des Johannes, die in einer Zeit geschrieben wurde, in der die christlichen Gemeinden vom römischen Staat verfolgt wurden.

Die Josef-Erzählung

Eine der schönsten Erzählungen der Bibel handelt von Josef, der von seinen 11 Brüdern nach Ägypten verkauft wird und dort zu höchsten Ehren gelangt. Als seine Brüder in einer Hungernot nach Ägypten kommen, erkennen sie ihn zunächst nicht. Zum Schluss gibt sich Josef aber zu erkennen und versöhnt sich mit ihnen *(1. Mose 37-50)*.

Die Mose-Geschichten

Das zweite Buch Mose handelt von Mose und der Befreiung der Israeliten aus Ägypten. In diesem Buch wird auch von der Einsetzung der Zehn Gebote berichtet *(2. Mose 20,1-17)*.

↗ Zehn Gebote, S. 26

Die Urgeschichte

Am Anfang der Bibel werden Urgeschichten erzählt – Geschichten, die zeitlos wahr und gültig bleiben: die beiden Erzählungen von der Erschaffung der Welt durch Gott, der Brudermord Kains an Abel, die Geschichte von der Sintflut und der Errettung Noahs, die Erzählung vom Turmbau zu Babel *(1. Mose 1-11)*.

↗ Paradies, S. 120
↗ Turmbau zu Babel, S. 96f.

Die Apostelgeschichte

Die Apostelgeschichte ist die Fortsetzung des Lukasevangeliums. Sie berichtet von der Ausbreitung des christlichen Glaubens bis nach Rom. Einen großen Platz nehmen darin die Erzählungen von den Missionsreisen des Paulus ein *(Apostelgeschichte 13-28)*.

Einwanderung in Kanaan

Die Bücher Josua und Richter erzählen von der Einwanderung ins „Gelobte Land“. In dieser Zeit spielt auch die Geschichte von Rut *(Rut 1-4)*.

Aufgaben

1. Bringen Sie die Inhaltsbereiche der Bibel in die richtige Reihenfolge.
2. Ordnen Sie die folgenden Ereignisse jeweils den genannten zwölf Inhaltsbereichen der Bibel zu: z.B. *Jesus wird geboren* – Evangelien, *Noah und seine Söhne bauen eine Arche* – Urgeschichte. Nehmen Sie bei Bedarf eine Bibel zu Hilfe.

- David besiegt den Riesen Goliath.
- Noah und seine Söhne bauen eine Arche.
- Jesus wird geboren.
- Esau verkauft sein Erstgeburtsrecht an Jakob.
- David schreibt Psalmen.
- Der Christenverfolger Saulus wird zum Apostel Paulus.
- Israel erobert Jericho.
- Gott erscheint im brennenden Dornbusch.
- Paulus schreibt an die Gemeinde in Rom.
- Jona wird von einem Fisch verschluckt.
- Maria Magdalena begegnet dem auferstandenen Jesus.
- Jerusalem wird Hauptstadt von Israel.
- Sara bekommt noch im hohen Alter einen Sohn.
- Salomo lässt für Gott einen Tempel bauen.
- Debora ist Richterin in Israel.
- Turmbau zu Babel.
- Die sieben letzten Katastrophen der Menschheit.
- Elia fordert die Baalspriester zu einem Wettstreit heraus.
- Jesus heilt den blinden Bartimäus.
- Josef wird von seinen Brüdern nach Ägypten verkauft.
- Stephanus wird zum ersten christlichen Märtyrer.
- Hiob klagt Gott an.
- Gott gibt dem Volk Israel die Zehn Gebote.

Textgattungen in der Bibel

Weltliteratur
KRIMIS
POESIE
Ratgeber
Liebesromane
Schwarzer Humor

Aufgaben 1. Interpretieren Sie die Karikatur und nennen Sie für jedes Regal Beispiele aus der Bibel.

Mythen

Ein Mythos erzählt von urzeitlichen Vorgängen zwischen Göttern, übernatürlichen Mächten, Helden und Menschen. Mythische Erzählungen wollen Auskunft geben über Ursprung und Wesen der Welt oder über die Stellung des Menschen in dieser Welt. Die ersten elf Kapitel der Bibel sind mit den Mythen aller anderen alten Kulturen verwandt.

Geschichtsdarstellungen

Der jüdische und auch der christliche Glaube beruhen auf geschichtlichen Ereignissen, in denen Menschen Gott wirken sahen: die Befreiung aus Ägypten, die Bewahrung auch in politischen Katastrophen, die Auferweckung Jesu. Deshalb berichten Bibeltexte von solchen geschichtlichen Vorgängen.

Weisungen

Die Tora, d.h. die fünf Bücher Mose, und die Gebote Gottes sind Worte und Weisungen, wie die Menschen miteinander leben sollen. Gott, der das Volk Israel aus Ägypten befreit hat, schließt mit seinem Volk einen Bund mit Weisungen für ein Leben in Freiheit und Menschenwürde. Jesus greift diese Weisungen Gottes auf und bringt sie neu zur Geltung (Bergpredigt, Matthäus 5-8).

Weisheitstexte

Weisheitstexte drücken typische Lebenserfahrungen in kurzen, einprägsamen Sätzen aus, z.B.: „Hochmut kommt vor dem Fall“, Sprüche 16,18.

Prophetenworte

Die Propheten sprechen im Namen Gottes in einer bestimmten politischen oder sozialen Situation. Die Unheilspropheten kündigen die Strafen Gottes an, falls die Menschen oder die Könige weiterhin gegen Gottes Gebote verstoßen, z.B. der Prophet Amos. Die Heilspropheten machen in schweren Zeiten Hoffnung auf einen Neubeginn und auf eine bessere Zukunft, z.B. der Prophet Jesaja.

Psalmen
Die Psalmen sind das Gebet- und Liederbuch der israelitischen Gemeinden. Sie enthalten Gebete für verschiedene Anlässe. In den Klagepsalmen schütten die Beter Gott gegenüber ihr Leid aus. Die Dankpsalmen preisen Gott für erfahrenes Glück und für Rettung. Lobpsalmen geben der Freude Ausdruck über Gottes Wirken in der Schöpfung, in der Geschichte und im persönlichen Leben.

Briefe
21 der 27 Schriften des Neuen Testaments sind Briefe. Briefe können vielfältige Aufgaben übernehmen. Im Römerbrief entwickelt Paulus die Grundzüge seiner Lehre. Der Brief an Philemon ist eher ein Privatbrief. Im 2. Korintherbrief werden auch geschäftliche Angelegenheiten geregelt. Der 3. Johannesbrief ist ein Empfehlungsschreiben.

Apokalypsen
Apokalypsen sind Offenbarungsschriften, in denen zukünftige Wirklichkeiten enthüllt werden. Die Sprache der Apokalypsen ist voller Bilder und Symbole und darin mit den Mythen vergleichbar. Nur das letzte Buch der Bibel, die Offenbarung des Johannes, trägt den Titel Apokalypse, doch apokalyptische Texte gibt es auch z.B. in Daniel 8-12 und 1. Tessalonicher 4,13-18.

■ **Apokalypse** bedeutet Enthüllung, Offenbarung

Aufgaben

1. Um welche Textgattung handelt es sich bei den folgenden Bibeltexten jeweils?

A So waren nun Himmel und Erde erschaffen, und nichts fehlte mehr. Am siebten Tag hatte Gott sein Werk vollendet und ruhte von seiner Arbeit aus. Darum segnete er den siebten Tag und sagte: Dies ist ein ganz besonderer, heiliger Tag! Er gehört mir. *(1. Mose 2,2-3)*

B Hass führt zu Streit, aber Liebe sieht über Fehler hinweg. *(Sprüche 10,12)*

C Danach, als ich aufblickte, sah ich eine Tür am Himmel, die war offen. Dieselbe Stimme, die schon vorher zu mir gesprochen hatte, gewaltig wie der Schall einer Posaune, sagte: Komm herauf, ich will dir zeigen, was in Zukunft geschehen wird. *(Offenbarung 4,1)*

D Ein Lied Davids: Der Herr ist mein Hirte. Mir wird nichts mangeln. Er weidet mich auf einer grünen Aue und führet mich zum frischen Wasser. Er erquicket meine Seele. Er führet mich auf rechter Straße um seines Namens willen. *(Psalm 23,1-4)*

E So spricht der Herr: Die Machthaber von Juda begehen ein abscheuliches Verbrechen nach dem anderen. Sie treten mein Gesetz mit Füßen und leben nicht nach meinen Geboten. Sie ließen sich von falschen Göttern verführen, denen schon ihre Vorfahren nachgelaufen sind. Das werde ich nicht ungestraft lassen! *(Amos 2,4)*

F Paulus, den Gott zum Botschafter Jesu Christi berufen hat, und sein Mitarbeiter Sosthenes schreiben diesen Brief an die Gemeinde Gottes in Korinth. *(1. Korinther 1,1)*

G Ich bin der Herr, dein Gott; ich habe dich aus der Sklaverei in Ägypten befreit. Du sollst außer mir keine anderen Götter verehren! *(2. Mose 20,2-3)*

H In dieser Zeit befahl der Kaiser Augustus, dass alle Bewohner des römischen Reiches namentlich in Listen erfasst werden sollten. Eine solche Volkszählung hatte es noch nie gegeben. Sie wurde durchgeführt, als Quirinius Gouverneur in Syrien war. *(Lukas 2,1-2)*

Die Evangelien

Evangelium kommt aus dem Griechischen und bedeutet „Frohe Botschaft“.

Die vier Evangelien nach Matthäus (Mt), Markus (Mk), Lukas (Lk) und Johannes (Joh) berichten von Jesu Geburt, Leben, Tod und Auferstehung. Jeder Evangelist spricht dabei seine eigene Sprache und setzt seine eigenen Schwerpunkte.
Die drei ersten Evangelien (Mt, Mk, Lk) werden wegen ihrer weitgehenden Entsprechung in Inhalt und Aufbau als synoptische („zusammenschauende“) Evangelien bezeichnet. Das Johannesevangelium ist ein eigener Evangeliumstyp.

Synoptischer Vergleich – die Blindenheilung

Matthäus 20	Markus 10	Lukas 18
29 Als Jesus und seine Jünger die Stadt Jericho verließen, zog eine große Menschenmenge mit ihnen. 30 Zwei blinde Männer saßen an der Straße. Als sie hörten, dass Jesus vorüber kam, riefen sie: „Herr, du Sohn Davids, hab Erbarmen mit uns!“ 31 Die Leute fuhren sie an: „Haltet den Mund!“ Aber die Blinden schrien nur noch lauter: „Herr, du Sohn Davids, hab Erbarmen mit uns!“ 32 Da blieb Jesus stehen, rief sie zu sich und sagte: „Was soll ich für euch tun?“ 33 „Herr“, flehten ihn die Blinden an, „wir möchten sehen können!“ 34 Jesus hatte Mitleid mit ihnen und berührte ihre Augen. Im selben Augenblick konnten sie sehen, und sie gingen mit ihm.	46 Dann kamen Jesus und seine Jünger nach Jericho. Als sie die Stadt wieder verlassen wollten, folgte ihnen eine große Menschenmenge. Am Weg saß ein Blinder und bettelte. Es war Bartimäus, der Sohn des Timäus. 47 Als er hörte, dass Jesus von Nazareth vorbei kam, begann er laut zu rufen: „Jesus, du Sohn Davids, hab Erbarmen mit mir!“ 48 Die Leute fuhren ihn an: „Halt den Mund!“ Aber er schrie nur noch lauter: „Du Sohn Davids, hab Erbarmen mit mir!“ 49 Da blieb Jesus stehen: „Ruft ihn her zu mir.“ Ein paar von den Leuten liefen zu dem Blinden und sagten zu ihm: „Nur Mut! Komm mit! Jesus ruft dich.“ 50 Bartimäus ließ sein Gewand zu Boden fallen, sprang auf und kam zu Jesus. 51 „Was soll ich für dich tun?“, fragte ihn Jesus. „Meister“, flehte ihn der Blinde an, „ich möchte sehen können!“ 52 Darauf antwortete Jesus: „Geh! Dein Glaube hat dir geholfen.“ Im selben Augenblick konnte der Blinde sehen, und er ging mit Jesus.	35 Jesus und seine Jünger waren unterwegs nach Jericho. In der Nähe der Stadt saß ein Blinder am Straßenrand und bettelte. 36 Er hörte den Lärm der vorbeiziehenden Menge und fragte neugierig: „Was ist da los?“ 37 Einige riefen ihm zu: „Jesus von Nazareth kommt nach Jericho!“ 38 Als er das hörte, schrie er laut: „Jesus, du Sohn Davids, hab Erbarmen mit mir!“ 39 Die Leute fuhren ihn an: „Halt den Mund!“ Er aber schrie nur noch lauter: „Du Sohn Davids, hab Erbarmen mit mir!“ 40 Jesus blieb stehen und ließ den Mann zu sich führen. 41 Dann fragte er ihn: „Was soll ich für dich tun?“ „Herr“, flehte der Blinde ihn an, ich möchte sehen können!“ 42 „Du sollst wieder sehen!“, sagte Jesus zu ihm. „Dein Glaube hat dir geholfen.“ 43 Im selben Augenblick konnte der Blinde sehen. Er ging mit Jesus und lobte Gott. Zusammen mit ihm lobten und dankten alle, die seine Heilung miterlebt hatten.

Aufgaben

1. Lesen Sie die drei Berichte. Worin sehen Sie Übereinstimmungen, wo Unterschiede?
2. Vergleichen Sie die drei Berichte unter folgenden Fragestellungen:
   a) Wie kam Jesus an den Ort der Heilung?
   b) Wer sind die zu Heilenden?
   c) Wie versuchen die Blinden Kontakt mit Jesus aufzunehmen?
   d) Wie reagiert Jesus?
   e) Wie unterhalten sich Jesus und die Blinden?
   f) Wie heilt Jesus?
   g) Wie reagieren die Geheilten?

Die Zwei-Quellen-Theorie

Vergleicht man die ersten drei Evangelien miteinander, dann ergibt sich folgender Befund:

Markus (ca. 70 n.Chr.)	**Matthäus** (ca. 80 n. Chr.)	**Lukas** (ca. 90 n.Chr.)
661 Verse	600 Markus-Verse	350 Markus-Verse
	235 Jesus-Sprüche	235 Jesus-Sprüche
	350 eigene Verse	550 eigene Verse

Bibelwissenschaftler erklären diesen Befund mit der Zwei-Quellen-Theorie:

- 1. Markus ist das älteste Evangelium.
- 2. Neben dem Markusevangelium entstand eine (verloren gegangene) Sammlung von Worten Jesu, die Logienquelle (Logien = Worte, Sprüche) Q.
- 3. Matthäus und Lukas haben jeweils Markus als Vorlage benutzt und zusätzlich 235 Verse aus der Quelle Q eingefügt. Da Matthäus und Lukas also zwei Quellen benutzt haben, redet die Bibelwissenschaft von einer Zwei-Quellen-Theorie.
- 4. Matthäus und Lukas haben jeder für sich noch weitere schriftliche Überlieferungen aufgenommen, bei Matthäus 350 Verse, bei Lukas 550 Verse. Man nennt diese Überlieferungen „Sondergut“ des Matthäus oder Lukas.
- 5. Das Johannesevangelium ist ca. 100 n. Chr. entstanden. Der Verfasser hat vielleicht Matthäus, Markus und Lukas gekannt, aber er hat nicht sie, sondern andere schriftliche Überlieferungen benutzt. Johannes gehört darum nicht zu den synoptischen Evangelien, sondern muss gesondert betrachtet werden.

Aufgaben

1. Erklären Sie die Zwei-Quellen-Theorie mit Hilfe der Grafik.

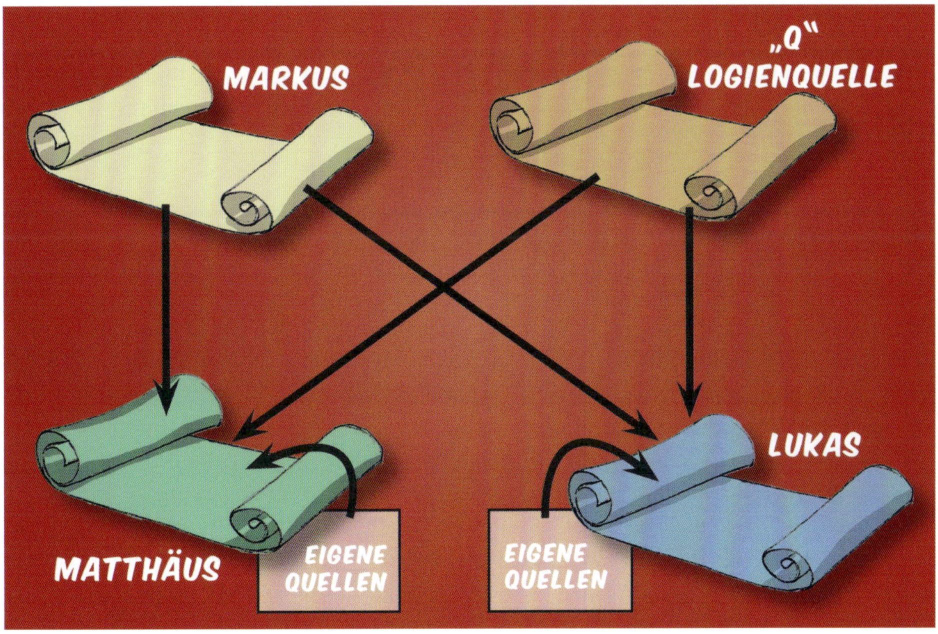
MARKUS
„Q“
LOGIENQUELLE
LUKAS
MATTHÄUS
EIGENE QUELLEN
EIGENE QUELLEN

Basics

Die Bibel	1. Die Bibel besteht aus dem Alten und dem Neuen Testament. („Testament" = „Bund"). • Das **Alte Testament** erzählt die Geschichten vom Bund Gottes mit dem Volk Israel. • Das **Neue Testament** berichtet vom neuen Bund Gottes mit allen Menschen, den Jesus Christus zwischen Gott und uns Menschen vermittelt hat. Im Neuen Testament stehen demnach die Geschichten von Jesus und den ersten christlichen Gemeinden.
Entstehung des Alten Testaments	Vor 1000 v. Chr.: Mündliche Überlieferung der Erfahrungen mit Gott Nach 1000 v. Chr.: Schriftliche Aufzeichnung Nach 500 v. Chr.: Redaktionelle Überarbeitung und Zusammenstellung der Bücher Um 100 v. Chr.: Endfassung des AT bzw. der jüdischen Bibel
Entstehung des Neuen Testaments	Um 30 n. Chr.: Jesus lebt und wirkt Nach 30 n. Chr.: Mündliche Weitergabe der Geschichten von Jesus 50 -100 n. Chr.: Die vier Evangelien und die Briefe werden geschrieben Nach 100 n. Chr.: Die Bücher des Neuen Testaments werden zusammengestellt
Die wichtigsten Inhaltsbereiche der Bibel	1. Die Urgeschichte 2. Die Vätergeschichten 3. Die Josef-Erzählung 4. Die Mose-Geschichten 5. Einwanderung in Kanaan 6. Die Königszeit 7. Die Propheten 8. Lehrbücher 9. Die Evangelien 10. Die Apostelgeschichte 11. Die Briefe 12. Die Offenbarung
Textgattungen in der Bibel	■ Mythen ■ Geschichtsdarstellungen ■ Weisungen ■ Weisheitstexte ■ Prophetenworte ■ Psalmen ■ Briefe ■ Apokalypsen
Die Evangelien	Die vier Evangelien nach Matthäus (Mt), Markus (Mk), Lukas (Lk) und Johannes (Joh) berichten von Jesu Geburt, Leben, Tod und Auferstehung („Evangelium" = „Frohe Botschaft").
Die Zwei-Quellen-Theorie	■ Markus ist das älteste Evangelium, Entstehungszeit ca. 70 n. Chr. ■ Neben dem Markusevangelium entstand eine (verloren gegangene) Sammlung von Worten Jesu, die Logienquelle (Logien = Worte, Sprüche) Q. ■ Matthäus (ca. 80 n.Chr.) und Lukas (ca. 90 n.Chr.) haben jeweils Markus als Vorlage benutzt und zusätzlich 235 Verse aus der Quelle Q eingefügt. Da Matthäus und Lukas zwei Quellen benutzt haben, redet die Bibelwissenschaft von einer Zwei-Quellen-Theorie. ■ Matthäus und Lukas haben jeder für sich noch weitere schriftliche Überlieferungen aufgenommen, die man „Sondergut" des Matthäus oder Lukas nennt. ■ Das Johannesevangelium ist ca. 100 n. Chr. entstanden und greift auf andere Überlieferungen zurück. Johannes gehört darum nicht zu den synoptischen („zusammenschauende") Evangelien, sondern muss gesondert betrachtet werden.

Kapitel 17

Kirche

HEUTE AN DER ORGEL: BUSHIDO
YO, GEMEINDE, DIGGER! WAS... GEHT?
MASZTALERZ
DIE KIRCHE KÄMPFT UM IHRE MITGLIEDER

Aufgaben

1. Auf welches Problem der Kirche weist diese Karikatur hin?
2. Was bedeutet Kirche für Sie? Versuchen Sie, den Begriff „Kirche" zu definieren.
3. Ist Kirche Ihrer Ansicht nach heute noch wichtig? Begründen Sie Ihre Meinung.
4. Gibt es Situationen, in denen Sie in die Kirche gehen? Wenn ja, warum, wenn nein, warum nicht?
5. Wenn Sie sich eine Kirche wünschen könnten, wie würde diese aussehen?

Die Entstehung der christlichen Kirchen

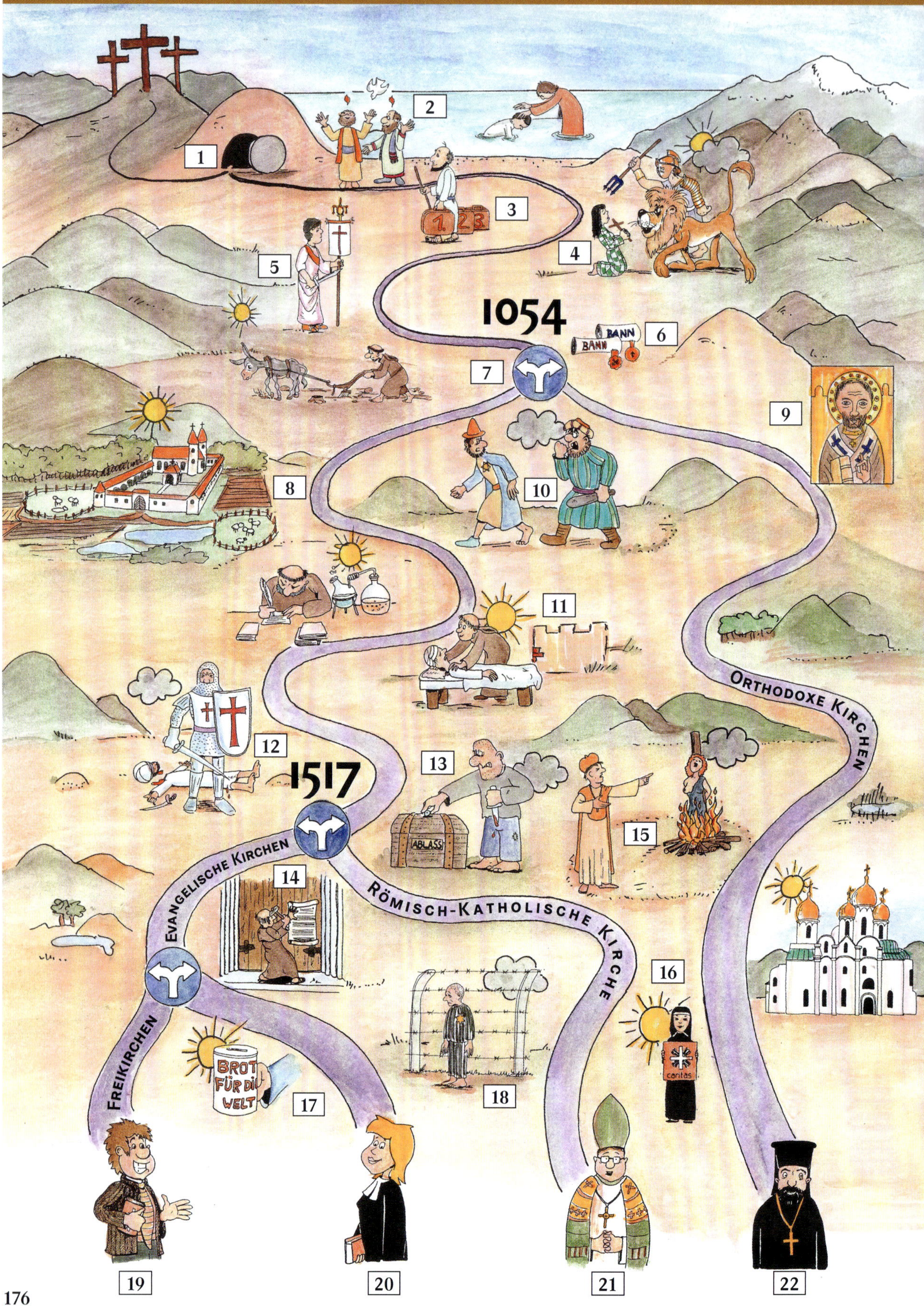
1
2
3
4
5
1054
BANN
BANN
6
7
8
9
10
11
12
1517
13
ABLASS
15
14
EVANGELISCHE KIRCHEN
RÖMISCH-KATHOLISCHE KIRCHE
ORTHODOXE KIRCHEN
16
caritas
FREIKIRCHEN
BROT FÜR DIE WELT
17
18
19
20
21
22

Die Geschichte der Kirchen

Die christliche Kirche hat im Laufe der Jahrhunderte viele Formen angenommen. Auf dem langen Weg der Kirche gab es Licht und Schatten, d.h. positive und negative Ausprägungen. Immer wieder führten theologische und kirchenpolitische Auseinandersetzungen zu Spaltungen und zu neuen christlichen Kirchen. Heute kann man vor allem vier große Gruppen unterscheiden.

Aufgaben

1. Die Zahlen in der Karte stehen für wichtige Ereignisse und Entwicklungen in der Kirchengeschichte. Ordnen Sie die folgenden Beschreibungen den Zahlen zu.

A Die Kirchen beteiligen sich an den Judenverfolgungen im Mittelalter.

B Für die evangelischen Kirchen ist das Wort Gottes, d.h. die Bibel, die oberste Instanz. Gemeinsam bekennen sie die Rechtfertigung vor Gott allein durch den Glauben. Sie kennen zwei Sakramente: die Taufe und das Abendmahl.

C Brot für die Welt und Diakonie sind evangelische Hilfsorganisationen.

D Das Pfingstereignis mit der Taufe von Tausenden wird auch als Geburtstag der Kirche bezeichnet.

E Christenverfolgungen.

F Trennung der Kirche in die römisch-katholische Kirche (Westkirche) und die orthodoxen Kirchen (Ostkirche).

G Die Katholiken glauben, dass die Kirche der fortlebende Leib Christi auf Erden ist, deren Oberhaupt, der Papst, zugleich der irdische Stellvertreter Jesu Christi ist. Im Mittelpunkt des kirchlichen Lebens stehen die sieben Sakramente: Firmung, Priesterweihe, Taufe, Eucharistie, Beichte, Krankenölung, Ehe.

H Ikonen sind die Kultbilder der orthodoxen Kirchen.

I Die Kirche ruft zu den Kreuzzügen auf. Viele werden im Namen Gottes getötet.

J Unter dem römischen Kaiser Konstantin wird der christliche Glaube zur Staatsreligion.

K Reformation: Nach dem Thesenanschlag Martin Luthers entsteht die evangelische Kirche.

L Mönchsorden und Klöster entstehen.

M Freikirchen sind Kirchen, die sich selbst verwalten. Dazu gehören Methodisten und Presbyterianer, die Baptisten, die Brüdergemeinde, die Quäker und viele andere.

N Die orthodoxen Kirchen haben einen Patriarchen als Oberhaupt. Charakteristisch für die orthodoxen Gottesdienste sind feierliche Gewänder und festliche Gesänge.

O Die Caritas ist die Hilfsorganisation der katholischen Kirche.

P Die Kirchen beteiligen sich an den Judenverfolgungen während des Nationalsozialismus.

Q Die Kirchen sind wesentlich für die Inquisition (Verfolgung, Folter und Hinrichtung von „Ungläubigen") verantwortlich.

R Staat und Kirche entwickeln sich auseinander.

S Die Mönchsorden tun viel Gutes.

T Jesu Leben, Tod und Auferstehung ist die Grundlage der christlichen Kirchen.

U Paulus verbreitet den christlichen Glauben im ganzen römischen Reich. Überall entstehen christliche Gemeinden.

V Durch den Ablasshandel verdient die Kirche viel Geld.

Sakrament
Ein Sakrament ist eine heilige Handlung, mit der die Gnade Gottes vermittelt wird.

Aufgaben

2. Ordnen Sie die genannten Ereignisse der Kirchengeschichte den folgenden Zeitangaben zu: um 30 n. Chr. | 40 - 60 n. Chr. | 312 | 6. Jh. | 1054 | 12. Jh. | ab 13. Jh. | 1517 | ab 19. Jh. | 1933 - 1945

Kirche heute

In der Kirche gibt es Kirchen, bei denen die Kirche nicht in der Kirche stattfindet.

Reporter: Guten Morgen Herr Pfarrer. Vielen Dank, dass Sie sich bereit erklärt haben, unsere Fragen zum Thema Kirche zu beantworten. „In der Kirche gibt es Kirchen, bei denen die Kirche nicht in der Kirche stattfindet." Was halten Sie davon?

Pfarrer: Eine pfiffige Formulierung. In diesem Satz sind genau die vier Bedeutungen zusammengefasst, die Kirche haben kann: 1. Kirche als die weltweite Gemeinschaft der Christen; 2. Kirche als Religionsgemeinschaft oder Konfession, z.B. die evangelische oder die katholische Kirche; 3. das Gebäude, d.h. das christliche Gotteshaus; und 4. der Gottesdienst, man fragt z.B.: Wann ist heute Kirche?

Reporter: Was bedeutet überhaupt das Wort „Kirche"?

Pfarrer: Der Begriff Kirche leitet sich ab von dem griechischen „kyriake", das bedeutet „dem Herrn gehörend". Kirche ist die Gemeinschaft von Menschen, die an Jesus Christus glauben.

Reporter: Wenn jemand in die Kirche eintritt, wird er Christ, und wenn er aus der Kirche austritt, ist er dann kein Christ mehr?

↗ Die Taufe, S. 46

Pfarrer: Man kann Kirche auch als die christliche Gemeinschaft aller Gläubigen verstehen. Durch die Taufe wird man Mitglied. Die rechtliche Mitgliedschaft endet mit dem Kirchenaustritt, das Christ-Sein endet dadurch nicht. Umgekehrt ist nicht jedes Kirchenmitglied gläubig. Zum Christ-Sein und zum Glauben an Gott gehört allerdings immer die Gemeinschaft mit anderen untrennbar dazu.

Reporter: Hat Jesus die christliche Kirche gegründet?

Pfarrer: Jesus wollte keine Kirche gründen. Er wollte das Judentum reformieren. Die Kirche gründet sich allerdings auf das Leben und Wirken Jesu. Kirche im eigentlichen Sinn ist erst nach Ostern entstanden. Nach der Erscheinung des Auferstandenen haben sich die Anhänger Jesu in Jerusalem zusammengefunden. Als Geburtsstunde der Kirche gilt das Pfingst-Erlebnis mit der Aussendung des Heiligen Geistes.

Reporter: Was ist die Aufgabe der Kirche?

Pfarrer: Die Kirche hat zwei Aufgaben: 1. die Verkündigung des Wortes Gottes und 2. der Dienst am Mitmenschen und an der Gesellschaft.

Aufgaben

1. Beantworten Sie die folgenden Fragen schriftlich:
   a) Welche vier Bedeutungen hat „Kirche"?
   b) „In der Kirche gibt es Kirchen, bei denen die Kirche nicht in der Kirche stattfindet." „Übersetzen" Sie diesen Satz mit Hilfe der Erklärungen des Pfarrers, sodass das Wort Kirche vermieden wird.
   c) Woher kommt das Wort „Kirche"?
   d) Wie ist die christliche Kirche entstanden?
   e) Welche Aufgaben hat die Kirche heute?

Aufgaben in einer Kirchengemeinde

Stellen Sie sich vor, Ihre Klasse ist ein Kirchengemeinderat, der über die Verteilung der Haushaltsmittel für das kommende Jahr entscheiden muss.
Insgesamt stehen 80 000 Euro zur Verfügung.

Folgende Anträge liegen Ihnen vor:

1. Der schon lange gewünschte Erweiterungsbau des Kindergartens soll endlich begonnen werden. Kosten des ersten Bauabschnitts: 20 000 €
2. Die Kirche muss neue Bänke bekommen, da es schon mehrmals Beschwerden wegen der alten Bänke gab: 10 000 €
3. Das Pfarrhaus muss gründlich renoviert werden. Das Dach ist undicht und es zeigen sich schon erste Wasserschäden: 20 000 €
4. An der Kirche soll eine Rollstuhlrampe gebaut werden, damit auch behinderte Gemeindemitglieder den Gottesdienst besuchen können: 10 000 €
5. Ein Student aus einem Entwicklungsland hat um ein Stipendium gebeten, um weiter studieren zu können: 5 000 €
6. Um den kirchlichen Jugendtreff attraktiver zu machen, sollen zwei Tischkicker, ein Flipper-Automat, ein Pool-Billard-Tisch und eine Tischtennisplatte angeschafft werden: 10 000 €
7. Zuschüsse für Kinder-, Jugend- und Familienfreizeiten: 5 000 €
8. Die Orgel pfeift und quietscht aus dem letzten Loch. Renovierungskosten: 20 000 €
9. Für Seniorennachmittage und Zuschüsse zu Ausflügen der älteren Gemeindemitglieder: 3 000 €
10. Ein neuer Fotokopierer und ein neuer Computer mit Bildschirm und Drucker für das Pfarrbüro: 5 000 €
11. Ein neuer Rollstuhl und ein neues Krankenbett für die Sozialstation: 5 000 €
12. Unterstützung von Armen: 5 000 €
13. Reserve für Notfälle: 10 000 €

Aufgaben

1. Treffen Sie eine Entscheidung in den folgenden drei Arbeitsgängen:
   a) Jeder Kirchengemeinderat entscheidet für sich, welche Projekte er für am wichtigsten hält.
   b) Die Kirchengemeinderäte beraten in Ausschüssen von 3 bis 5 Mitgliedern und einigen sich auf einen gemeinsamen Vorschlag.
   c) Im Plenum werden die einzelnen Vorschläge diskutiert und eine endgültige Entscheidung getroffen.
2. Im Haushaltsplan werden die Ausgaben der Kirchengemeinde unter folgenden Überbegriffen zusammengefasst: Kindergarten, Jugendarbeit, Diakonie, Altenarbeit, Kirchenmusik, Verwaltung und Instandsetzungen. Ordnen Sie die beantragten Projekte diesen Überbegriffen zu.

Zur Diskussion

Austreten oder Drinbleiben?

Pascal macht seit dem 1. September eine Ausbildung zum Bankkaufmann. Er hat seinen ersten Lohn bekommen und ist total empört: So viele Abzüge, da bleibt ja kaum etwas übrig! Solidaritätszuschlag! Und am allerunnötigsten: 25 € Kirchensteuer!!! Wütend setzt er sich an seinen Computer, klickt sich in ein Forum seiner Landeskirche ein und postet:

Autor	Nachricht
Pascal	**Verfasst am: Fr. Okt 1, 2014 19:30** QUOTE Scheiß Kirchensteuer! Ihr Kirchen seid doch sowieso so reich, was braucht ihr denn dann noch das Geld eines armen Auszubildenden? Was bringt mir denn die Kirche? Nichts, rein gar nichts! Ich trete aus, dann spare ich wenigstens jeden Monat 25 €!!!!!!!

Als er am nächsten Tag wieder das Forum besucht, findet er viele Reaktionen auf seinen Eintrag. Gut die Hälfte davon war Unsinn wie: Pass beim Austreten auf, dass nichts daneben geht. Einige hatten sich aber auch ernsthaftere Gedanken gemacht:

Timo	**Verfasst am: Fr. Okt 1, 2014 19:40** Du hast genau recht! Kirche und Glaube, das ist noch lange nicht dasselbe. Ich glaube an Gott und brauche die Kirche dazu nicht. Wenn ich mir nur die Scheinheiligen anschaue, die jeden Sonntag aufgebrezzelt in die Kirche rennen und sich die Woche über dann überhaupt nicht christlich verhalten!!
Janina	**Verfasst am: Fr. Okt 1, 2014 19:42** Man hat schon was davon, wenn man in der Kirche ist. Ich bin letztes Jahr Patin geworden und will mal ganz in Weiß in der Kirche heiraten. Das geht nur, wenn man in der Kirche ist. Oder auch, wenn man einmal kirchlich und von einem Pfarrer bestattet werden will ...
Christian	**Verfasst am: Fr. Okt 1, 2014 19:43** Man kann ja kurz vor einem solchen Ereignis wieder in die Kirche eintreten.
Adrian	**Verfasst am: Fr. Okt 1, 2014 19:45** Wenn du z.B. im Kindergarten warst, hast du schon einiges von der Kirche bekommen. Die Kirche ist praktisch in Vorleistung dir gegenüber getreten. Jeder Kindergartenplatz wird monatlich von der Kirche mit ungefähr 100 Euro bezuschusst. Wenn du drei Jahre im Kindergarten warst, dann hast du ungefähr 3600 € von der Kirche bekommen. Mit deinen 25 € Kirchensteuer brauchst du also 144 Monate, ehe du die realen Kosten für deine Kindergartenzeit zurückgezahlt hättest.
Anke	**Verfasst am: Fr. Okt 1, 2014 19:45** Wenn ich sehe, wofür die Kirche ihr Geld ausgibt, hast du recht: Tritt aus.
Michael	**Verfasst am: Fr. Okt 1, 2014 19:58** Ich bin ausgetreten. Die Kirche ist so reich, da sehe ich nicht ein, dass ich von meinem geringen Verdienst da noch was abgeben soll! Neben den prunkvollen Kirchengebäuden besitzt die Kirche überall noch massenhaft Gebäude und Grundstücke. Wenn sie Geld braucht, soll sie doch was davon verkaufen, oder die Pfarrer sollen auf einen Teil ihres Gehalts verzichten, oder sie sollen etwas kreativer bei der Geldbeschaffung sein, z.B. dass sie die Kirchengebäude, die ja nur am Sonntag von so ein paar Hansel besucht werden, vermieten als Partyräume, oder Konzertsäle, oder Proberäume für Musikgruppen und ähnliches.
Anette	**Verfasst am: Fr. Okt 1, 2014 20:12** Die Kirchen sind doch selbst schuld, dass ihnen die Leute weglaufen. Würden sie sich mit ihren Angeboten nach den Bedürfnissen der Menschen richten, wären die Kirchen voller. Aber die machen ja seit Jahrhunderten immer nur denselben Kack für die Alten und Frommen, die dazu noch meinen, sie seien was Besseres.

Pierre	**Verfasst am: Fr. Okt 1, 2014 20:18** Ja genau, guckt euch doch mal die Kirchentage an. Da kommen immer viele Menschen hin und vor allem auch junge, weil die halt was anderes wollen, als das, was jeden Sonntag bei uns so spießig in den Kirchen abgeht. Ich finde, man sollte aus der Kirche austreten, um zu zeigen, dass es so altmodisch und verkrustet nicht mehr weitergehen kann.
Cleo	**Verfasst am: Fr. Okt 1, 2014 20:18** Wer denkt, dass die Kirche mit dem Geld anders umgehen oder etwas anders machen sollte, der soll sich halt irgendwie in der Kirche engagieren. Dann hat er auch die Möglichkeit mitzureden und mitzuentscheiden. Mitglied in der Kirche zu sein ist auch die Möglichkeit, Verantwortung zu übernehmen und was zu verändern.
Tom	**Verfasst am: Fr. Okt 1, 2014 20:25** Die Kirche ist mit ihren Einrichtungen der größte Arbeitgeber in Deutschland. Wenn die ihre Mitarbeiter nicht mehr bezahlen könnte, gäbe es Millionen von Arbeitslosen.
Martin	**Verfasst am: Fr. Okt 1, 2014 20:30** Quatsch, entweder der Staat würde die dann alle übernehmen, oder die würden woanders unterkommen. Irgendwie geht es immer weiter.
Michael	**Verfasst am: Fr. Okt 1, 2014 20:35** Das ist ja noch ein größerer Quatsch. Woher soll denn der Staat das ganze Geld nehmen, um all die kirchlichen Mitarbeiter zu bezahlen?
Eva	**Verfasst am: Fr. Okt 1, 2014 20:55** Ich finde, die Kirche gibt ihr Geld sinnvoll aus! Suppenküche für Obdachlose, vielfältige Seelsorgedienste wie Krankenhausseelsorge, Telefonseelsorge, Straffälligen- und Strafentlassenenhilfe, Hilfe für körperlich und geistig Behinderte, diakonische Aufgaben in den Ortsgemeinden, Entwicklungshilfe und vieles mehr. Ohne Kirchensteuer müssten diese Einrichtungen schließen, betroffen wären Kinder und Jugendliche, Arme, ältere Menschen, Behinderte und Kranke - aber nicht nur sie, sondern wir alle!
Rosa	**Verfasst am: Fr. Okt 1, 2014 20:35** Ich bin aus der Kirche ausgetreten. Ich sehe nicht ein, dass ich mit meinen paar Euro die ganze Kirche retten soll. Wenn nur einer austritt, wird ja nicht gleich die ganze Kirche zusammenbrechen.
Uwe	**Verfasst am: Fr. Okt 1, 2014 20:45** Ich bleibe in der Kirche, weil ich hier ein Gruppe gefunden habe, in der es nicht nur um Geld, Karriere oder Höchstleistungen geht, sondern um Fragen, die mit dem Sinn in meinem Lebens und so zu tun haben. Und das gibt es außerhalb der Kirche nicht.
Rita	**Verfasst am: Fr. Okt 1, 2014 20:55** Die Kirche ist doch die einzige Instanz, die immer wieder eintritt für die Menschenwürde und gegen alle unmenschlichen Bestrebungen. Benachteiligte Gruppen finden bei uns doch vor allem in der Kirche Rückhalt und Unterstützung. Und weil mir das sehr wichtig ist, bleibe ich in der Kirche.

Aufgaben

Zur Diskussion

1. Ordnen Sie alle Argumente stichwortartig nach Pro und Contra in einer Tabelle.
2. Diskutieren Sie die einzelnen Argumente. Welche leuchten Ihnen ein, welche finden Sie nicht so überzeugend?
3. Gibt es noch weitere Argumente, die für oder gegen den Austritt aus der Kirche sprechen?

Kirche sind alle gemeinsam

Die evangelische Kirche ist nicht hierarchisch „von oben nach unten" organisiert, sondern demokratisch: Es gehört zum Selbstverständnis des evangelischen Glaubens, sich selbst eine Meinung zu bilden und diese zu vertreten. Jeder kann mitreden, mitarbeiten und mitbestimmen – und jeder kann das Gesicht der Kirche verändern.

Wie sollte „meine" Kirche aussehen?

Aufgaben

1. Solche Fotos aus Gottesdiensten sieht man nicht oft. Was ist an diesem Kirchenfoto bemerkenswert?
2. Sammeln Sie Gründe dafür, warum viele Jugendliche heute keinen Gottesdienst mehr besuchen.
3. Was könnten Gründe gewesen sein, dass an dem Gottesdienst auf dem Foto so viele Jugendliche teilgenommen haben?

Wie sollte „meine“ Kirche eingerichtet sein?

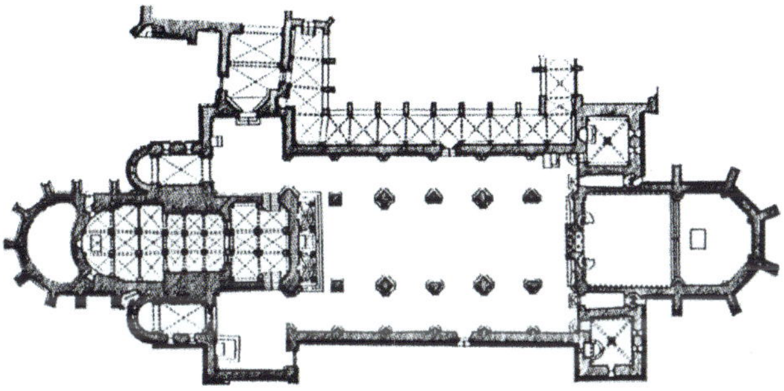

1. Vergleichen sie die beiden Grundrisse:
   a) Sammeln Sie Gemeinsamkeiten und Unterschiede.
   b) Nennen Sie die Absicht, die die Erbauer jeweils mit ihrem Grundriss verfolgt haben könnten.
2. Erklären Sie, was Ihnen in der Ausgestaltung „Ihrer“ Kirche besonders wichtig wäre.

Aufgaben

Wie würde ich „meinen“ Gottesdienst feiern?

Die Predigt ist oft so langweilig!
Man kommt mal zur Ruhe.
Die Orgel finde ich gut.
Ich finde es schön, wenn die Glocken läuten!
Alles so steif!
Die Bibeltexte verstehe ich manchmal nicht.
Besser als zu Hause rumsitzen.
Da wird wenigstens mal Geld gesammelt für hungernde Kinder.
Es ist immer so feierlich.
Immer die alten Lieder!
Der Pastor tritt zu oft auf.
Alle beten das Vaterunser!
45 Minuten sind genug.
Meistens gibt es nichts zu lachen.

3. Beurteilen Sie die einzelnen Äußerungen zum Sonntagsgottesdienst.
4. Erstellen Sie an der Tafel für Ihre Klasse ein solches Meinungsbild zum Gottesdienst.
5. Bestimmen Sie für Ihren Gottesdienst:
   a) den Tag und die Uhrzeit;
   b) die Mitwirkenden;
   c) ein Thema;
   d) Lieder und Instrumente;
   e) Würden Sie eine Kollekte einsammeln? Wenn ja, zu welchem Zweck?
   f) Was gäbe es noch Besonderes in Ihrem Gottesdienst?
6. Gestalten Sie aus Ihren Voschlägen einen gemeinsamen Klassengottesdienst.
7. Gibt es die Möglichkeit, euren Klassengottesdienst mit der ganzen Schule zu feiern? Wie könnten eventuelle Hindernisse überwunden werden?

Aufgaben

Basics

Vier Bedeutungen von „Kirche“	■ die weltweite Gemeinschaft der Christen ■ eine Religionsgemeinschaft oder Konfession ■ das Gebäude, d.h. das christliche Gotteshaus ■ der Gottesdienst
Der Begriff „Kirche“	Kirche ist die Gemeinschaft von Menschen, die an Jesus Christus glauben. Der Begriff „Kirche“ kommt von dem griechischen „kyriake“ = „dem Herrn gehörend“.
Aufgaben der Kirche	■ die Verkündigung des Wortes Gottes ■ den Dienst am Mitmenschen und an der Gesellschaft

Wichtige Stationen der Kirchengeschichte

um 30 n. Chr.:	- Jesu Tod und Auferstehung in Jerusalem - Die Urgemeinde, d.h. die erste christliche Gemeinde entsteht in Jerusalem - Das Pfingstereignis - Tausende lassen sich taufen („Geburtstag der Kirche“)
40 - 60 n Chr.:	Paulus verbreitet den christlichen Glauben im ganzen römischen Reich. Überall entstehen christliche Gemeinden
312:	Unter dem römischen Kaiser Konstantin wird der christliche Glaube zur Staatsreligion
6. Jh.:	Mönchsorden und Klöster entstehen
1054:	Trennung der Kirche in die Römisch-katholische Kirche (Westkirche) und die orthodoxen Kirchen (Ostkirche)
12. Jh.:	Die Kirche ruft zu den Kreuzzügen auf
ab 13. Jh.:	Inquisition (Verfolgung, Folter und Hinrichtung von „Ungläubigen“ und Hexenverfolgung (16. Jh.)
1517:	Thesenanschlag Martin Luthers –> Reformation –> die evangelische Kirche entsteht
19. Jh.:	Diakonie (evang.) und Caritas (kath.) werden die offiziellen Hilfsorganisationen der Kirchen
heute:	Die wichtigsten christlichen Kirchen unterteilen sich in vier Gruppen: evangelische Kirche, katholische Kirche, orthodoxe Kirchen, Freikirchen

Kirchen

■ **Evangelische Kirche**
Für die evangelischen Kirchen ist das Wort Gottes, d.h. die Bibel, die oberste Instanz. Gemeinsam bekennen sie die Rechtfertigung vor Gott allein durch den Glauben. Vor Gott sind alle Menschen gleich. Kein Mensch, auch kein Pfarrer oder Papst, steht näher zu Gott, nur weil er ein besonderes Amt hat.

■ **Katholische Kirche**
Die besonderen Merkmale der katholischen Kirche sind die Vormachtstellung des Papstes, der als der irdische Stellvertreter Jesu Christi angesehen wird, und die Rangordnung innerhalb der gesamten katholischen Kirche.

■ **Orthodoxe Kirchen**
Seit der Kirchentrennung in Ost- und Westkirche im Jahr 1054 werden die Ostkirchen auch als orthodoxe Kirchen bezeichnet.

■ **Freikirchen**
Freikirchen sind Gemeinschaften, die aus freiem Zusammenschluss einzelner Christen entstanden sind. Besonderes Kennzeichen ist die bewusste Glaubensentscheidung ihrer Mitglieder.

Kapitel 18

Religionen der Welt

JUDE
MOSLEM
CHRIST
HINDU
BUDDHIST

Aufgaben

1. Welche typischen Symbole sind den fünf Religionen in der Karikatur verbunden? Erklären Sie Ihre Bedeutung.
2. Ordnen Sie den fünf Religionen zu:
   a) die Jahreszahlen der Entstehungszeiten:
   4000 v. Chr. | 2500 v. Chr. | 550 v. Chr. | um das Jahr 0 | 630 n. Chr.
   b) die Anzahl der Gläubigen:
   2 Milliarden | 1,2 Milliarden | 850 Millionen | 360 Millionen | 13 Millionen.
   c) die folgenden Begriffe:
   ein Gott | viele Götter | Tora | Bibel | Koran | Kreuz | achtspeichiges Rad | Hausaltar | Synagoge | Moschee | Kirche | Wiedergeburt in einem anderen Lebewesen | Menschen in verschiedenen Kasten | Buddha | die älteste Religion | der achtfache Pfad | die Religion mit den meisten Anhängern | Kuh ist heiliges Tier | Jesus Christus ist Gottes Sohn | Ramadan | Meditation | Nirwana | Mandala | Glaube an den Messias | Glaube an eine Auferstehung der Toten | Karma

Moderator: In der Reihe „Im Dialog mit anderen Religionen“ besucht uns heute Samuel. Samuel gehört der jüdischen Religion an, eine der ältesten Religionen der Welt.

Samuel: Ja, das stimmt. Das Judentum ist die älteste der drei monotheistischen Religionen. Vor ungefähr 4000 Jahren kam Abraham mit seiner Familie nach Kanaan. Das ist heute Israel. Gott schloss mit ihm einen „Bund“, also eine Art Vertrag. Darin hat er sich verpflichtet, unser Gott zu sein. Und wir haben uns verpflichtet, seine Gebote zu befolgen.

Moderator: Ist das der gleiche Gott, an den auch die Christen glauben?

Samuel: Ja, sie glauben an denselben Gott wie wir. Wir glauben, dass Gott in unserer Geschichte immer da gewesen ist und unser Volk als sein Volk erwählt hat. Er schloss mit uns einen Bund. Aber wir dürfen uns darauf nichts einbilden. Erwählung heißt für uns, verpflichtet zu sein, nach den Geboten Gottes zu leben.

Moderator: Und was ist mit Jesus? Glaubst du an seine Worte nicht?

Samuel: Jesus ist ein jüdischer Mensch gewesen – wenn auch ein besonderer. Wir glauben nicht, dass er der Sohn Gottes oder der Messias ist. Auf den Messias, den Gesandten Gottes, warten wir noch immer. Wenn er gekommen ist, wird auf der Welt immer Frieden herrschen, und es wird keine Ungerechtigkeit mehr geben.

Aufgaben

↗ Kap. „Bibel“

1. Samuel meint, dass Gott das Volk Israel erwählt hat. Auf welche Ereignisse im Alten Testament könnte er sich dabei beziehen? Denken Sie dabei vor allem an die Abraham- und Mose-Geschichten.
2. Der Name Gottes im Hebräischen ist יהוה, d.h. Jahwe. Aus Ehrfurcht sprechen die Juden diesen Namen nie aus, sondern sagen stattdessen z.B. „Adonai“ (Herr). Welche Bedeutung hat der Name Jahwe (2. Mose 3,1-15)?

Definition

■ **Monotheismus** Der Begriff Monotheismus bezeichnet Religionen, die einen allumfassenden Gott kennen und anerkennen, im Unterschied zum Polytheismus, der viele Götter kennt und verehrt. Die drei großen monotheistischen Religionen sind Judentum, Christentum und Islam.

Die hebräische Bibel

Samuel: Unsere Bibel ist inhaltlich genau dasselbe wie euer Altes Testament – nur die Reihenfolge ist bei uns etwas anders. Besonders wichtig ist für uns dabei der erste Teil, die fünf Bücher Mose. Diese nennen wir Tora, d.h. Weisung.

↗ Der Inhalt der Bibel, S. 168

Inhaltlich ist die Tora eine Sammlung von 613 Ge- und Verboten – die bekanntesten sind die „Zehn Gebote“ – und Erzählungen, beginnend von der Schöpfungsgeschichte bis zum Tod Moses vor dem Einzug ins Land Kanaan.

1. Hier sind einige weltbekannte Geschichten aus der Tora. Ordnen Sie sie in der richtigen Reihenfolge. Sie können dabei auch die Bibel zu Hilfe nehmen:

Aufgaben

die Sintflut | Gott erscheint Mose im brennenden Dornbusch | die Schöpfungsgeschichten | der Auszug des Volkes Israel aus Ägypten | Jakob und Esau | Abrahams Auszug | Moses Tod | Josef und seine Brüder | Kain und Abel | das Volk Israel erhält die Zehn Gebote am Berg Sinai | Gott ist zu Gast bei Abraham | Jakobs Kampf mit dem Engel | der Tanz um das goldene Kalb

Samuel *hat eine hebräische Bibel mitgebracht.*
Er erklärt: Im Hebräischen schreibt man von rechts nach links:

hcsiärbeh nam tbierhcs oS ←

Können Sie das lesen?
Man lässt Vokale (a, e, i, o, u) beim Schreiben weg, spricht sie aber:

hcsrbh nm tbrhcs S ←

Jetzt wird es mit dem Lesen schon schwieriger, oder?

2. Suchen Sie sich einen kurzen Satz aus dem Alten Testament heraus und „verschlüsseln" Sie ihn, indem Sie von rechts nach links und ohne Vokale schreiben. Kann Ihr Nachbar den Satz lesen?

Aufgaben

Das wichtigste Gebet: Sch'ma Jisrael

Samuel: In der Tora, in 5. Mose 6,4-9, steht unser wichtigstes Gebet, das Sch'ma Jisrael (Höre, Israel). Für uns ist das so etwas wie ein Glaubensbekenntnis. Eigentlich ist es kein richtiges Gebet, es ist eher eine Erinnerung an die Grundlagen unseres Glaubens.
Ich habe das Sch'ma Jisrael einmal mitgebracht – geschrieben wie im Hebräischen von rechts nach links und ohne Vokale. Vielleicht kann man mal kurz die Kamera draufhalten.

.rnk tsns du rrH rd, ttG rsn ts rrH rD. lrs ,rH
.tfrK rll tm du nllW mzng tm, nzrH mzng nv nbl ttG nnd ,nrrH nd d tslls mrD
!dnkrv th hc hc d, snthcdG m tbG d ttlhB
rv rdw rmm hc s tgs dn, n nrdnK nr s tgrP
.thcwr rh nnw dn tgl nflhcs hc rh nnw ,nsR f dn sH z –
.nrtS d f dn mr nd n gnrnnr ngdnts rz hc s tdnB
.tdtS rr rT d f dn rsH rr mtsfprT d f s tbrhcS

3. Versuchen Sie den Text in Partnerarbeit zu entschlüsseln. Wenn es zu schwierig ist, können Sie den Bibeltext zu Rate ziehen.

Aufgaben

↗ Ehe zwischen Christen und Muslimen, S. 44f.

Moderator: In der heutigen Folge unserer Reihe „Im Dialog mit anderen Religionen" begrüßen wir Özlem als Gast. Özlem ist Muslima, d.h. sie gehört der islamischen Religion an.
Özlem, woran glaubt man, wenn man dem Islam angehört?

Özlem: Wir sind Muslime. So nennen sich die Anhänger des Islam. „Islam" ist ein arabisches Wort und bedeutet „Hingabe an Gott". Muslime sind demnach Menschen, die sich Gott hingeben. Bei uns heißt Gott „Allah". Die Christen nennen Gott bei uns auch Allah. Wir glauben, dass Allah Propheten ausgeschickt hat, darunter auch Mose und Jesus, um uns seine Gesetze zu lehren. Der letzte und wichtigste Prophet war Mohammed.

Moderator: Manchmal sagt man zu euch doch auch „Mohammedaner"?
Özlem: So wollen wir nicht genannt werden. Dieser Name bedeutet „Anhänger des Mohammed" und da könnte man meinen, dass Mohammed die wichtigste Rolle bei uns spielt. Wir verehren Mohammed zwar als wichtigsten Propheten, aber wir beten nicht zu ihm. Im Zentrum unseres Glaubens steht Gott.

Moderator: Glaubt ihr wirklich an den gleichen Gott wie wir Christen?
Özlem: Einen Unterscheid gibt es schon: Wir glauben, dass Gott einzig ist. Und wenn im christlichen Glauben von Vater, Sohn und Heiligem Geist die Rede ist, dann sind das drei und nicht einer.

Moderator: Wenn ihr in eurer Religion auch die Geschichten von Mose und Jesus kennt, habt ihr dann auch unsere Bibel?
Özlem: Unser heiliges Buch ist der Koran. Wir glauben, dass der Koran die Worte Allahs enthält. Ein Engel hat sie Mohammed offenbart. Weil Mohammed nicht schreiben konnte, lernte er die Worte auswendig. Freunde haben sie für ihn aufgeschrieben. Die Worte sind arabisch und wir lernen Arabisch, um sie zu verstehen.

Moderator: Was steht denn im Koran?
Özlem: Jedes Wort im Koran kommt unserer Überzeugung nach direkt von Gott.
Im Koran stehen die Offenbarungen, die Mohammed gehabt hat. Diese sind in 114 Suren, d.h. Abschnitte, zusammengefasst. Die Suren sind der Länge nach geordnet. Die längste steht am Anfang und heißt „Fatiha". Sie ist für uns genauso wichtig wie für euch das Vaterunser. Jeder Muslim kann einige Suren auswendig. Der Inhalt dieser Suren ist sehr unterschiedlich. Sie schildern Gottes Eigenschaften, berichten von den Propheten, von alten Völkern, über Naturerscheinungen, über die Schöpfung insgesamt. Ein wichtiger Bestandteil im Koran sind Regeln und Hinweise für das Zusammenleben der Muslime.

Moderator: Was denkt ihr denn über unsere Bibel und über Jesus?

Özlem: Wir achten und respektieren die Bibel als eine heilige Schrift. Wir glauben, dass die jüdische Tora, die Psalmen und die Evangelien des Neuen Testaments Gottes Wort sind. Wir ehren Jesus als Propheten. Jedoch glauben wir nicht, dass er Gottes Sohn ist.

Özlem *hat ein Schaubild mitgebracht.*
Sie erklärt: Wir Muslime haben „fünf Pflichten". Diese fünf Pflichten heißen „die fünf Säulen" des Islam:

1. Mehrmals am Tag sprechen wir unser Glaubensbekenntnis: La ilaha illa-llah - muhmmad rasulu llah. „Es gibt keinen Gott außer Gott. Mohammed ist sein Prophet."
2. Fünfmal am Tag sprechen wir zu festgelegten Zeiten unser Pflichtgebet. Vor dem Gebet waschen wir uns.
3. Während des Monats Ramadan fasten die erwachsenen Muslime.
4. Wer Geld verdient, zahlt eine Pflichtabgabe für die Armen.
5. Einmal im Leben soll jeder Muslim eine Reise als Pilger nach Mekka machen.

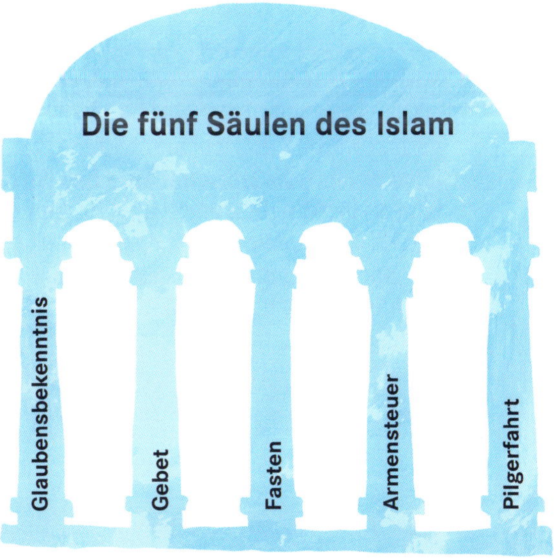

Die fünf Säulen des Islam
Glaubensbekenntnis
Gebet
Fasten
Armensteuer
Pilgerfahrt

Aufgaben

1. Erklären Sie die folgenden Begriffe: Allah | Islam | Muslime | Koran.
2. Ordnen Sie die folgenden Aussagen den einzelnen Säulen zu.

A Ziel ist die Kaaba, die sich im Innenhof der Großen Moschee befindet.
B Es beginnt täglich mit dem Hellwerden und endet mit der Dunkelheit.
C Der wohlhabende Muslim gibt 2,5 % seines Vermögens.
D Vorher wäscht sich der Muslim in einer genau vorgeschriebenen Reihenfolge.
E Indem man auf Dinge verzichtet, findet man Ruhe und Zeit, um an Allah zu denken und zu beten.
F Alle Muslime zahlen eine Pflichtabgabe, die für die ärmeren Gemeindeglieder bestimmt ist.
G Wichtig ist die Richtung zur heiligen Stadt Mekka.
H Dabei sprechen sie Gebete und grüßen oder berühren den heiligen schwarzen Stein.
I Wer nicht selber arm und bedürftig ist, soll einmal im Jahr etwas geben.
J Wer dies öffentlich und mit ernster Absicht ausspricht, bekennt sich zum Islam und ist Muslim.
K Der Monat dafür heißt Ramadan.
L Kinder, Schwangere und Reisende sind davon ausgenommen.
M Jeder Muslim soll wenigstens einmal im Leben in Mekka gewesen sein.
N Die Zeiten sind über den ganzen Tag verteilt.
O „Es gibt keinen Gott außer Gott. Mohammed ist sein Prophet."

Kirche und Moschee

Regionales

Neue Nachbarn: Kirchenglocken und Muezzin?

Was einige befürchteten und andere erträumten, soll nun in die Tat umgesetzt werden: In Neustadt will die islamische Gemeinde eine Moschee bauen, direkt neben der evangelischen Kirche. In Mannheim gibt es eine solche Nachbarschaft schon seit Jahren. Doch in Neustadt ist der Bau nicht unumstritten ... [Mehr]

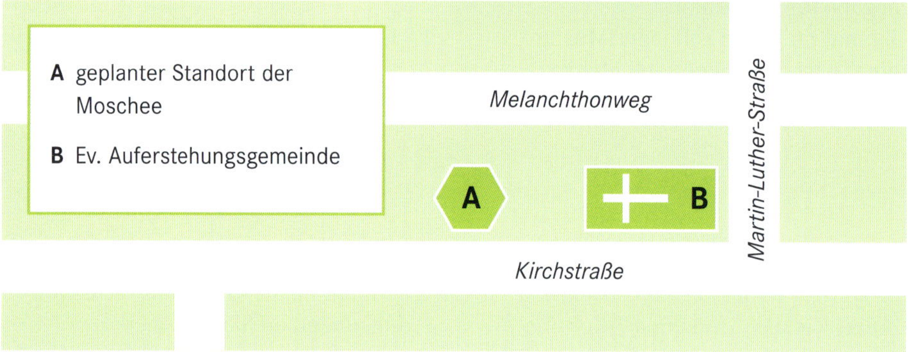
A geplanter Standort der Moschee
B Ev. Auferstehungsgemeinde
Melanchthonweg
Martin-Luther-Straße
Kirchstraße
A
B

Lesermeinungen

Kirchenglocken neben Muezzin gestern: 17.01

Eine Moschee in unserer Stadt, das wäre ja noch schöner. Was für einen Soundmix gibt das, wenn sich unsere bewährten Kirchenglocken mit dem Rufen des Muezzin vermischen? Immerhin sind wir doch in Deutschland und nicht im Orient. Was würden die Türken sagen, wenn in Istanbul neben ihrer Moschee eine christliche Kirche gebaut werden würde, deren Glocken immer läuten?

Wenn Fremde Freunde werden gestern: 18.00

Fremdenhass unter Christen in Deutschland ist leider kein Fremdwort mehr. Da ist nichts mehr übrig von der Gastfreundlichkeit, die in der Bibel gefordert wird. Woran liegt das? Die Psychologie lehrt: Wer Fremde hasst, hat Angst. Wer Fremde hasst, ist leicht zu verunsichern, weil er sich selbst nicht gut kennt

LESERMEINUNGEN

und darum Angst hat Neuem zu begegnen. Ich freue mich über die Moschee in unserer Stadt. Wir werden diskutieren, vielleicht streiten, aber hinterher in jedem Fall mehr voneinander wissen und einander besser verstehen. Das wird uns bereichern und nicht berauben. Und wenn wir offen sind, dann werden aus den Fremden vielleicht sogar eines Tages Freunde.

Nichts gegen Türken, aber bitte keine Moschee! gestern: 18.30

Ich selbst habe nichts gegen Muslime. Aber eins ist doch klar: Wenn die hier leben wollen, dann müssen sie sich auch anpassen. Sie sind unserer Gäste, und wir nehmen sie in aller Gastfreundschaft auch auf. Aber sie sollen sich auch wie Gäste benehmen und nicht so viele Forderungen stellen. Und eine Moschee passt nun mal nicht zu uns.

Dialog ist wichtig gestern: 20.00

Ich, als Pfarrer der evangelischen Kirche, freue mich über unseren neuen Nachbarn. Nur der Dialog zwischen den Religionen kann den Frieden sichern. Und ein Gespräch funktioniert am besten zwischen guten Nachbarn. Die vielen Vorbehalte resultieren meiner Meinung nach daraus, dass wir über die islamische Religion zu wenig wissen. Nehmen Sie sich ein Beispiel an meiner Religionsklasse. Die führt gerade ein Projekt zum Islam durch. Nur wer richtig informiert ist, kann sich auch ein Urteil erlauben.

Aufgaben

1. Eine Moschee neben einer Kirche, Kirchenglocken parallel zum Rufen des Muezzin? Diskutieren Sie!
2. Die Meinungen in Neustadt gehen auseinander. Sammeln sie aus den Leserbriefen jeweils Argumente, die für und gegen einen solchen Bau sprechen.
3. Schreiben Sie einen Forumsbeitrag mit Ihrer eigenen Meinung und begründen Sie diese.
4. a) In Neustadt bilden sich vier Gruppen: eine Bürgerinitiative gegen den Bau der Moschee, eine Gruppe, die gegen den Bau ist, sich aber nicht engagiert, eine Gruppe, die für den Bau ist, sich aber nicht engagiert, eine Bürgerinitiative, die sich für eine gute Zusammenarbeit mit den Muslimen stark macht. Entscheiden Sie, zu welcher Gruppe Sie sich rechnen würden, und begründen Sie Ihre Wahl.
   b) Wie sind die Mehrheitsverhältnisse in Ihrer Klasse?
   c) Aus jeder Gruppe kommen zwei Vertreter zu einer Podiumsdiskussion zum Thema „Moschee neben Kirche“. Spielen Sie diese Diskussion mit Zuschauerbeteiligung und Zwischenfragen.
5. Informieren Sie sich über die Nachbarschaft der Yavuz-Sultan-Selim-Moschee und der Liebfrauenkirche in Mannheim.
6. Im Jahr 1993 ergab eine Umfrage zum Moschee-Neubau, dass 31 % der Bevölkerung zum Bau eine positive Einstellung hatten, 42 % waren negativ eingestellt, für 15 % war es völlig gleichgültig, und 12 % enthielten sich der Stimme. Diskutieren Sie, ob die Umfrage heute dasselbe Ergebnis erzielen würde und ob sich in der Zwischenzeit etwas verändert hat.

Zur Diskussion

Buddhismus

Moderator: Hallo Laura! Schön, dass du dich für dieses Interview im Rahmen unserer Sendereihe „Im Dialog mit anderen Religionen“ bereit erklärt hast. Kannst du etwas über dich erzählen?

Laura: Also, ich bin Laura, 18 Jahre alt und im dritten Ausbildungsjahr als Kosmetikerin. Meine Hobbys sind Disco und Daily Soaps, und ich bin Buddhistin.

Moderator: Witzig, der kleinste Schüttelreim der Welt: Du bist Buddhist. Wie man Kosmetikerin wird, kann ich mir ja noch vorstellen, aber wie wird man denn Buddhist?

Laura: Eigentlich bin ich durch einen Freund dazu gekommen.

Moderator: Was gefällt dir denn besonders an deiner Religion?

Laura: Der Buddhismus ist sehr tolerant anderen Richtungen gegenüber. Es herrschen keine strengen Regeln, alles ist freiwillig. Andere Religionen sagen, man darf keine anderen Götter neben dem einen Gott haben, das ist bei uns nicht so.

Moderator: Gehst du sonntags in den Tempel?

Laura: Nicht speziell sonntags. Ich habe einen kleinen Hausaltar in meinem Zimmer, davor meditiere ich morgens oder abends, wenn ich Zeit habe. Manchmal meditiere ich auch gemeinsam mit anderen im Tempel und anschließend reden wir dann über unsere Erfahrungen.

Moderator: Was heißt denn meditieren?

Laura: Beim Meditieren sitzt man still in der richtigen Haltung und konzentriert sich ganz auf einen bestimmten Gegenstand, eine bestimmte Tätigkeit oder einen bestimmten Gedanken. Dabei ist es wichtig, wirklich nur diese eine Sache zu tun, sich nicht ablenken zu lassen oder zu träumen.

Moderator: Und was bringt das?

Laura: Ich fühle mich durch das Meditieren entspannter und bin auch achtsamer gegenüber anderen Menschen, Tieren und der Natur geworden. Im Kreislauf der Wiedergeburten hängen wir ja zusammen.

Moderator: Wiedergeboren? Was heißt das denn?

Laura: Wir Buddhisten glauben, dass wir aus einem früheren Leben wiedergeboren wurden und nach dem Tod ebenfalls wiedergeboren werden – entsprechend unserer Taten bzw. unseres Karmas. Jeder Mensch hat viele Leben und viele Tode.

Moderator: Und, kommt man aus diesem Kreislauf irgendwann raus oder geht das ewig so weiter?

Laura: Das höchste Ziel des Gläubigen ist es, dem Kreislauf zu entkommen, indem er das Nirwana erreicht. Nirwana bedeutet, dass der Mensch kein Leid mehr fühlt und keine Wünsche mehr hat. Er ist völlig zur Ruhe gekommen.

Moderator: Viele Religionen haben ja ein Symbol, das Christentum z.B. das Kreuz. Gibt es so etwas im Buddhismus auch?

Laura: Das Symbol des Buddhismus ist das Rad der Lehre mit acht Speichen. Die acht Speichen erinnern an den „achtfachen Pfad“, der zum Erlösungsziel Nirwana führt.

Moderator: Betet ihr auch zu einem Gott oder zu Göttern?

Laura: Wir beten nicht zu einem Gott, der die ganze Welt erschaffen hätte. Die Frage nach Gott spielt in diesem Sinn keine Rolle.

Moderator: Aber es gibt doch den Buddha. Ist das denn nicht so etwas wie ein Gott?

Laura: Buddha ist eigentlich kein Name, sondern ein Titel. Er bedeutet der „Erleuchtete“. Die buddhistische Lehre geht auf Siddhartha Gautama zurück. Er lebte vor ca.

2400 Jahren und wurde Buddha, also der Erleuchtete genannt. Aber er ist für uns kein Gott.

Moderator: Wie wird man denn Buddhist? Kann man sich taufen lassen?

Laura: Es heißt, ein Mensch ist dann Buddhist, wenn er dreimal Zuflucht gesucht hat. Er sagt je dreimal: „Ich nehme Zuflucht zum Buddha. Ich nehme Zuflucht zur Lehre. Ich nehme Zuflucht zur Gemeinschaft.“ Man nennt dies auch die drei Juwelen der Zuflucht: Buddha – der Lehrer, Dharma – seine Lehren und Sangha – die Gemeinschaft, die seinen Lehren folgt.

Moderator: Der bekannteste Buddhist ist wohl der Dalai Lama. Welche Rolle spielt er im Buddhismus?

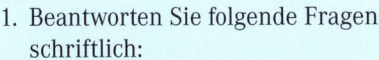

Laura: Der Titel des höchsten religiösen Führers im tibetischen Buddhismus ist Dalai Lama. Dalai Lamas gelten als Reinkarnationen (Wiedergeburten) von Heiligen. Obwohl diese Erleuchteten den Kreislauf der Wiedergeburt verlassen könnten, nehmen sie ihre Wiedergeburt freiwillig auf sich, um die Menschen in der Lehre des achtfachen Pfades zu unterweisen und ihr Leid zu mindern.

Tenzin Gyatso wurde 1937 zum 14. Dalai Lama erklärt. Nach der chinesischen Besetzung musste er Tibet verlassen. Seitdem lebt er im indischen Exil. Er lehrt, schreibt und kämpft gewaltlos für die Freiheit Tibets. Nicht nur in seiner Heimat ist er eine hoch geachtete Persönlichkeit.

Aufgaben

1. Beantworten Sie folgende Fragen schriftlich:
   a) Was gefällt Laura am Buddhismus?
   b) Wer oder was ist ein Buddha?
   c) Wer ist der Religionsgründer des Buddhismus?
   d) Wer ist der Dalai Lama?
   e) Was ist das Symbol des Buddhismus?
   f) Buddhisten glauben an eine Wiedergeburt. Was heißt das?
   g) Was bedeutet meditieren?
   h) Erklären Sie die folgenden Begriffe: Karma, Nirwana, Dharma, Sangha.

2. Die folgenden Aussagen stammen von einem
   A Christen,
   B einem Buddhisten und
   C einem Atheisten.
   Ordnen Sie diese Aussagen jeweils zu.

1 Worte, Handlungen und Gedanken bestimmen, wie der Mensch lebt und in Zukunft leben wird.

2 Ich weiß mein Leben in Gottes Hand gut aufgehoben.

3 In Krisensituationen hilft es mir, wenn ich mich ganz auf mein Inneres konzentriere.

4 Alles ist Zufall. Niemand kann sein Schicksal beeinflussen.

5 Es ist egal, wie ich mich verhalte, ich kann sowieso nichts ändern.

6 Ich versuche nach Gottes Geboten zu leben. Gebete helfen mir dabei.

Wer ist Buddha?

Die buddhistische Religion ist nach ihrem Gründer Buddha benannt. Buddha ist kein Personenname, sondern ein Titel. Er bedeutet der „Erleuchtete". Der persönliche Name Buddhas war Siddhartha Gautama. Siddhartha bedeutet „der das Ziel erreicht". Siddhartha wird um 560 v. Chr. im heutigen Nepal geboren. Er ist ursprünglich Hindu und gehört zur Fürstenkaste. Sein Vater ist ein reicher Adliger aus dem Geschlecht der Shakya, der seinen Sohn mit allen Genüssen der Welt verwöhnt und alles Leid aus seinem Leben fern hält, indem er ihn von der Außenwelt abschottet. Die Legende erzählt von vier einschneidenden Erlebnissen, die den Fürstensohn dazu bewegen, Wohlstand und Komfort hinter sich zu lassen. Bei vier Ausfahrten mit einem Diener begegnet der bisher vor allem Schlimmen des Lebens behütete Siddhartha zunächst einem schwachen Greis und er erschrickt über die Probleme des Alterns. Bei der zweiten Ausfahrt trifft Siddhartha auf einen Kranken mit sehr starken Schmerzen und er erkennt, dass das Leben auch Krankheit und Schmerzen beinhaltet. Auf der dritten Ausfahrt wird Siddhartha schließlich mit dem Leichnam eines gerade Verstorbenen konfrontiert und ihm wird klar, dass das Leben nicht unendlich ist. Siddhartha ist von diesen Eindrücken überwältigt. Alter, Krankheit und Tod hat er bisher nicht gekannt. Außerdem gibt es so viele Menschen, die im Unglück leben. Siddhartha will wissen, warum Menschen so leiden müssen und ob man es verhindern kann. Bei seiner vierten Ausfahrt trifft er auf einen Bettelmönch, der ihn durch seine Ruhe und Gelassenheit beeindruckt.

Genauso will Siddhartha leben. Obwohl er inzwischen verheiratet ist und einen Sohn hat, verlässt er den Palast, schneidet sich die Haare ab und tauscht seine schönen Kleider mit den abgetragenen Sachen eines Bettlers. Er zieht umher und lernt bei Gurus, d.h. bei religiösen Lehrern.

Als ihm auch Meditationsmethoden, Yogapraktiken und Tranceübungen nicht weiterhelfen, versucht er das Leben eines Asketen zu führen.

Er schläft in Dornen, wäscht sich nicht mehr, isst und trinkt nichts, bis er sich kaum noch auf den Beinen halten kann. Schließlich erkennt er, dass auch dieser Weg nicht

der richtige ist, weil er zu übertrieben ist. Siddhartha zieht sich in einen Wald zurück und setzt sich unter einen Baum, um zu meditieren. Er sitzt mit übereinandergeschlagenen Beinen ganz aufrecht da, schließt die Augen und denkt konzentriert nach. Bei dieser Übung werden seine Gedanken klar und geordnet. Sein bisheriges Leben kommt ihm wie ein Dämmerschlaf vor, aus dem er nun langsam aufwacht. Nachdem er sieben Jahre nachgedacht und meditiert hat, hat er eine Erleuchtung. Er erkennt, warum Menschen leiden und wie man das Leiden verhindern kann.
Durch seine Erleuchtung wird Siddhartha zum Buddha, d.h. zum Erleuchteten. Als Buddha um 524 v. Chr. zu lehren beginnt, findet er rasch viele Anhänger.
Um 480 v. Chr. stirbt Buddha an einer Lebensmittelvergiftung. Sein Leichnam wird der damaligen Tradition gemäß verbrannt. Einen Nachfolger oder Stellvertreter hat er nicht ernannt. Seine Lehre ist der Lehrer.

Aufgaben

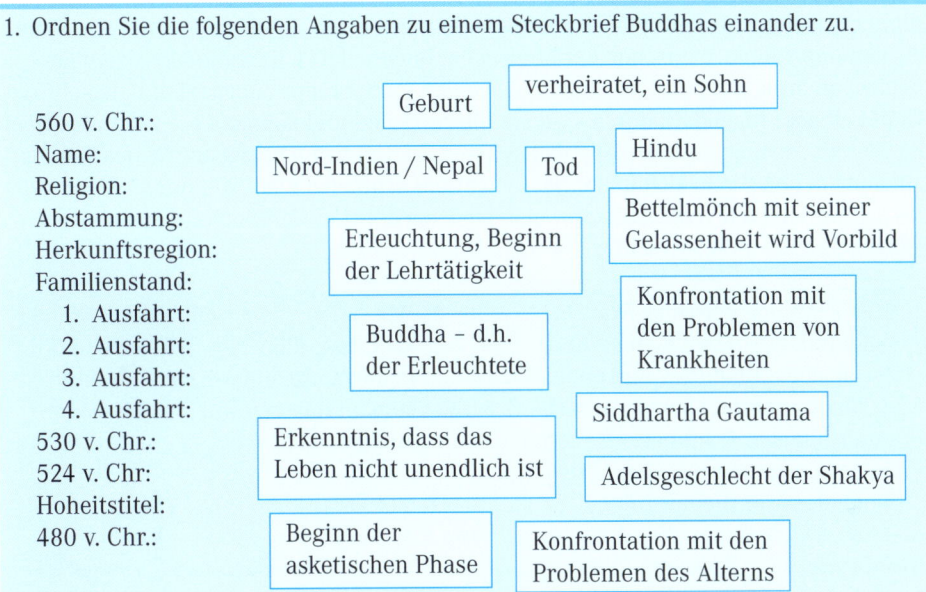

1. Ordnen Sie die folgenden Angaben zu einem Steckbrief Buddhas einander zu.

560 v. Chr.:
Name:
Religion:
Abstammung:
Herkunftsregion:
Familienstand:
  1. Ausfahrt:
  2. Ausfahrt:
  3. Ausfahrt:
  4. Ausfahrt:
530 v. Chr.:
524 v. Chr:
Hoheitstitel:
480 v. Chr.:

- Geburt
- verheiratet, ein Sohn
- Nord-Indien / Nepal
- Tod
- Hindu
- Bettelmönch mit seiner Gelassenheit wird Vorbild
- Erleuchtung, Beginn der Lehrtätigkeit
- Konfrontation mit den Problemen von Krankheiten
- Buddha – d.h. der Erleuchtete
- Siddhartha Gautama
- Erkenntnis, dass das Leben nicht unendlich ist
- Adelsgeschlecht der Shakya
- Beginn der asketischen Phase
- Konfrontation mit den Problemen des Alterns

Die Lehre – der Dharma

Der Dharma ist Buddhas Lehre vom Leiden und von der Aufhebung des Leidens. Zum Dharma gehören die vier edlen Wahrheiten und der achtfache Pfad. Viele Anhänger Buddhas nennen sich deshalb nicht Buddhisten, sondern Anhänger des Dharma.

Die vier edlen Wahrheiten

Der vier edlen Wahrheiten

In seinen „vier edlen Wahrheiten" fasste Buddha seine Erkenntnisse zusammen:

1. Das Leben besteht aus Leiden und alles Glück ist vergänglich.
2. Das Leiden wird von der menschlichen Begierde verursacht.
3. Das Leiden hört auf, wenn die Begierde aufhört.
4. Die Menschen können sich von der Begierde befreien, wenn sie dem achtfachen Pfad folgen.

Mit dem Leiden ist jede Art der Unzufriedenheit gemeint. Die Unzufriedenheit entsteht aus den unerfüllten Wünschen der Menschen. Buddha lehrt, dass die Menschen am meisten an ihrer eigenen Gier leiden. Sie wollen immer mehr haben: zum Beispiel Geld, Schönheit oder Jugend. Dadurch sind sie nie zufrieden und kommen nie zur Ruhe. Hört die Gier auf, so hört auch die Unzufriedenheit auf. Um von den eigenen Wünschen loszukommen, muss man sich üben. Dazu dient der achtfache Pfad. Wenn man die Regeln des achtfachen Pfades befolgt, kann man sich von der Gier befreien und das Ziel des Lebens, das Nirwana, erreichen.

Aufgaben

1. Man kann die vier edlen Wahrheiten mit dem Vorgehen eines Arztes vergleichen: Diagnose, einzunehmende Medikamente, Therapie, Erscheinungsbild der Krankheit. Ordnen Sie diese Vorgehensweise des Arztes den vier edlen Wahrheiten zu.
2. Was halten Sie davon, wenn Buddha sagt, dass die vielen Wünsche und Bedürfnisse, die wir haben, schuld sind an unseren Unzufriedenheiten?

Der achtfache Pfad

Der achtfache Pfad

Der achtfache Pfad besteht aus acht Empfehlungen, wie man seine Begierden besiegen und das Leiden überwinden kann. Deswegen hat das Rad der Lehre, das Symbol des Buddhismus, acht Speichen: *rechte Gesinnung* | *rechte Erkenntnis* | *rechte Anstrengung* | *rechtes Reden* | *rechtes Handeln* | *rechte Konzentration* | *rechte Aufmerksamkeit* | *rechter Lebenswandel*

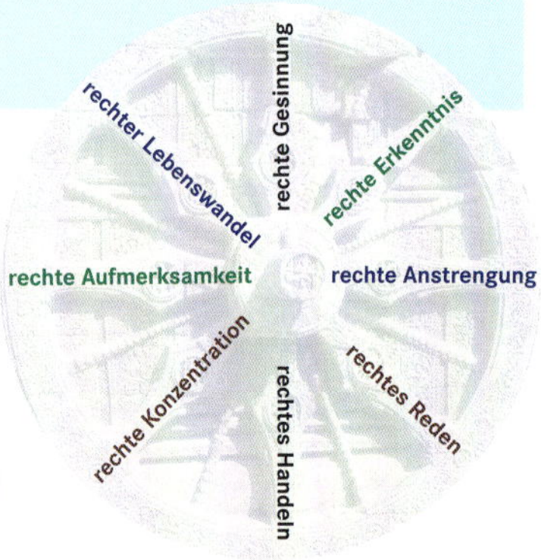
rechte Gesinnung
rechte Erkenntnis
rechte Anstrengung
rechtes Reden
rechtes Handeln
rechte Konzentration
rechte Aufmerksamkeit
rechter Lebenswandel

Aufgaben

3. Erklären Sie die Grafik oben.
4. Ordnen Sie die folgenden Verhaltensweisen den Tugenden des achtfachen Pfades zu:

nicht lügen | nicht schlecht über andere reden | keinem Lebewesen Leid zufügen | die vier edlen Wahrheiten kennen und leben | Entschluss, nicht neidisch zu sein | Entschluss, andere nicht zu schädigen | Entschluss, sich um Schwächere zu kümmern | die Folgen seiner Worte bedenken | nicht stehlen | Aufgeben eines falschen Lebenswandels | Meditation | Freiwerden von Begierden | sich um andere bemühen | auf andere achten | sich in seinem Leben um die Empfehlungen des achtfachen Pfads bemühen | auf seinen Körper achten | sich in sich versenken | sich ganz auf eine Tätigkeit konzentrieren

Kreislauf der Wiedergeburten

Buddhisten wie Hinduisten glauben, dass Lebewesen nicht nur einmal leben. Sie werden in einem Kreislauf immer wieder geboren. Wenn das Leben gut war, wird man als besserer Mensch wiedergeboren. Aber wenn ein schlechtes Leben geführt wurde, wird die Seele in einem weniger guten Menschen wiedergeboren – vielleicht sogar in einem Tier. Entscheidend dafür ist immer das Karma. Das Karma sind die Taten eines Menschen. Vom Karma, d.h. von den Taten eines Menschen hängt es ab, in welcher Form er wiedergeboren wird.

Aufgaben

1. Beschreiben Sie anhand des Schaubilds den dargestellten Kreislauf der Wiedergeburten. Was führt zu einer Wiedergeburt in einem besseren Leben? Welche Rolle spielt das Karma? Nach welchen Kriterien sammelt man gutes Karma, nach welchen Kriterien schlechtes?
2. Stellen Sie sich vor, Ihr jetziges Leben wäre die Konsequenz aus dem Karma Ihres vorherigen Lebens. Was meinen Sie: Hätten Sie in Ihrem vorherigen Leben mehr gutes oder mehr schlechtes Karma gesammelt?
3. Zeichnen Sie einen Karma-Messbecher für Ihr bisheriges Leben.
4. Wie würde entsprechend Ihres jetzigen Karmas Ihr nächstes Leben aussehen: besser oder schlechter als jetzt? Wo würden Sie auf einer Skala von 1 bis 100 (1 = miserable Situation, z.B. Made, Wurm, 100 = beste aller möglichen Situationen) aufgrund Ihres jetzigen Karmas Ihr nächstes Leben einordnen?
5. Was könnten Sie tun, damit es ihnen in einem nächsten Leben besser geht?
6. Halten Sie eine Wiedergeburt generell für möglich? Begründen Sie Ihre Meinung.

Basics

Judentum

Das Judentum ist die älteste der drei monotheistischen Religionen. Die identitätsstiftende Grundlage des Judentums ist die Tora, d.h. die fünf Bücher Mose, sowie die Propheten und die anderen Schriften des Alten Testaments. Das wichtigste Gebet ist das Sch'ma Jisrael (Höre, Israel, 5. Mose 6,4-9), das in einer Art Glaubensbekenntnis an die Grundlagen des Judentums erinnert.

Islam

Der Islam ist die jüngste der drei monotheistischen Religionen und geht auf den Religionsstifter Mohammed zurück. Das heilige Buch ist der Koran. Die fünf Säulen des Islam sind die Grundpflichten, die jeder Muslim zu erfüllen hat:

1. Glaubensbekenntnis
2. Gebet
3. Almosensteuer
4. Fasten
5. Pilgerfahrten

Monotheismus

Der Begriff Monotheismus bezeichnet Religionen, die einen allumfassenden Gott kennen und anerkennen, im Unterschied zum Polytheismus, der viele Götter kennt und verehrt. Die drei großen monotheistischen Religionen sind Judentum, Christentum und Islam.

Buddhismus

Der Buddhismus ist eine der fünf großen Weltreligionen und hat seinen Ursprung in Indien. Der Buddhismus hat ca. 500 Millionen Gläubige, ist nach Christentum, Islam und Hinduismus die viertgrößte Religion der Erde und hauptsächlich in Asien verbreitet.
Die Buddhisten berufen sich auf die Lehren des Siddhartha Gautama, der im 5. Jahrhundert v. Chr. in Nordindien lebte und den Ehrentitel Buddha (der Erleuchtete) erhielt. Kern der Lehre Buddhas sind die „vier edlen Wahrheiten", welche sich mit dem Leiden in der Welt befassen, und der „achtfache Pfad", der Möglichkeiten der Überwindung des Leidens beschreibt.

Die vier edlen Wahrheiten

1. Das Leben besteht aus Leiden. Alles Glück ist vergänglich.
2. Das Leiden wird von der menschlichen Begierde verursacht.
3. Das Leiden hört auf, wenn die Begierde aufhört.
4. Es gibt einen Weg, der zum Glück führt. Dies ist der achtfache Pfad.

Der achtfache Pfad

- rechtes Reden
- rechtes Denken
- rechte Erkenntnis
- rechte Konzentration
- rechte Anstrengung
- rechte Aufmerksamkeit
- rechtes Leben
- rechtes Handeln

Der Kreislauf des Lebens

Nach buddhistischem Verständnis besteht das Leben aus einem fortlaufenden Kreislauf des Lebens aus Tod und Geburt, Werden und Vergehen. Alle Wesen sind in diesem Kreislauf des Lebens gefangen. Entsprechend ihres Karmas, d.h. ihrer Taten, Gedanken, und Emotionen, durch Wünsche und Begierden werden sie in höheren oder niedrigeren Lebensformen wiedergeboren. Höchstes Ziel des Buddhismus ist es, durch den achtfachen Pfad diesem Kreislauf zu entkommen und ins Nirwana einzugehen.

Kompetenz-Check

Kursbuch Religion Berufliche Schulen ist kompetenzorientiert. Neben der Vermittlung der fachlichen Inhalte (Basics) geht es vor allem um die Förderung übergreifender sowie fach- und themenspezifischer Kompetenzen. Zu den übergreifenden Kompetenzen haben Sie in der Einleitung bereits Näheres erfahren. Diese konkretisieren sich bei der Erarbeitung der einzelnen Kapitel bzw. Doppelseiten und Themenfelder. Auf den folgenden Seiten haben Sie die Möglichkeit, auf der Grundlage der Doppelseiten selbst zu prüfen, welche fach- und themenspezifischen Kompetenzen Sie sich nach der Behandlung eines Themas angeeignet haben sollten.

Kapitel 1: Was ist der Mensch?

Sie kennen die Grundzüge des christlichen Menschenbilds und können dieses mit anderen Vorstellungen vom Menschen vergleichen. Sie können anhand des Gelernten Ihr persönliches Menschenbild überprüfen.
Sie können den Wunsch nach Gemeinschaft in Beziehung setzen zum Streben nach Individualität. Sie können unterschiedliche Stufen zwischenmenschlichen Abstands in Alltagssituationen zuordnen und anwenden.
Sie können Glaubensaussagen verschiedene Stufen des Glaubens zuordnen und beziehen angemessen Stellung für Ihre eigene Position.
(→ *Personale Kompetenz, Soziale Kompetenz, S. 7*)

Sie können ...

- auf die Frage „Was ist der Mensch?“ mehrere Antworten nennen und eine eigene Position formulieren. (S. 9)
- definieren, was man unter einem Menschenbild versteht, sowie verschiedene Menschenbilder beschreiben und unterscheiden. (S. 10-11)
- wesentliche Unterschiede zwischen Mensch und Tier nennen. Sie können die Bedürfnispyramide nach Maslow darstellen und mögliche Kritikpunkte dazu nennen. (S. 12-13)
- die Fabel von den frierenden Stachelschweinen inhaltlich wiedergeben und erläutern, was diese Fabel über die Wesensart des Menschen und über das menschliche Zusammenleben aussagt. (S. 14)
- verschiedene Stufen zwischenmenschlichen Abstands benennen und einschätzen, welcher Abstand in verschiedenen Lebenssituationen angemessen ist. (S. 15)
- die sechs Stufen der Glaubensentwicklung nach James W. Fowler nennen und anhand von Beispielen erklären. (S. 16-17)

Kapitel 2: Gewissen

Sie nehmen wahr, wie in Alltag und Sprache mit dem Begriff „Gewissen“ umgegangen wird, und erarbeiten Faktoren der Gewissensbildung. Sie können Verhaltensweisen verschiedenen Stufen moralischer Entwicklung zuordnen. Sie verstehen, dass das Gewissen durch bestehende Normen und Werte geprägt wird, und analysieren vor diesem Hintergrund ihre eigenen Gewissensentscheidungen.
Sie prüfen, inwieweit biblische Normen in Gewissenskonflikten helfen können, und können diese in eigenen Konfliktsituationen anwenden.
(→ *Personale Kompetenz, ethische Kompetenz, Sachkompetenz, Handlungskompetenz, S. 7*)

Sie können ...

- Gewissensentscheidungen in Alltagssituationen erkennen und eigene Gewissensentscheidungen reflektieren. (S. 19)
- die Entwicklung des Gewissens an Beispielen beschreiben und mit Erfahrungen in Ihrem eigenen Leben verbinden. (S. 20-21)
- eine Dilemmasituation analsysieren sowie die sechs Stufen der moralischen Entwicklung nach Lawrence Kohlberg nennen und an Beispielen erklären. (S. 22-23)
- definieren, was man unter einem Gewissenskonflikt versteht und verschiedene Instanzen nennen und bewerten, die in solchen Situationen Orientierung und Maßstäbe vermitteln können. (S. 24-25)
- die Zehn Gebote, die goldene Regel und das Doppelgebot der Liebe inhaltlich wiedergeben und mit Geboten anderer Religionen vergleichen. (S. 26-27)

Kapitel 3: Liebe und Sexualität

Sie kennen die eigene Geschlechtlichkeit als ein wesentliches Merkmal Ihrer Identität. Sie verstehen Liebe und Sexualität im Alltag zu differenzieren und können verschiedene Bedeutungen unterscheiden, wenn von Liebe die Rede ist. Sie lernen verschiedene wissenschaftliche Deutungen von Sexualität kennen. Sie stellen die Entwicklung des Begriffs der Gottesliebe im AT und im NT an Beispielen dar. (→ *Sachkompetenz, Religiöse Kompetenz, S. 7*)

Sie können ...

- verschiedene Aspekte der Liebe nennen und in biographische Zusammenhänge einordnen. (S. 29)
- können den Begriff der Liebe definieren, verschiedene Arten der Liebe unterscheiden und vier Bedeutungen von Liebe nennen und erklären. (S. 30-31)
- den Liebesbegriff des AT und des NT nennen und unterscheiden sowie einen Entwicklungsprozess aufzeigen. (S. 32-33)
- verschiedene sexuelle Orientierungen nennen und erklären und Maßstäbe von Toleranz und Achtung anwenden. (S. 34-35)
- die einzelnen Phasen der psychosexuellen Entwicklung nennen und erklären sowie Vorteile und Grenzen der Theorie Sigmund Freuds nennen. (S. 36-37)

Kapitel 4: Partnerschaft, Ehe, Familie

Sie können verschiedene Formen von Beziehungen vergleichen und kennen Anschauungen und Bewertungen von Ehe und Familie auch im interreligiösen Kontext. Sie können Probleme im Zusammenleben analysieren und kennen Lösungsmöglichkeiten. Sie können Trennung als ambivalente Erfahrung von Abschied und Neubeginn deuten.
Sie sind sich Ihres Rollenverhaltens als Mann bzw. Frau bewusst. Sie diskutieren die Rolle von Mann und Frau in den jeweiligen Lebensbezügen sowie Modelle elterlicher Rollenverteilung in Beruf und Familie. Sie entwickeln eigene Vorstellungen für Ihre Lebensplanung. (→ *Personale Kompetenz, Soziale Kompetenz, Handlungskompetenz, S. 7*)

Sie können ...

- verschiedene Formen familiären Zusammenlebens nennen und unterscheiden sowie mit eigenen Erfahrungen verknüpfen. (Seite 39)
- drei Formen von Beziehungen nennen und kennen Vor- und Nachteile für jede Form. Sie können ein Diagramm zu verschiedenen Lebensformen auswerten. (S. 40-41)
- wesentliche Argumente für und gegen das Heiraten nennen sowie an Beispielen verschiedene Möglichkeiten einer kirchlichen Trauung aufzeigen. (S. 42-43)
- mögliche Probleme einer christlich-muslimischen Ehe an Beispielen aufzeigen. Sie können die Haltung des Christentums und des Islams im Blick auf christlich-muslimische Ehen nennen und unterscheiden. (S. 44-45)

- den Sinn des Sakraments Taufe erklären. Sie können mehrere Erziehungsziele nennen und begründen sowie drei Erziehungsstile unterscheiden und erklären. (S. 46-47)
- fünf Modelle elterlicher Rollenverteilung in Beruf und Familie nennen und erklären sowie eine persönliche Einstellung finden und begründen. (S. 48-49)
- mögliche Probleme in einer Beziehung nennen und Lösungsmöglichkeiten aufzeigen. Sie können die fünf Leitfragen für eine dauerhafte Beziehung wiedergeben. (S. 50-51)

Kapitel 5: Sterben, Tod ... und dann?

Sie können sich angemessen mit Krankheit, Sterben und Tod auseinandersetzen und Sterben als Teil des Lebens sehen und akzeptieren. Sie vergleichen verschiedene Positionen zu der Frage nach dem Tod und einem Leben danach. Sie erkennen, dass ein Leben in Würde ein Sterben in Würde mit einschließt.
Sie erläutern die christliche Auferstehungshoffnung anhand von Bibeltexten.
(→ *Religiöse Kompetenz, Sachkompetenz, S. 7*)

Sie können ...

- verschiedene Meinungen zum Thema „Tod" unterscheiden und eine eigene Position formulieren. (S. 53)
- die fünf Sterbephasen nach Kübler-Ross nennen und an Beispielen erklären. (S. 54-55)
- Symbole, Redewendungen und Aussagen nennen und deuten, mit denen „sterben" umschrieben werden kann, sowie diese Begriffe den Verstehensweisen „Tod als natürliches Ereignis" oder „Tod als Handeln Gottes" zuordnen. Sie können die verschiedenen Phasen der Trauer beschreiben. (S. 56-57)
- die wesentlichen Aussagen von 1. Kor 15,3-8 wiedergeben sowie die christliche Auferstehungshoffnung in vier Sätzen formulieren. (S. 58-59)
- vier grundsätzliche Positionen zum Thema „Sterben und Tod" nennen und bewerten sowie die Bedeutung des Todes in vier großen Weltreligionen jeweils kurz beschreiben und unterscheiden. Sie kennen Sterberiten verschiedener Religionen und ihre Bedeutung. (S. 60-61)
- drei Arten der Sterbehilfe nennen und an Beispielen erklären, Kriterien zu deren Beurteilung nennen und anwenden sowie eine eigene Position begründen. (S. 62-63)

Kapitel 6: Konflikte

Sie unterscheiden zwischen Konfliktbereichen und Konfliktarten. Sie bedenken Ursachen und Bedeutung von Konflikten, kennen Modelle der Konfliktlösung und wenden sie passend an. Sie nehmen Konflikte als notwendige Herausforderungen des Lebens an, stellen sich diesen und gestalten Lösungswege.
Durch die Kenntnis und Anwendung verschiedener Kommunikationstheorien können Sie einen Standpunkt differenziert vertreten sowie bei der Kommunikation die Perspektive des anderen einnehmen und in Bezug zu Ihrem eigenen Standpunkt setzen.
(→ *Personale Kompetenz, Soziale Kompetenz, Handlungskompetenz, S. 7*)

Sie können ...

- eine eigene Position zum Thema „Konflikte" formulieren und begründen. (S. 65)
- den Begriff Konflikt definieren, verschiedene Konfliktbereiche und -arten unterscheiden und mit Hilfe von Beispielen erklären. Sie können Eskalationsstufen eines Konfliktprozesses nennen. (S. 66-67)
- den Begriff Mobbing definieren sowie Beispiele für Mobbinghandlungen und Maßnahmen gegen Mobbing nennen. (S. 68-69)
- das Kommunikationsmodell der vier Seiten einer Nachricht beschreiben, diese vier Seiten nennen und an Beispielen erklären. (S. 70-71)
- Ich- und Du-Botschaften unterscheiden und die drei Komponenten einer Ich-Botschaft an einem Beispiel erklären. Sie haben Ich-Botschaften eingeübt und können sie senden. (S. 72-73)

Kapitel 7: Gewalt

Sie können verschiedene Formen und Aspekte von Gewalt erörtern. Sie diskutieren mögliche Ursachen von Gewalt und analysieren wissenschaftliche Erklärungsversuche. Sie kennen Möglichkeiten der Gewaltprävention und setzen sich mit Wegen der Gewaltlosigkeit auseinander. Sie begreifen die biblisch-christliche Friedensbotschaft als Vision friedlichen Zusammenlebens und erörtern die daraus resultierenden Konsequenzen und Aufgaben.
(→ *Ethische Kompetenz, Soziale Kompetenz, S. 7*)

Sie können ...

- unterschiedliche Formen von Gewalt wahrnehmen und unterscheiden, verschiedene Meinungen zum Thema „Gewalt" unterscheiden und eine eigene Position formulieren. (S. 75)
- den Gewaltbegriff nach Johan Galtung wiedergeben und erklären. Sie können mehrere Formen der Gewalt nennen und mit Beispielen verdeutlichen. (S. 76-77)
- drei Theorien wiedergeben, warum Menschen aggressiv und gewalttätig sind, sowie fünf belastende Bedingungen nennen, die das Entstehen von Jugendgewalt begünstigen können. Sie können die Nachahmungsfunktion und Ventilfunktion von Gewaltdarstellungen in Medien und Computerspielen unterscheiden und erklären. (S. 78-79)
- die Jesus-Worte zum Gewaltverzicht inhaltlich wiedergeben sowie Luthers Interpretation nennen und an einem Beispiel erläutern. (S. 80-81)
- an einem Beispiel aufzeigen, wie man im Sinne der Bergpredigt in einer Gewaltsituation reagieren könnte. Sie können Verhaltensweisen nennen, die in einer Gewaltsituation hilfreich sein können. (S. 82-83)

Kapitel 8: Arbeit

Sie reflektieren Ihre eigenen Arbeitsbedingungen. Sie beurteilen unterschiedliche Sinndeutungen von Arbeit. Sie lernen christliche Positionen zur Arbeit kennen und entwickeln vor diesem Hintergrund Kriterien für ein verantwortliches Arbeiten.
Sie kennen mögliche Ursachen der Arbeitslosigkeit. Sie erkennen deren individuelle Auswirkungen und überlegen Möglichkeiten zur Bewältigung von Arbeitslosigkeit.
Sie reflektieren Ihren eigenen Umgang mit der Zeit. Sie entwickeln Anhaltspunkte hinsichtlich eines verantwortlichen Umgangs mit Ihrer Freizeit.
(→ *Personale Kompetenz, Sachkompetenz, Handlungskompetenz, S. 7*)

Sie können ...

- verschiedenen Arbeitsbegriffe und deren Bedeutung unterscheiden. Sie können auf die Frage nach dem Sinn von Arbeit mehrere Antwortmöglichkeiten nennen. (S. 85)
- die Anekdote zur Senkung der Arbeitsmoral inhaltlich wiedergeben und die Positionen vom Touristen und Fischer gegenüberstellen. Sie können die Botschaft der Geschichte auf verschiedene Alltagssituationen anwenden und ihre Bedeutung bewerten. (S. 86-87)
- drei biblische Merkmale einer sinnvollen Arbeit nennen und anhand konkreter Berufsfelder erklären. (S. 88-89)
- zwei Bibelstellen, die den Sonntag als Ruhetag begründen, inhaltlich wiedergeben. Sie kennen Möglichkeiten, wie der Sonntag in diesem Sinn gestaltet werden kann. (S. 90-91)
- konkrete Schritte benennen, was bei Arbeitslosigkeit zu tun ist. Sie können Verhaltensweisen beschreiben, wie man zum einen die Zeit der Arbeitslosigkeit besser nutzen und zum anderen schneller wieder einen Job finden kann. (S. 92-93)

Kapitel 9: Mensch und Technik

Sie können sich mit dem Leben in einer technologischen Welt und mit den Auswirkungen der technisierten Gesellschaft auseinandersetzen. Sie zeigen die Ambivalenz technischen Fortschritts an Beispielen auf und bedenken den Wert des Menschen in einer technisierten Welt. Sie bewerten ethische Grundhaltungen zum Umgang mit Technik auch anhand biblischer Aussagen und beurteilen deren Relevanz.
Sie kennen Anwendungsmöglichkeiten der Biotechnologie und können deren Chancen und Risiken skizzieren. Sie erörtern unterschiedliche Positionen und entwickeln einen eigenen Standpunkt.
(→ *Personale Kompetenz, Religiöse Kompetenz, Handlungskompetenz, S. 7*)

Sie können ...

- eine Verbindung von der biblischen Geschichte vom Sündenfall zum technischen Fortschritt der Menschheit herstellen, zu verschiedenen Lebensbereichen wichtige Erfindungen nennen sowie die Ambivalenz technischen Fortschritts an einem Beispiel erklären. (S. 95)
- die biblische Geschichte vom Turmbau zu Babel inhaltlich wiedergeben und ihre Bedeutung für die heutige Zeit aufzeigen. (S. 96-97)
- den Begriff Gentechnik definieren, Hauptanwendungsgebiete der Gentechnik beschreiben sowie mehrere Pro- und Contra-Argumente gegenüberstellen. (S. 98-99)
- den Begriff Präimplantationsdiagnostik erklären, Pro- und Contra-Argumente dazu nennen sowie die Rolle für das Gewissen der Betroffenen aufzeigen. (S. 100-101)
- Fehler bei der Nutzung sozialer Netzwerke beispielhaft darstellen und Möglichkeiten aufzeigen, wie diese vermieden werden können. (S. 102-103)

Kapitel 10: Ethisch handeln

Sie können ein aktuelles Konfliktthema wahrnehmen und auf die ethischen Entscheidungen hinterfragen. Sie untersuchen verschiedene ethische Entwürfe. Die Kenntnis eines Modells ethischer Urteilsfindung unterstützt Sie in der Entwicklung selbstverantworteter ethischer Entscheidungen. Sie diskutieren die spezifischen Wesensmerkmale christlicher Ethik an einem Beispiel.
(→ *Ethische Kompetenz, Soziale Kompetenz, Sachkompetenz, S. 7*)

Sie können ...

- zu einem ethischen Fallbeispiel eine eigene Position formulieren und Kriterien nennen, nach denen Sie Entscheidungen treffen. (S. 105)
- zwischen Moral und Ethik unterscheiden sowie sechs Schritte einer ethischen Urteilsfindung nennen und an einem konkreten Fallbeispiel anwenden. (S. 106-107)
- verschiedene ethische Grundhaltungen nennen, in Alltagssituationen wiedererkennen und an Beispielen erklären. (S. 108-109)
- das Gleichnis von barmherzigen Samariter mit eigenen Worten wiedergeben und dessen Kernaussagen beschreiben. Sie können drei spezifische Wesensmerkmale einer christlichen Ethik nennen. (S. 110-111)
- Bonhoeffers Bildwort „Dem Rad in die Speichen fallen“ im Kontext seiner Biographie erklären und dessen ethisch-theologische Position zum Thema Tyrannenmord in Stichworten wiedergeben. (S. 112-113)

Kapitel 11: Glück

Sie reflektieren Ihre Vorstellungen von glücklichem Leben. Sie wissen um den Unterschied zwischen Glück haben und glücklich sein und entdecken Selbstannahme und Selbstwertgefühl als Voraussetzung für inneres Glück.
Sie erläutern am Beispiel der Seligpreisungen, wer im Sinne Jesu als glücklich zu bezeichnen ist.
(→ *Personale Kompetenz, Religiöse Kompetenz, S. 7*)

Sie können ...
- Ihre eigenen Erfahrungen zum Thema Glück formulieren. (S. 115)
- drei Glücksvorstellungen unterscheiden, Alltagssituationen zuordnen und anhand von Beispielen verdeutlichen. (S. 116-117)
- den Unterschied zwischen Glück haben und glücklich sein erklären. (S. 118-119)
- die biblische Rede vom Paradies in Grundzügen wiedergeben. (Seite 120)
- am Beispiel der Seligpreisungen aufzeigen, wen Jesus glücklich nennt. (S. 120-121)
- an einem Beispiel beschreiben, wie ein Glücksforscher arbeitet. (S. 122-123)

Kapitel 12: Wofür es sich zu leben lohnt

Sie analysieren verschiedene Antworten auf die Sinnfrage und kennen unterschiedliche Sinnentwürfe. Sie unterscheiden zwischen Werten und Normen und setzen sich mit den wichtigsten christlichen Normen auseinander.
Sie begreifen, dass die Sinnfrage eine Krisenfrage sein kann, und zwar sowohl in belastenden, bedrückenden Situationen als auch in Entscheidungssituationen.
(→ *Personale Kompetenz, Handlungskompetenz, ethische Kompetenz, S. 7*)

Sie können ...
- Lebensziele in einer Biographie erkennen, nennen und bewerten sowie eigene Lebensziele nennen und begründen. (S. 125)
- verschiedene Positionen zur Frage nach dem Sinn des Lebens wiedergeben und bewerten. Sie können zwischen materiellen und ideellen Zielen unterscheiden und verschiedene konkrete Lebensziele lebensgeschichtlichen Phasen zuordnen. (S. 126-127)
- zwischen Werten und Normen unterscheiden und christliche Normen nennen. (S. 128-129)
- mögliche Ursachen für existenzielle Sinnkrisen nennen und kennen Argumentationshilfen für deren Überwindung. (S. 130-131)
- Ängste vor Veränderungen beschreiben und an einem Beispiel aufzeigen, wie Veränderungen möglich sein können. (S. 132-133)

Kapitel 13: Gerechtigkeit

Sie reflektieren den alltagssprachlichen Umgang mit den Begriffen „Gerechtigkeit" und „gerecht". Sie untersuchen verschiedene Gerechtigkeitsgrundsätze vor dem Hintergrund des neutestamentlichen Gerechtigkeitsbegriffs.
Sie werden für soziale Ungerechtigkeiten in ihrem Erfahrungsbereich sensibilisiert und arbeiten Ursachen von Intoleranz gegenüber Gruppen in unserer Gesellschaft heraus. Sie setzen sich mit Fragen der Verteilungsgerechtigkeit in der Welt auseinander und lernen Zusammenhänge der weltweiten Entwicklungspolitik kennen.
(→ *Ethische Kompetenz, Soziale Kompetenz, S. 7*)

Sie können ...
- Ihre eigenen Vorstellungen zum Thema Gerechtigkeit formulieren. (S. 135)
- verschiedene Gerechtigkeitsgrundsätze nennen, anhand von Beispielen erläutern und ihnen wirtschaftliche, soziale und politische Vorgänge zuordnen. (S. 136)
- das „Gleichnis von den Arbeitern im Weinberg" in Grundzügen wiedergeben und Gerechtigkeitsgrundsätze, die bei Gott gelten, daraus ableiten. (S. 137)
- die Gerechtigkeit Gottes mit Hilfe des Gleichnisses vom verlorenen Sohn erklären. (S. 138-139)
- anhand von Beispielen ungerechte Verteilungen in der Welt aufzeigen. (S. 140-141)
- die Werke der Barmherzigkeit nennen und auf die heutige Zeit übertragen. (S. 142-143)

Kapitel 14: Gott

Sie kennen verschiedene Formen, an Gott zu glauben bzw. nicht an einen Gott zu glauben. Sie setzen sich mit den jeweiligen Motiven und Hintergründen auseinander und reflektieren eigene und fremde Erfahrungen mit dem Glauben an Gott.
Sie nehmen Situationen wahr, in denen Leid erfahren wird, und bringen sie zur Sprache. Sie reflektieren unterschiedliche Formen des Zweifels an Gott. Sie verstehen und können begründen, dass Gottzweifel zum christlichen Glauben gehören.
(→ *Religiöse Kompetenz, S. 7*)

Sie können ...

- verschiedene Aussagen zu Gott den Weltreligionen zuordnen und eine eigene Position zum Thema Gott formulieren. (S. 145)
- Diagramme zum Glauben an Gott und höhere Wesen lesen und interpretieren. (S. 146)
- die Begriffe Agnostiker, Atheist, Theist und Deist unterscheiden und erklären sowie Argumente gegen Gott und die entsprechenden Gegenargumente darlegen. (S. 146-147)
- verschiedene Gottesbeweise sowie theologische Einwände zu Gottesbeweisen nennen. (S. 148-149)
- verschiedene Stufen der Vorstellung vom Wirken Gottes in der Welt an Beispielen – besonders an der Biographie Martin Luthers – verdeutlichen. (S. 150-151)
- am Beispiel Hiobs die Theodizee-Frage erläutern sowie verschiedene Antworten nennen, erklären und bewerten. (S. 152-153)

Kapitel 15: Jesus Christus

Sie benennen Erfahrungen mit und Wissen von Jesus und lernen neue Zugänge zu Jesus kennen. Sie erfahren vom historischen Jesus und davon, welche Bedeutung sein Auftreten und seine Verkündigung haben. Sie können die biblische Botschaft von seinem Sterben und der Auferstehung skizzieren und deren Rolle für den christlichen Glauben deuten.
(→ *Religiöse Kompetenz, S. 7*)

Sie können ...

- Stichworte zum Leben Jesu nennen und einordnen sowie eine eigene Meinung zu Jesus Christus formulieren. (S. 155)
- die Quellenlage zu Jesus skizzieren und christliche und nicht-christliche Quellen zum Leben Jesu nennen. (S. 156-157)
- verschiedene Gleichnisarten an Beispielen unterscheiden und Möglichkeiten der Gleichnisauslegung darlegen. (S. 158-159)
- die Einteilung der Wunder Jesu in verschiedene Kategorien an Beispielen erläutern. (S. 160-161)
- wesentliche Stationen auf Jesu Weg zum Kreuz nennen sowie politische und religiöse Gründe für den Tod Jesu unterscheiden. (S. 162)
- die biblische Darstellung von der Auferstehung Jesu nach Lukas 24 in Grundzügen wiedergeben sowie die Bedeutung der Botschaft von der Auferstehung skizzieren. (S. 163)

Kapitel 16: Die Bibel

Sie vergleichen die Heiligen Schriften von Judentum, Christentum und Islam. Sie lernen die Bibel als eine Sammlung von Texten aus vielen Jahrhunderten kennen, die einen großen Reichtum an literarischen Formen beinhalten, und benennen wichtige Inhaltsbereiche. Sie arbeiten wesentliche Stationen auf dem Weg zur Entstehung der Bibel auf und erklären den Entstehungsprozess der Evangelien mit Hilfe der Zwei-Quellen-Theorie.
(→ *Sachkompetenz, S. 7*)

Sie können ...

- Zitate der Tora, der Bibel und dem Koran zuordnen und Gründe für die Bedeutung der Bibel nennen. (S. 165)
- wesentliche Stationen bei der Entstehung der Bibel darstellen. (S. 166)
- erklären, inwiefern die Bibel eine ganze Bibliothek ist, kennen Kategorien zur Gruppierung der einzelnen Bücher und können einzelne Bücher dem Alten und dem Neuen Testament zuordnen. (S. 167)
- die wichtigsten Inhaltsbereiche der Bibel nennen und ihnen jeweils wichtige Ereignisse und Personen zuordnen. (S. 168-169)
- verschiedene Textgattungen der Bibel an Beispielen erkennen. (S. 170-171)
- eine Evangeliensynopse lesen und interpretieren sowie die Entstehung der Evangelien mit Hilfe der Zwei-Quellen-Theorie erklären. (S. 172-173)

Kapitel 17: Kirche

Sie untersuchen den Entstehungsprozess der christlichen Kirchen. Sie lernen Unterschiede und Gemeinsamkeiten der großen Konfessionen kennen und beschreiben wichtige Aufgabenbereiche der Kirche von heute.
(→ *Sachkompetenz, S. 7*)

Sie können ...

- Ihre Meinung zur Kirche formulieren. (S. 175)
- wichtige Stationen bei der Entstehung der christlichen Kirchen nennen und erklären. (S. 176-177)
- verschiedene Bedeutungen von Kirche unterscheiden und die wichtigsten Aufgaben von Kirche heute an Beispielen darstellen. (S. 178-179)
- Argumente für und gegen einen Kirchenaustritt gegenüberstellen und eine eigene Position dazu vertreten. (S. 180-181)
- ein wichtiges Merkmal der evangelischen Kirche nennen, eigene Vorstellungen entwickeln, wie Kirche sein sollte, sowie einen Gotesdienst planen. (S. 182-183)

Kapitel 18: Religionen der Welt

Sie erwerben Kenntnisse über andere Religionen. Im Vergleich der Religionen setzen Sie sich auch mit den religiösen Fragen und Problemen des eigenen Glaubens auseinander. Sie begreifen Notwendigkeiten und Chancen eines Dialogs der Religionen.
(→ *Sachkompetenz, religiöse Kompetenz, Soziale Kompetenz, S. 7*)

Sie können ...

- fünf Weltreligionen unterscheiden. (S. 185)
- grundlegende Merkmale und Kennzeichen der jüdischen Religion nennen und erläutern. (S. 186-187)
- grundlegende Merkmale und Kennzeichen der islamischen Religion nennen und erläutern. (S. 188-189)
- an einem Alltagsbeispiel die Chancen und Gefährdungen des christlich-muslimischen Zusammenlebens darstellen (S. 190-191)
- grundlegende Merkmale und Kennzeichen der buddhistischen Religion nennen und erläutern. (S. 192-193)
- wichtige Stationen auf dem Lebensweg Buddhas aufzeigen. (S. 194-195)
- Buddhas Lehre von den vier edlen Wahrheiten und dem achtfachen Pfad in Grundzügen wiedergeben sowie den Kreislauf der Wiedergeburten an Beispielen darstellen. (S. 196-197)

Textnachweis

Seite 15: Vier Stufen des zwischenmenschlichen Abstands, aus: Pflege heute. Urban und Fischer in Elsevier, München, 5. Auflage 2011.
Seite 34: Text oben nach: Sven Dieser (Evangelische Kirche), SWR 3-Gedanken, Sendetext vom 13.8.2010.
Seite 51: Wie funktioniert bei uns ... aus: Josef Lang: Wertschätzen und Abwerten. Vitamin und Virus einer Paarbeziehung, uni-edition, Berlin 2005, Seite 7.
Seite 58: Leben nach der Geburt? aus: Klaus Berger, Wie kommt das Ende der Welt? © Gütersloher Verlagshaus, Gütersloh, in der Verlagsgruppe Random House.
Seite 71: Daten nach: Bärbel Meschkutat, Martina Stackelbeck, Georg Langenhoff: Der Mobbing-Report. Repräsentativstudie für die Bundesrepublik Deutschland, Schriftenreihe der Bundesanstalt für Arbeitsschutz und Arbeitsmedizin, Berlin/Dortmund 2002.
Seite 75: Arbeitsaufgaben nach: Günther Gugel: Handbuch Gewaltprävention II, Institut für Friedenspädagogik, Tübingen 2010, S. 72.
Seite 77: Dreieck der Gewalt nach: Günther Gugel: Handbuch Gewaltprävention II, Institut für Friedenspädagogik, Tübingen 2010, S. 78.
Seite 79: „Drei Theorien ...“, nach: Spiegelbilder. Religionsbuch für berufsbildende Schulen, Europa Lehrmittel, Haan-Gruiten 3. Auflage 2005, Seite 136.
Seite 80: Gerhard Zwerenz: Nicht alles gefallen lassen, aus: Ders., Schulbuchgeschichten, S. Fischer Verlag, Frankfurt am Main 1972, S. 7ff.
Seite 82: Aus: Daniel Goleman: Emotionale Intelligenz. Übersetzt von Friedrich Griese, Carl Hanser Verlag, München 1995.
Seite 86: nach: Heinrich Böll: Anekdote zur Senkung der Arbeitsmoral. Hörbeitrag vom NDR, 1. Mai 1963.
Seite 102: Thessas Facebook-Party, nach: Bild-Zeitung vom 6.6.2011.
Seite 106: Nieren-Deal, nach: Süddeutsche Zeitung vom 19.5.2010.
Seite 122f.: Maria Rossbauer: Frau Rossbauer sucht das Glück. Aus: taz vom 9.7.2011, Seite 16-18.
Seite 130: Interview mit Helmut Gollwitzer: Zusammengestellt aus Auszügen des Buches Helmut Gollwitzer: Ich frage nach dem Sinn des Lebens, Gütersloher Verlagshaus, Gütersloh, in der Verlagsgruppe Random House.
Seite 131: Zitate aus: Christoph Fasel: Samuel Koch - zwei Leben. adeo Verlag in der Gerth Medien GmbH, Asslar, Verlagsgruppe Random House, 4. Auflage 2012.
Seite 132: Fallbeispiel und Interview nach: Dieter Müller-Harju / Hajo Noll: Beruf und Lebenssinn in Einklang bringen. Zwei Wege zum Umdenken, Kösel-Verlag, München 1997, S. 42f.
Seite 133: Veränderungen sind möglich, aus: Judith Sixel: LebensZiele, Gütersloher Verlagshaus, Gütersloh, in der Verlagsgruppe Random House. S. 62ff.
Seite 136: Wie würden Sie entscheiden? Nach: Rainer Döbert: „Was mir am wenigsten weh tut, dafür entscheid‘ ich mich dann auch.“ In: Kursbuch 60 (1980), S. 570. Rotbuch Verlag, Berlin.
Seite 148: Welche Sätze kann man wissenschaftlich beweisen? Nach: Andreas Reinert / Peter Kliemann: Thema Gott. Material für den Unterricht in der Oberstufe, Calwer Verlag Stuttgart 2007, Seite 21.

Bildnachweis

Umschlag: Hintergrundfoto: picture alliance / All Canada Photos / Chris Cheadle. U1: Oben: picture alliance / Image Source /David Ryle. Mitte: picture alliance / Christian Ender. Unten: Wolfgang Irg, Backnang.
Seite 9: Cartoon: Wolf-Rüdiger Marunde.
Seite 10f.: Zeichnungen: Frederic Bahr, Mainz.
Seite 12: Foto oben: picture alliance / WILDLIFE / S. Muller. Unten v.l.n.r.: Thamizhpparithi Maari. Hedwig Storch. picture alliance / OKAPIA / Lynn M. Stone. Shutterstock / Arena Creative.
Seite 15: Foto links: picture alliance /Aflo / Enrico Calderoni. Foto rechts: picture alliance / dpa Themendienst / Jens Becker.
Seite 16: Foto: picture alliance / dpa / Christian Hager.
Seite 26: Zeichnungen: Werner „Tiki“ Küstenmacher: Die zehn Gebote. Aus: Wo ist der verlorene Sohn?, Claudius Verlag, München.
Seite 30: Foto © Martin Parr / Magnum Photos / Agentur Focus.
Seite 32: Bild oben: Marc Chagall: Mose hält die Gesetzestafeln, Detail, © 2012 VG Bild-Kunst, Bonn. Unten: Rembrandt Harmenszoon van Rijn: Christus am Kreuz.
Seite 33: Bild: © Sieger Köder: „Ihr habt mir zu essen gegeben“.
Seite 34: Jörg Hackemann / Shutterstock.com.
Seite 36: Foto Freud: Archiv. Oben: picture alliance / fStop / Vladimir Godnik. Mitte: picture alliance / chromorange / Begsteiger. Unten: Ulrich Niehoff, Bienenbüttel.
Seite 37: Foto oben: picture alliance. Unten: picture alliance / chromorange / P. Widmann.
Seite 39: Foto links: Olga Sapegina / 123rf. Mitte: © Enno Kapitza / Agentur Focus. Rechts: © stocky-images / 123rf.
Seite 41: Grafik: picture alliance / dpa-Infografik.
Seite 42: Foto: picture alliance / Lehtikuva Matti Kolho. Hintergrund: Barbara-Anett Bahr, Mainz.

Seite 43: Foto: Barbara-Anett Bahr, Mainz.
Seite 44: Foto: Heinz Heiss, Stuttgart.
Seite 45: Hintergrundfoto: Barbara-Anett Bahr, Mainz.
Seite 46: Foto oben: Barbara-Anett Bahr, Mainz. Unten: epd-bild / Rolf Zöllner.
Seite 48: Foto: picture alliance / Image Source /David Ryle.
Seite 49: Foto: picture alliance / Arco Images GmbH / A. Bernhard.
Seite 53: Foto: kna-bild.
Seite 57: Grafik: Barbara-Anett Bahr, Mainz.
Seite 58: Hieronymus Bosch (gest. 1516): Der Aufstieg ins himmlische Paradies.
Seite 59: Foto: Gerd-Matthias Hoeffchen.
Seite 60: Foto oben links: Archiv. Oben rechts: epd-bild / Andreas Fischer. Unten links: picture alliance/ dpa-Zentralbild / Jens Kalaene. Unten rechts: picture alliance / epa / Harish Tyagi.
Seite 62: Foto: picture alliance / dpa / Oliver Berg.
Seite 65: Robert Longo, Untitled, 1981.
Seite 66: Foto oben: picture alliance / dpa / Andrey Stenin. Links: picture alliance / dpa. Rechts: picture alliance / Sodapix AG / Christian Hacker.
Seite 69: Foto: picture alliance / Bildagentur-online / Begsteiger.
Seite 75: Foto: picture alliance / keystone / Martin Ruetschi.
Seite 77: Foto: picture alliance / dpa / Patrick Pleul.
Seite 78: Screenshot links: Netzeitung.de, 5.8.2008. Screenshot rechts: Shutterstock.
Seite 81: e.o.plauen: Auch Sanftmut hat Grenzen, aus: Vater und Sohn, in Gesamtausgabe Erich Ohser, © Südverlag GmbH, Konstanz 2000. Mit Genehmigung der Gesellschaft für Verlagswerte GmbH, Kreuzlingen/Schweiz.
Seite 82f.: Charles M. Schultz: Peanuts. © Peanuts Worldwide LLC, Dist. by Universal Ucklick.
Seite 85: Cartoon: Frank Hoffmann / toonpool.com.
Seite 86: Cartoon: Werner Tiki Küstenmacher.
Seite 89: Foto links: picture alliance / dpa / Ron Sachs (Ausschnitt). Rechts: picture alliance / dpa / Monica M. Davey.
Seite 90: Foto: picture alliance / Agentur Huber / Reinhard Schmid.
Seite 91: Foto: Barbara-Anett Bahr, Mainz.
Seite 92: Cartoon: Archiv. Foto: picture alliance / dpa / Gabriele Schulte.
Seite 95: Cartoon: Erik Liebermann.
Seite 96f.: Gemälde: Pieter Brueghel d.Ä.: Der Turmbau zu Babel (1563). Foto: akg-images.
Seite 98: Bild: Manfred Deix (1989).
Seite 100: Karikatur: Gerhard Mester.
Seite 102: Foto: picture alliance / dpa / Angelika Warmuth.
Seite 103: Foto: Wolfgang Irg, Backnang.
Seite 106: Foto: picture alliance / dpaweb / epa.
Seite 107: Foto: picture alliance / dpa / Bernd Wüstneck.
Seite 110: Vincent van Gogh: Der barmherzige Samariter (1890).
Seite 112: Dietrich Bonhoeffer mit Studenten auf der Insel Fanö. Aus: Christian Gremmels / Renate Bethge (Hrsg.): Dietrich Bonhoeffer – Bilder eines Lebens. © 2005 Gütersloher Verlagshaus, Gütersloh, in der Verlagsgruppe Random House GmbH.
Seite 113: Foto: picture alliance / CTK / Jansa Rene.
Seite 115: Cartoon: Mil, my-cartoons.de.
Seite 117: Foto: Luca Senoner.
Seite 118: Foto links: picture alliance / dpa / Thomas Frey. Oben: picture alliance / Arco Images GmbH / J. de Meester. Unten Mitte: picture alliance / Bildagentur-online. Unten rechts: picture alliance / Christian Ender.
Seite 119: Erl / toonpool.com.
Seite 120: Peter Wenzel: Adam und Eva im irdischen Paradies (vor 1829).
Seite 125: Helga Gebert, aus: Hans-Joachim Gelberg (Hg.): Menschengeschichten, 1975. Beltz & Gelberg in der Verlagsgruppe Beltz, Weinheim & Basel.
Seite 126: Fotoausschnitte: epd-bild / Fotoetage / Alasdair Jardine.
Seite 130: Foto oben: aus dem Film „Heimat 3" von Edgar Reitz. Unten: picture alliance / dpa / Dirk Zimmer.
Seite 135: Cartoon: Hans Traxler: Gerechte Auslese.
Seite 137: Eugène Burnand: (1850-1921): Arbeiter im Weinberg. © foticon / Sammlung Carl Simon.
Seite 138: Wolf Wonder: Me Father Home, 2001.
Seite 142: Karikatur: Gerhard Mester.
Seite 149: Foto: picture alliance / Bildagentur-online / TET.
Seite 151: Zeichnung: Archiv.
Seite 152: Hanns H. Heidenheim: Ijob, Holzschnitt (1965/66).
Seite 155: Lovis Corinth: Ecce Homo, 1928.
Seite 156: Turiner Grabtuch. Foto: AKG-images.
Seite 160: Hintergrundfoto: Barbara-Anett Bahr, Mainz.
Seite 162f.: Mathias Grünewald: Predella und Flügel des Isenheimer Altars.
Seite 170: Karikatur: Grolik.
Seite 175: Cartoon: Piero Masztalerz.
Seite 178: Foto: epd-bild / Andreas Schoelzel.
Seite 182: Foto: Nina Krüsmann.
Seite 185: Cartoon: Werner „Tiki" Küstenmacher: Weltreligionen. Aus: Wer wird Biblionär?, Claudius Verlag, München.
Seite 186: Foto: Hans-Georg Vorndran, Schalomnet.
Seite 188: Foto: picture alliance / dpa / Karl Schnörrer.
Seite 190: Foto: epd-bild.
Seite 193: Dalai Lama. Foto: picture alliance / dpa.
Seite 194: Bruno Pérousse / akg-images.
Seite 195: „Big Buddha"-Statue auf der Insel Ko Samui, Thailand. Foto: picture alliance / dpa / Stadler.